HANS-MARTIN SCHREIBER

Interaktion Kirche – Schule

Fakten Fragen Perspektiven

FURCHE-VERLAG

Umschlag: Alfred Janietz
Gesamtherstellung: Clausen & Bosse, Leck
Printed in Germany
ISBN 3 7730 0040 5
Bestell Nr. 2 1084/3

INHALT

EINFÜHRUNG

Karl Steinbuch, der engagierte Kritiker der Versäumnisse unserer Gesellschaft, hat die entscheidende Aufgabe, vor der die Kirchen heute stehen, auf die knappe Formel gebracht: »Die Kirchen müssen, wenn sie glaubwürdig sein wollen, auf die Fragen der Zukunft glaubwürdige Antworten finden.«[1] So verschieden man immer die Lage der Kirchen im einzelnen beurteilen mag, darüber dürfte Einigkeit bestehen, daß ihre weitere Entwicklung entscheidend davon abhängt, ob und wie sie diese Aufgabe lösen.

Glaubwürdige Antworten auf die Fragen der Zukunft zu finden, dazu ist die evangelische Kirche nicht gut gerüstet. Insgesamt verwendet sie zu viel Zeit und Energie darauf, Probleme zu behandeln, die in früheren Zeiten vielleicht ihre Bedeutung hatten, heute aber für keinen Außenstehenden mehr interessant oder gar wichtig sind. Die Fragen der Zukunft dagegen nimmt sie oft nur zögernd in den Blick.

Die Schul- und Bildungsreform, seit Jahren und gewiß auch für die nächsten Jahrzehnte ein zentrales Thema nicht nur unserer Innenpolitik, ist ein Beispiel dafür. Hier fehlt es an qualifizierten grundsätzlichen Stellungnahmen aus dem Raum der evangelischen Kirche ebenso wie an praktischen Beiträgen zur Lösung konkreter Aufgaben. Obwohl der Kirche gerade im Bildungswesen noch immer erhebliche Möglichkeiten zur Mitsprache und Mitwirkung eingeräumt und institutionell gesichert sind, obwohl sie über ihre Mitverantwortung für den schulischen Religionsunterricht ständig mit den Schwierigkeiten der öffentlichen Schule konfrontiert wird, obwohl sie neben anderen pädagogischen Aktivitäten schließlich eine Reihe eigener Schulen unterhält, in denen modellhafte Lösungen entwickelt und erprobt werden könnten, gibt es keine zeitgemäße und zureichende Theorie der Beziehungen zwischen evangelischer Kirche und Schule, keine kirchliche »Lehre von der Schule«. Die letzte repräsentative und verbindliche Äußerung ist das »Wort zur Schulfrage« der Synode der Evangelischen Kirche in Deutschland von 1958. Darin hat die Kirche feierlich erklärt, sie sei bereit »zu einem freien Dienst an einer freien Schule«. Auszuführen, was das faktisch bedeuten könnte, ist sie allerdings damals wie heute schuldig geblieben. Erst recht hat sie es unterlassen, dieses Versprechen wirksam in die Tat umzusetzen. Inzwischen haben sich im Bildungswesen gewaltige Veränderungen vollzogen, ohne daß es irgendwo gelungen wäre, die Nöte wesentlich zu lindern. Von einem freien Dienst der Kirche jedoch, der der Schule, wenn nicht zu *der* Freiheit, so doch wenigstens zu *mehr* Freiheit verholfen hätte, ist allgemein nichts zu spüren gewesen. Im Gegenteil, nicht selten hat auch die evangelische Kirche mit klerikalistischen Ansprüchen die Schule zusätzlich behindert.

Im folgenden wird der Versuch unternommen, die Formel des »Schulwortes« vom »freien Dienst an einer freien Schule« in vier Kapiteln über die gegenwärtige pädagogische und schulpolitische Lage, über den Religionsunterricht und die kirchlichen Schulen so zu entfalten, daß jeweils durch die Darstellung einiger zentraler Probleme Möglichkeiten und Aufgaben eines freien Dienstes der Kirche erkennbar werden. Vorangestellt sind ein historischer Abriß für die Zeit seit 1919, eine Skizze über die katholische »Lehre von der Schule« samt einem Abschnitt über die Auseinandersetzungen um die Konfessionsschule, die zum Glück überwunden sind. Im Anhang sind einige wichtige Dokumente abgedruckt.

Bei alledem ist eine umfassende und erschöpfende Darstellung nicht angestrebt. Sie dürfte auch schwerlich von einem einzelnen zu leisten sein. Allein die einschlägige Literatur ist unüberschaubar, so daß jede Auswahl, die hier getroffene selbstverständlich eingeschlossen, Gefahr läuft, Wesentliches nicht berücksichtigt zu haben. Gleichwohl ist es die Hoffnung des Verfassers, der selbst im kirchlichen Dienst an der Schule steht, Lesern, die an der Frage Kirche und Schule interessiert sind, einige Anregungen geben zu können. Gedacht ist dabei an die vielen kirchlichen Mitarbeiter, die in ihrer Tätigkeit ständig mit den Nöten und Schwierigkeiten der Schule konfrontiert werden, sei es im Religionsunterricht, sei es an einer kirchlichen Schule, sei es auch in einem leitenden Amt in der Synode oder Verwaltung einer Kirche. Umgekehrt könnte dieses Buch aber auch Lesern dienen, die aus dem Raum der Schule im weitesten Sinne herkommen und wissen möchten, was denn die evangelische Kirche heute zu den Problemen der Schule und des

Bildungswesens zu sagen hat. Vielleicht ergeben sich an manchen Punkten neue Möglichkeiten für ein Gespräch, das seit langem abgerissen zu sein scheint.

Bonhoeffer hat unter dem 30. 4. 1944 aus dem Gefängnis geschrieben: »Was mich unablässig bewegt, ist die Frage, was das Christentum oder auch wer Christus heute für uns eigentlich ist.«[2] Angesichts des überall drohenden Chaos ist die evangelische Kirche mehr denn je verpflichtet, unserer Zeit klarzumachen, was das Christentum oder auch wer Christus heute für uns ist. Dies kann nur durch konkrete Beiträge geschehen. Das vorliegende Buch ist ein Versuch, im Blick auf die akuten Probleme des Bildungswesens anzudeuten, was eine Kirche, die von Bonhoeffers Fragen getrieben wird, leisten kann und muß.

I. Evangelische Kirche und Schule seit 1919

Da alle Reformatoren auch die Reform des Bildungswesens ihrer Zeit bewußt und planmäßig betrieben, hatten die evangelischen Theologen und Kirchen in den deutschen Ländern von Anfang an eine starke Affinität zur Schule: Luthers Katechismus war für Jahrhunderte das wichtigste Schulbuch, Melanchthons Kursächsische Schulordnung das Muster für die meisten evangelischen Länder und Reichsstädte. Namen wie Bucer, Bugenhagen, Johannes Sturm, Comenius, A. H. Francke, Lessing, Herder und Schleiermacher haben ihren Platz mindestens ebenso in der Geschichte der Pädagogik wie in der der Theologie.

Dieses enge Verhältnis von Kirche und Schule blieb im ganzen ungebrochen, auch als der Grundsatz des Westfälischen Friedens, daß die Schulen »annexa religionis« seien, vom absolutistischen Staat ausdrücklich aufgehoben wurde durch das Postulat des Preußischen Allgemeinen Landrechts, das Schulen und Universitäten zu »Veranstaltungen des Staates« erklärte, ein Prinzip, das sich bald überall durchsetzte. Ebensowenig schien die Kirche ernstlich davon berührt, daß Schule und Pädagogik sich unter dem Einfluß der Aufklärung und erst recht im 19. Jahrhundert mehr und mehr »aus dem geistigen Raum des christlichen Erlösungsgedankens herauslösten«.[1] Die allgemeine Wertschätzung christlicher Tugend und Sitte als eines hervorragenden Erziehungsmittels wenigstens für die niederen Stände und vor allem die geistliche Schulaufsicht, um deren Fragwürdigkeit kritische Kirchenmänner freilich durchaus wußten[2], boten offenbar immer noch genügend Gewähr dafür, daß Schule und Kirche im Grunde dasselbe Ziel verfolgten. Ernste Konflikte auf diesem Gebiet waren nicht zu befürchten.

Dies änderte sich plötzlich nach dem Ende des Ersten Weltkrieges. Jetzt wurde die Schule für die Kirche mit einem Male zum Problem, da die mit der Weimarer Verfassung festgelegte Trennung von Kirche und Staat unter anderem auch bedeutete, daß die Kirche ihren Einfluß auf die Schule fast völlig verlor. Die mühsam ausgehandelten Kompromißformeln über den Religionsunterricht als ordentliches Lehrfach der öffentlichen Schule und über die Möglichkeit zur Errichtung von Bekenntnisschulen boten keinen hinreichenden Ersatz und konnten über den Verlust nicht hinwegtäuschen. Das christliche Abendland, ja, die Sache Christi selbst schien in Gefahr zu sein.

Für die evangelische Kirche war das ein gewaltiger Schock, von dem sie sich jahrzehntelang nicht erholt hat. Jedenfalls verhinderte er von vornherein eine ruhige Beurteilung der veränderten Lage und machte eine nüchterne und abgewogene Reaktion unmöglich. So ist für die Haltung der Evangelischen Kirchen nach 1919 charakteristisch, was G. Burghart den Akten des Oberkirchenrates der Altpreußischen Union entnommen hat: Da mit der Weimarer Verfassung Religionsunterricht, Schulgebet, Andachten und religiöse Schulfeiern problematisch geworden waren, sah der Oberkirchenrat seine Aufgabe darin, möglichst viel vom bewährten Alten zu bewahren. Die Bekenntnisschulregelungen der Weimarer Verfassung wurden als großer Erfolg gewertet, ebenso die den Kirchen eingeräumte Mitbestimmung über den Religionsunterricht. Mit viel Energie setzte sich der Oberkirchenrat für die Bildung »Christlicher Elternbeiräte« ein, die die Verweltlichung der Schulen aufhalten sollten. »Sie erreichten, daß die christliche Schule die Regel blieb und die Schülerzahl der weltlichen Schulen sich in geringen Grenzen hielt.«[3] Daß diese Einstellung zur Schulfrage der allgemeinen Bewußtseinslage weiter Kreise der evangelischen Bevölkerung entsprach, zeigt etwa der entsprechende Abschnitt der Sozialen Kundgebung des Deutschen Evangelischen Kirchentages in Bethel von 1924: »Rechte christliche Erziehung muß auch in der Schule gesichert sein, weil sie für Volk und Staat, Gemeinde und Kirche von grundlegender Bedeutung ist. Wenn die Eltern ihr Teuerstes, ihre Kinder, der Schule anvertrauen sollen, dann können sie verlangen, daß das unantastbare Grundrecht der christlichen Familie auf christliche Erziehung voll gewährleistet wird; sonst wird die Forderung der allgemeinen Schulpflicht zum unerträglichen Gewissenszwang. Um die Erhaltung des christlichen Charakters der Schule ist ein Kampf entbrannt. Alle evangelischen Väter, Mütter und sonstigen Erziehungsberechtigte haben in diesem Kampf ihren Mann zu stehen.«[4]

Abgesehen davon, daß uns heute der Grundtenor und der Jargon einer solchen Stellungnahme doch höchst fragwürdig erscheinen, vermögen wir schlechterdings nicht zu erkennen, wo hier überhaupt irgend etwas der Sache Förderliches ausgesagt ist. Wenn man sich vergegenwärtigt, daß die nach 1919 mit viel Elan angepackte Schulreform im wesentlichen über die Einführung der Grundschule nicht hinausgekommen war, daß z. B. das durchaus als dringend notwendig erkannte Reichsschulgesetz nie zustande kam, hätte man von einem Kirchentag doch gerne mehr gehört als inhaltlose Formeln über die »grundlegende Bedeutung rechter christlicher Erziehung«, das »unantastbare Grundrecht der christlichen Familie auf christliche Erziehung«, mehr auch als hohles Pathos von »unerträglichem Gewissenszwang« und einer so gar nicht gegebenen Kampfsituation. Wie anders hätte ein derartiges Kirchentagsvotum lauten können und müssen, wenn in der Schulfrage auch gegolten hätte, was Otto Dibelius wenige Jahre später in seinem berühmten Buch »Das Jahrhundert der Kirche« proklamierte: »Die christlichen Kirchen stehen am Anfang einer neuen Epoche. Sie sammeln ihre Kraft. Sie wagen sich an neue Aufgaben. Sie werden vorwärtsgetrieben von neuen Verantwortungen. Die geistige Lage der Welt fordert ihre Arbeit. ... Ausblicke eröffnen sich, Hoffnungen, Verantwortungen von ungeheurer Größe! ... Nun ist es an uns, diesen Willen Gottes zu bejahen. Es ist an uns, die Gabe Gottes fest in die Hände zu nehmen. Es ist an uns, mit dem Pfunde zu arbeiten, das uns anvertraut ist. Ungeheure Möglichkeiten stehen vor uns! Ungeheure Aufgaben!«[5]

Von solchem Impetus war in dem kirchlichen Denken und Reden über Schule und Erziehung freilich nichts zu spüren. Hier reichte der Blick nicht weit genug. Zu sehr standen die engen Belange einer als allgemeine Tugendlehre verstandenen christlichen Wertordnung im Vordergrund. Solange die Bekenntnisschule und die Institution des Religionsunterrichts unangefochten blieben, waren die Ansprüche der Kirchen offensichtlich befriedigt. Ein weitergehendes Interesse an der Schule hatten sie nicht.[6]

Erst als unter der nationalsozialistischen Parole der »Entkonfessionalisierung« des öffentlichen Lebens der politische Druck auf die Bekenntnisschule und den Religionsunterricht zunahm, begann sich ein ernsthafter Widerstand zu regen.[7] Dies um so mehr, als gleichzeitig die Deutschen Christen das, was vorher allgemein für richtig befunden worden war, wie auf vielen anderen Gebieten so auch in der Schulfrage überspannten und auf ihre Fahnen schrieben. Von ihnen konnte man etwa hören: »Wir treten ein für evangelische Schulen und Erziehung der gesamten Jugend in einem Geist, der die im Volkstum und Heimat geschenkten Güter dankbar aufnimmt, treulich pflegt und als heiliges Vermächtnis an das nächste Geschlecht weitergibt; überhaupt für kirchliche deutsche Sitte und Zucht in Stadt und Dorf; für Sonntagsheiligung und Pflege jeglichen in unserer Rasse und unserem Volkstum verankerten, guten frommen deutschen Brauches.«[8]

Damit waren Schule und Erziehung nun so deutlich für sachfremde Ziele in Anspruch genommen worden, daß Reaktionen nicht ausbleiben konnten. Besonders aus der Bekennenden Kirche liegen viele Synodalbeschlüsse, Erklärungen und Voten vor, die sich mit der Schule befassen.[9] Sie alle aber haben auch den grundsätzlichen Mangel, daß es in ihnen immer wieder nur um die Erhaltung der »Christlichkeit« der Schule geht. Ganz deutlich zeigt das die ausführliche Schulkonzeption der »Kammer für kirchlichen Unterricht« bei der Vorläufigen Leitung der Deutschen Evangelischen Kirche in Berlin-Wilmersdorf vom April 1943, in der die Hauptpunkte aller vorherigen Resolutionen zusammengefaßt und systematisiert sind.[10]

Dort heißt es zu Anfang: »Die christliche Kirche fordert die christliche Schule.« Dann wird unterschieden: »Für alle Kinder, deren Eltern dem Auftrag des Herrn gehorchen wollen, muß eine Schule bereitstehen, die im vollen Sinne des Wortes christlich sein will, die ›Schule mit der Bibel‹. Die Schule für alle anderen getauften Kinder muß so weit christlich sein, als es ohne Gewissenszwang durchgesetzt werden darf und als es durch Gesetze und Verordnungen durchgesetzt werden kann. (Die Allgemeine christliche Staatsschule).« Dabei wird bereits dieser Allgemeinen christlichen Staatsschule viel zugemutet: Christenlehre als ordentliches Lehrfach und »Pflicht für alle, die nicht ausdrücklich abgemeldet sind«, »tägliches Gebet sowie Andachten und Feiern im Rahmen des Kirchenjahres«. Und schließlich: »Die übrigen Fächer, besonders die Gesinnungsfächer und der Kunstunterricht, schenken dem christlichen Einschlag in unserer Kultur die Bedeutung, die ihm nach seinem tatsächlichen jetzigen und historischen Einfluß gebührt.« Das Fazit: »Die weltliche Schule und die religiös neutrale, also nichtchristliche Gemeinschaftsschule sind abzulehnen.«

Hingegen »kann die Schule mit der Bibel nicht Pflichtschule sein für alle«. Denn in ihr ist »die Christenlehre Kernfach und beseelender Mittelpunkt«. Das bedeutet konkret: »In den übrigen Unterrichtsfächern muß der Stoff, mehr noch als in der allgemeinen christlichen Staatsschule, christlich gesehen und ausgewählt, darf aber nie christlich gefälscht sein.« Und dann noch eine Forderung, die aber sogleich in die Aporie führt: »Die Schule mit der Bibel soll eine wirkliche christliche Gemeinschaft darstellen. Sie ist am besten als Heimschule durchzuführen, darf aber trotzdem nicht die elterliche Erziehung verdrängen.« Wie beide Forderungen zu vereinbaren sind, bleibt ungeklärt.

So konsequent und entschieden solche Überlegungen auf der einen Seite waren, so unsachgemäß und unrealistisch waren sie auf der anderen. Wohl spiegeln sich in dieser »Schulkonzeption« deutlich die Probleme der Kirche jener Zeit. Von der Schule aber und ihrer Aufgabe ist im Grunde nichts gesagt. Es entsteht der falsche Eindruck, als ob es für die Schule damals keine andere Sorge gegeben hätte als die mangelnde »Christlichkeit«. Dabei war mit einer solchen generellen Proklamation einer »christlichen Schule« keine einzige Sachfrage zu lösen. Im Gegenteil, wo der ideologischen Überfremdung durch nationalsozialistisches Gedankengut nichts anderes entgegengesetzt wurde als die Forderung nach der gebührenden Berücksichtigung des »christlichen Einschlags in unserer Kultur«, und das für alle Fächer, »besonders für die Gesinnungsfächer und den Kunstunterricht«, wurde schließlich derselbe unsachgemäße Gewissenszwang angestrebt, wenn auch mit umgekehrtem Vorzeichen. Vollends bleibt unklar, wie Schüler in den »Schulen mit der Bibel« etwas von der Welt und ihren eigenen Aufgaben in und an der Welt hätten lernen und erkennen sollen, da sie alles von vornherin nur durch eine christliche Brille betrachten durften! Kurz: von der Freiheit der Reformatoren, denen bei allem eigenen Einsatz Schule und Erziehung doch immer ein »weltliches Geschäft« geblieben war, das sie bewußt aus der kirchlichen Vormundschaft entlassen hatten, findet sich hier nichts mehr. Im aufreibenden Abwehrkampf gegen das Dritte Reich hatten sich vielmehr die Fronten auch auf seiten der Kirche so verhärtet, daß sie zwar noch fest reagieren konnte, offenbar aber nicht mehr die Kraft hatte, selbst konstruktive und für die Zukunft fruchtbare Vorschläge zu machen.

Wie schwer dieses Versäumnis wog, wurde erst nach 1945 deutlich. In der Situation des allgemeinen materiellen und ideellen Zusammenbruchs war man mehr denn je bereit, auf die Kirche zu hören, ja, man erwartete von ihr Rat und Hilfe. Und die Kirche spürte und wußte dies auch: »Fragen von größter Bedeutsamkeit sind (der Kirche) zur

Beantwortung auferlegt. Sie ist berufen, sich als Kirche in der Welt und für die Welt, wie sie in dieser Wirklichkeit ist, zu bewähren.«[11] Wieviel hätte in dieser Lage ein klares und zukunftsweisendes Wort zur Schulfrage nützen können!

Für die Kirche hatten aber die außen- und wirtschaftspolitischen Probleme einen solchen Vorrang, daß die Schule zu kurz kam. Noch immer ging das kirchliche Interesse nicht über die »Christlichkeit der Schule« hinaus. So wurden denn zwar in fast alle Länderverfassungen Bestimmungen aufgenommen, die die Schule fest auf das christlich-humanistische Erbe verpflichten und vor einem Rückfall in die Barbarei des übersteigerten Nationalismus oder gar des Nationalsozialismus bewahren sollten,[12] zugleich aber wurde beim Wiederaufbau des Schul- und Bildungswesens jener Weg eingeschlagen, der später mit wachsender Geschwindigkeit in die von Picht 1964 zuerst konstatierte Bildungskatastrophe führte, eine wirkliche Katastrophe, deren ganzes schreckliches, die zukünftige Entwicklung unseres Volkes ernstlich bedrohendes Ausmaß wir erst jetzt zu Beginn des 8. Jahrzehnts richtig zu begreifen beginnen. Und das alles geschah, wenn nicht mit ausdrücklicher kirchlicher Billigung, so doch jedenfalls ohne kirchlichen Protest.

Symptomatisch sind gleich die ersten kirchlichen Erklärungen zur Schulfrage aus dem Sommer 1945, seien es die der ersten Synode der Bekennenden Kirche von Berlin vom Juli, die der Tagung der Bruderräte oder der entsprechende Beschluß der Konferenz evangelischer Kirchenführer in Treysa, beide vom August 1945.[13] Alle orientieren sich an der »Schulkonzeption« von 1943. Die Schule muß auf jeden Fall »christlich ausgerichtet« sein. Das soll auf dreifache Weise gesichert werden: »durch evangelische Lehrerbildungsanstalten, durch Arbeitsgemeinschaften zwischen Pfarrern und Lehrern, durch die Bildung evangelischer Schulgemeinden.«[14]

Dabei widerstanden die Kirchenführer allerdings von Anfang an einer großen Versuchung: Trotz manchen Drängens der katholischen Kirche, hier mit ihr gemeinsam vorzugehen, und trotz aller Erinnerung an die Schulkämpfe der Weimarer Zeit legten sie sich nicht darauf fest, die Konfessionsschule als Regelschule oder gar als alleinige Schulform zu fordern: »Für die Neuordnung des Schulwesens fordern wir die christliche Schule. Es mag nach den jeweiligen Verhältnissen entschieden werden, ob die christliche Gemeinschaftsschule oder die Bekenntnisschule eingerichtet werden soll.«[15] Wohl wurde danach in einigen Bundesländern, vor allem Ländern mit überwiegend katholischer Bevölkerung, als Gegenstück zur katholischen Konfessionsschule auch die evangelische Bekenntnisschule eingeführt, doch hat es keine nennenswerten Versuche gegeben, diese Schule als die wahre oder gar einzige vom Evangelium gebotene Schulform zu rechtfertigen. Wo der Versuch einer Begründung unternommen wurde, stand immer das katholische Modell als Folie im Hintergrund, von dem es sich abzuheben galt. Die Problematik der Sache wurde immer empfunden, und dies war der Hauptgrund dafür, daß in den letzten Jahren auf evangelischer Seite das endgültige Verschwinden der Konfessionsschule als einer Regelform eigentlich überall mit Erleichterung und nicht etwa mit Bedauern aufgenommen wurde.[16] Trotz ihrer Forderung nach »evangelischen Lehrerbildungsanstalten« waren die offiziellen Vertreter der evangelischen Kirche nach 1945 in diesem Punkte wenigstens so offen, daß sie den Weg zu einer, wie wir heute sehen, im ganzen reibungslosen Erledigung einer alten Streitfrage des deutschen Schulwesens nicht unnötig erschwerten.

Völlig anders dagegen wurden die Weichen in bezug auf den Religionsunterricht gestellt: »Es besteht darüber Einigkeit, daß der evangelische Religionsunterricht (besser sollte statt dessen gesagt werden: christliche Unterweisung) auch innerhalb der Schule Sache der Kirche ist, die in der Verantwortung für ihre getauften Glieder handelt. Alle in der christlichen Unterweisung tätigen Lehrkräfte müssen einen kirchlichen Lehrauftrag haben. Die Unterweisung erfolgt nach kirchlichem Lehrplan. Die Aufsicht der christlichen Unterweisung führen von der Kirche bestellte, fachlich vorgebildete Kräfte.«[17]

Noch deutlicher hätte man kaum ausdrücken können, daß man hier die Kirche in der Schule installieren wollte. So verständlich das nach den Erfahrungen aus der Blütezeit des Kulturprotestantismus und erst recht aus der des Dritten Reiches sein mochte – als so kurzsichtig und für das weitere Schicksal des Religionsunterrichts abträglich hat es sich inzwischen erwiesen. Hier liegt der Grund für die zunehmende Isolierung dieses Faches, das dadurch weit über das normale Maß der allgemeinen schulischen Schwierigkeiten hinaus belastet wurde. Es ist nur die letzte Konsequenz eines solchen Verständnisses des Religionsunterrichts, wenn heute von den verschiedensten Seiten daran gezweifelt wird, ob denn dieses Fach überhaupt noch eine Existenzberechtigung in unseren Schulen habe.

Demgegenüber ist es kein Trost, daß diese Möglichkeit schon nach 1945 durchaus gesehen und bewußt in Kauf genommen wurde. Kittel, der mit seiner berühmten Parole: »Evangelische Unterweisung, so heißt die neue uns gestellte Aufgabe – nie wieder Religionsunterricht!«[18] die Ansicht auch der in Treysa versammelten Kirchenmänner präzise und einprägsam formuliert hat, konnte wenige Seiten weiter freimütig schreiben: »Die von der Sache her notwendige Lösung der evangelischen Unterweisung aus jedem ›allgemeingültigen‹ Bildungssystem der Volksschulfächer macht sie einsam in der Schule. Daran ist nichts zu ändern, und wer evangelische Unterweisung erteilt, muß die mancherlei Unbehaglichkeiten dieser Vereinsamung tragen. Jedenfalls, wenn er ›bei der Sache bleiben‹ will.«[19]

Offenbar sind unsere Nerven heute schwächer als die jener ersten tatkräftigen Generation nach dem Zusammenbruch. Jedenfalls fragt man sich doch, wenn man diese Sätze liest, recht beklommen, woher denn jemand, der solche Anschauungen vertreten konnte, den Mut dazu nahm? Sicherlich konnte er damals nicht ahnen, welches Ausmaß die recht unbekümmert angesprochenen »mancherlei Unbehaglichkeiten« als Folge der »Vereinsamung« und Isolierung des Religionsunterrichts annehmen würden. Daß aber hier so forsch die Vereinsamung in Kauf genommen und gleichzeitig die Meinung vertreten wurde, der Religionsunterricht könne auch trotzdem bei »seiner Sache bleiben«, ist ein weder verständlicher noch verzeihbarer Irrtum, dessen Folgen gerade der vermeintlich hochgehaltenen »Sache des Religionsunterrichts« unendlich geschadet haben.

Aufs Ganze gesehen war somit das, was die Evangelischen Kirchen bald nach 1945 zur Schulfrage äußerten, für den Neuaufbau des Schul- und Bildungswesens in Deutschland wenig förderlich. Desto bedauerlicher ist es, daß danach das Thema Schule für das kirchliche Nachdenken viele Jahre lang so gut wie keine Rolle mehr spielte. Jedenfalls trifft das für den Bereich der Bundesrepublik zu, wo in kirchlichen Erklärungen und Voten zu Schulproblemen in den folgenden Jahren zwar die Grundgedanken von 1945 wiederholt aufgegriffen, weiter entfaltet und variiert, nicht aber wesentlich neue Aspekte berücksichtigt wurden.[20] Daß die Kirchen im Gebiet der Deutschen Demokratischen Republik durch die sehr bald mit neuer Wucht einsetzenden ideologischen Angriffe gegen ihre Beziehungen zur Schule viel schneller und häufiger zu einer klaren Meinungsbildung in der Schulfrage gezwungen wurden, lieferte den westdeutschen Gliedkirchen auch kein Denk- und Handlungsmodell, das für eine aktive und umfassende Mitarbeit bei der Gestaltung und Fortentwicklung eines demokratisch-freiheitlichen Schulwesens brauchbar gewesen wäre.

Sieht man von der Behandlung jeweils aktueller Teilprobleme mit vorwiegend lokaler oder regionaler Bedeutung ab – wobei es in der Regel um Fragen der Konfessionsschule ging –, wurde die Schulfrage erst im Frühjahr 1958 wieder grundsätzlich aufgegriffen, und zwar auf einer Tagung der Synode der Evangelischen Kirche in Deutschland. Hier kam es unter der umfassenden Fragestellung, »welche Folgerungen aus dem Auftrag der Kirche, die ihr anvertraute Botschaft Menschen weiterzusagen, im Blick auf Unterricht und Erziehung heute zu ziehen sind«[21], zu einer ausführlichen Verhandlung über Probleme der Erziehung und des Unterrichts, als deren Ergebnis sechs »Worte« und »Beschlüsse« verabschiedet wurden, darunter ein »Wort zur Schulfrage«.[22] Obwohl der Versuch, mit diesem Wort etwas für die Lage in beiden Teilen Deutschlands Gültiges zu sagen, von vornherein zum Scheitern verurteilt sein mußte, ist das Schulwort ein Dokument von hohem Rang, das noch heute Beachtung verdient, zumal seitdem keine weitere Äußerung zur Schulfrage aus dem Raum der evangelischen Kirche vorliegt, die ähnliches Gewicht hätte.

Wenn man sich heute klarmacht, daß dieses Wort noch aus der Zeit vor jenem Einschnitt stammt, den der »Rahmenplan zur Umgestaltung und Vereinheitlichung des allgemeinbildenden öffentlichen Schulwesens« des Deutschen Ausschusses für das Erziehungs- und Bildungswesen vom Februar 1959 trotz all seiner Mängel immerhin bedeutete,[23] erkennt man erst, welch mutigen Schritt nach vorn die Synode hier getan hat, indem sie viele überkommene Positionen und Ansprüche aufgab und damit Möglichkeiten für ein neues Verhältnis von Kirche und Schule eröffnete. Gegenüber den Forderungen von 1943 und 1945 nach einer »christlichen Schule« und »christlichen Lehrerbildung« werden hier die traditionellen Einflußmöglichkeiten und Vorrechte der evangelischen Kirche im Raum der Schule entschlossen aufgegeben. Statt dessen setzt sich die Synode für eine entkonfessionalisierte Schule und entkonfessionalisierte Lehrerbildung ein, womit sie übrigens der Entwicklung in einzelnen Bundesländern weit vorausgeeilt ist: Es darf »über Schule und Lehrer keinerlei kirchliche Bevormundung ausgeübt werden. Die sittliche und wissenschaftliche Verantwortung der Erzieher für alle Lehrgehalte und das gesamte Schulleben duldet keine weltanschauliche Bevormundung, gleich welcher Art.« In diesem Sinne sagt die Synode für die Kirche dann entschieden ja dazu, daß die »weltlichen Fragen« der Schule allein »sachgerecht« und in Freiheit zu lösen sind: »Diese weltlichen Fragen müssen sachgerecht, ohne weltanschauliche Überhöhung, aber auch ohne konfessionelle Enge und ohne ideologischen Zwang gelöst werden.« Damit verzichtet die Kirche auf den Anspruch, selbst eine indoktrinierende, Menschen bevormundende Bildungsmacht zu sein. Vielmehr sieht sie ihre wichtigste Aufgabe nun darin, Anwalt und Hüter der Freiheit der Schule zu sein: »Die Kirche will unvoreingenommen dazu mithelfen, daß eine solche freie Schule den jungen Menschen leiblich, geistig und seelisch in den Stand setzt, die Aufgaben des heutigen Daseins menschlich zu bewältigen«, ein Gedanke, der schließlich in dem knappen, einprägsamen und inhaltsschweren Satz gipfelt: »Die Kirche ist zu einem freien Dienst an einer freien Schule bereit.«

Auch wenn man nicht so weit geht, dieses Schulwort als Beweis einer »kopernikanischen Wende der theologischen und pädagogischen Grundvorstellungen« der Kirche anzusehen[24], wird man nicht verkennen, daß hier eine radikale Abkehr von der vorher üblichen Fixierung der Debatte auf den Teilaspekt der »Christlichkeit« der Schule vollzogen ist. Eigentlich wäre damit die Grundlage für eine fruchtbare und zukunftsweisende Weiterarbeit der Kirche an den in den sechziger Jahren immer wichtiger werdenden Schul- und Bildungsfragen vorhanden gewesen. Desto erstaunlicher und schmerzlicher ist es, daß dieses Schulwort von 1958 bis heute in der Kirche selbst und erst recht außerhalb der Kirche nahezu unbeachtet geblieben ist. Weder ist es in der Folgezeit gedanklich entfaltet worden, noch sind ihm entsprechende konkrete Beschlüsse oder Aktionen der evangelischen Kirche gefolgt.[25] Im Gegenteil, mehrfach ist die Konzeption dieses Schulwortes entschieden und ausdrücklich abgelehnt worden, so z. B. in der Westfälischen und Bayerischen Kirche, und immer wieder hat es, nicht nur in diesen Kirchen, Rückfälle in ein enges, konfessionalistisches Verständnis der Schul- und Erziehungsprobleme gegeben.[26]

So ist ausgerechnet das letzte Jahrzehnt, das wie kein anderes vor ihm durch radikal neue Fragestellungen und Ansätze in der Erziehungswissenschaft, der Schul- und Bildungspolitik bestimmt wurde, für die evangelische Kirche eine Epoche ständiger Versäumnisse gerade auf diesen Gebieten geworden. Auch von der 1962 durch den Rat der Evangelischen Kirche in Deutschland berufenen »Kammer für Erziehung, Bildung und Unterricht« kamen keine Anstöße, die über einen esoterischen Kreis interessierter Fachleute hinausgewirkt hätten. Erst 1967 befaßte sich die Synode der Evangelischen Kirche in Deutschland, vor allem veranlaßt durch das ständige Drängen und die Initiative des damaligen Kirchenpräsidenten der Evangelischen Kirche in Hessen und Nassau, Professor D. Sucker, wieder ausführlicher mit kultur- und bildungspolitischen Fragen. Der von ihr dazu eingesetzte Ausschuß »Kulturpolitik« knüpfte in seinen Beratungen an das Schulwort von 1958 an und kam unter Beachtung der inzwischen sehr veränderten Situation zu einigen konkreten Forderungen wie: Ständige Einrichtung eines kulturpolitischen Ausschusses während der Synodaltagungen, Überwindung der Nachteile eines übertriebenen staatlichen und kirchlichen Föderalismus in kulturpolitischen Fragen und Neukonstituierung der Erziehungskammer einschließlich einer wesentlich besseren finanziellen Ausstattung dieses Gremiums.[27] Von diesen Forderungen machte sich die Synode vor allem die der Neukonstituierung der Erziehungskammer zu eigen und beauftragte den Rat, dabei zu beachten, »daß der Ständigen Kammer nicht nur Pädagogen angehören. Daneben sollte die Möglichkeit geschaffen werden, nach Bedarf kleinere Beratungsgremien von Fachleuten zur Vorbereitung von Verhandlungsgegenständen und zur Ausarbeitung von Unterlagen zu bilden«.[28] Auf diese Weise hätte endlich die Grundlage für eine sachgerechte und konstruktive weitere Mitarbeit der evangelischen Kirche auf dem Gebiet der Kultur- und Bildungspolitik gelegt werden können.

Leider aber entwickelten sich auch diesmal die Dinge nicht günstig: Zwar nahm die neue »Kammer für Kulturpolitik und Bildungsfragen« tatsächlich im Sommer 1968 ihre Arbeit auf, doch kam es bald nach dem plötzlichen Tode ihres ersten Vorsitzenden Kirchenpräsident Sucker (Ende 1968) wegen der Frage des weiteren Vorsitzes zu internen Auseinandersetzungen zwischen der Kammer und dem Rat der Evangelischen Kirche in Deutschland, in deren Verlauf die Mitglieder der Kammer schließlich im Herbst 1969 geschlossen ihr Mandat zurückgaben.

Da auch von den folgenden Synodaltagungen der Evangelischen Kirche in Deutschland keine neuen Impulse für ein stärkeres kultur- und bildungspolitisches Engagement der Evangelischen Kirchen ausgingen[29] – im Herbst 1968 stand als Sachthema die Entwicklungspolitik im Mittelpunkt, im Mai 1970 die Frage nach den Konsequenzen der kurz vorher erfolgten Gründung des Evangelischen Kirchenbundes in der DDR für die Grundordnung und Gestalt der Evangelischen Kirche in Deutschland, im Februar 1971 die strukturelle Neuordnung der Kirche –, stehen wir vor der Tatsache, daß es derzeit kein zeitgemäßes und zureichendes Denk- und Handlungsmodell für eine umfassende und fruchtbare Mitarbeit der evangelischen Kirche an den immer wichtiger werdenden Aufgaben der Kultur- und Bildungspolitik gibt. Das Ziel einer »Verchristlichung der Schule«, das jahrzehntelang angestrebt wurde, erscheint in der Welt von heute zumal bei nüchterner Einschätzung der geistigen und organisatorischen Kräfte der Kirchen, ebensowenig wünschenswert wie realisierbar. Da es gleichwohl noch auf weite Strecken die kirchlichen Aktivitäten im Schul- und Bildungswesen bestimmt, ist es die Ursache dafür, daß die evangelischen Kirchen in der bildungspolitischen Entwicklung und Diskussion zwar noch mehr oder minder bereitwillig angehört werden – nicht zuletzt weil ihnen in Verfassungen und Staatsverträgen gerade in diesen Fragen nicht geringe Rechte verbrieft sind –, daß sie aber an allen wichtigen Planungen und Entscheidungen sachlich und personell kaum mehr beteiligt sind. Wie der Deutsche Bildungsrat in seinem im Frühjahr 1970 veröffentlichten Strukturplan für das Bildungswesen den verfassungsmäßig geschützten Religionsunterricht zwar duldet, nicht mehr jedoch als organischen Bestandteil einer Schule der Zukunft einplant[30], so wird die Entwicklung in allen schul- und bildungspolitischen Fragen über die evangelischen Kirchen hinweggehen, wenn es ihnen nicht bald gelingt, eine überzeugende, geschlossene und praktikable Theorie ihres Denkens und Handelns auf diesem Gebiet zu entwickeln. Als Ausgangspunkt dazu bietet sich nach wie vor das Schulwort von 1958 an mit seiner Erklärung, daß die evangelische Kirche zu einem freien Dienst an einer freien Schule bereit sei. Für die Kirche ist es hohe Zeit, diesen Grundsatz unter den heutigen Bedingungen zu entfalten und nach ihm zu handeln.

II. Schule und Bildung aus der Sicht der katholischen Kirche

Der Berater des innerhalb der Fuldaer Bischofskonferenz für Schulfragen zuständigen Aachener Bischofs Pohlschneider, Franz Pöggeler, hat 1965, in einer Zeit harter Auseinandersetzungen um die Konfessionsschule, in einem Aufsatz geschrieben: »Es ist heute eher möglich, mit evangelischen Christen zu beten, als mit ihnen eine gemeinsame Schule einzurichten, und zwar deshalb, weil die Auffassungen über Schule und Erziehung auf beiden Seiten noch grundverschieden sind. Der evangelische Christ betrachtet die Erziehung und damit die Schule als ein ›rein weltliches Ding‹ und glaubt nicht an die Möglichkeit, den Sinnkreis der einzelnen Unterrichtsfächer am Leitbild der von Gott geschaffenen Schöpfungsordnung zu orientieren. Der katholische Christ hält es dagegen für möglich, sinnvoll und glaubensgemäß, einen bestimmten, eben christlichen Sinn der einzelnen Sachbereiche zu vollziehen, sei es den Sinn der Kunst oder des Staates, der Ehe oder des Berufes, der Wirtschaft oder der Wissenschaft. Der Katholik glaubt an die Möglichkeit, auch mittels Erziehung und Bildung sein Heilsleben vollziehen zu können.«[1]

Dieser Abschnitt vermittelt einen Eindruck davon, welcher gewaltige Impetus die katholische Kirche treibt, sich ständig – und sei es auch in aussichtsloser Position – bei allen Diskussionen und Planungen, gesetzlichen Regelungen und Reformen im Bereich des Schul- und Bildungswesens energisch zu engagieren und die eigenen Ansprüche möglichst unnachgiebig zu vertreten. Weil nach zentralem Prinzip katholischer Lehre Wissen und Glauben, Vernunft und Offenbarung sich nicht widersprechen können, vielmehr der Glaube erst die rechte Erkenntnis und den rechten Gebrauch der Vernunft ermöglicht und gewährleistet, geht es bei den Fragen von Erziehung und Bildung immer zugleich auch um den Glauben und das Heil nicht nur des einzelnen.[2] Daher gehört es zu den wichtigsten Aufgaben der Kirche überhaupt, sich um das

Schul- und Bildungswesen zu bemühen, zumal nachdem es, beginnend mit dem Preußischen Allgemeinen Landrecht, de jure und de facto fast ausschließlich zur Angelegenheit des säkularisierten Staates geworden ist.

Auf dieser Grundlage hat die katholische Kirche eine ausführliche »Lehre von der Schule« entwickelt, die alle Bildungseinrichtungen »vom Kindergarten bis zur Universität, allgemeinbildende wie berufsbildende, für Heranwachsende wie für Erwachsene«[3] umfaßt. Ihre wesentlichen Bestimmungen sind enthalten im Codex Juris Canonici[4] und bis ins einzelne entfaltet und konkretisiert in der Enzyklika »Divini illius magistri« vom 31. Dezember 1929.[5] Da diese Enzyklika durch die einschlägige »Erklärung über die christliche Erziehung« des Zweiten Vatikanischen Konzils von 1965 ausdrücklich bestätigt wurde[6], kann sie mit Recht als das »Grundwerk der katholischen Pädagogik«[7] und das »Grundgesetz katholischer Bildungspolitik«[8] angesehen werden.

Nach ihr ist die christliche Erziehung unabdingbar notwendig zur Vervollkommnung des einzelnen und der gesamten menschlichen Gemeinschaft, weil sie »dahin zielt, den Seelen der zu Erziehenden das höchste Gut, nämlich Gott, und der menschlichen Gemeinschaft das Höchstmaß von Wohlergehen, soweit es auf dieser Erde möglich ist, zu sichern.«[9] Aufgetragen ist solche christliche Erziehung den »drei notwenigen Gemeinschaften, ... in deren Schoß der Mensch hineingeboren wird«, der Familie, dem Staat und der Kirche. Dabei sind zwar der Staat und die Kirche zusammen der Familie insofern überlegen, als beide im Gegensatz zu ihr »vollkommene Gesellschaften« sind. Die Kirche aber ist wiederum dem Staat überlegen, weil er wie die Familie der »natürlichen Ordnung«, sie aber »der übernatürlichen Ordnung« angehört. Von den drei Gesellschaften ist darum die Kirche »die höchste in ihrer Ordnung«.[10] Deshalb steht auch ihr »die Erziehung in ganz überragendem Sinne ... zu aufgrund zweier Rechtsansprüche übernatürlicher Ordnung, die Gott selber ihr ausschließlich verliehen hat und die darum jedem anderen Rechtsanspruch natürlicher Ordnung unbedingt vorangehen.«[11] Diese Rechtsansprüche haben ihren Grund einmal in der höchsten Lehrgewalt und zum anderen in der »übernatürlichen Mutterschaft, durch welche die Kirche ... mit ihren Sakramenten und ihrer Lehre die Seelen zum göttlichen Gnadenleben gebiert, ernährt und erzieht.«[12] Daraus folgt, daß die Kirche nicht nur selbst verpflichtet ist, »ihre Erziehungsmission auszuüben«, und zwar »unabhängig von jedweder irdischen Macht«, wozu sie »für alle Fächer und für alle Kulturgrade eigene Schulen und Institute gründet und unterhält«[13], sondern auch daß sie ein Wächteramt wahrzunehmen hat über alle Erziehung: »Überdies ist es ein unveräußerliches Recht und zugleich eine unerläßliche Pflicht der Kirche, über die Gesamterziehung ihrer Kinder, der Gläubigen, zu wachen in jedwedem Institut, ob öffentlich oder privat, nicht allein hinsichtlich des dort erteilten Religionsunterrichts, sondern auch in allen anderen Fächern ...«. Dabei beschränkt sich dieser Wächterdienst, der im übrigen »nicht als eine ungebührliche Einmischung, sondern als eine wertvolle mütterliche Fürsorge der Kirche aufzufassen ist«, nicht nur auf katholisch Getaufte. Vielmehr erstreckt sich die kirchliche »Erziehungssendung auch auf die Nichtgläubigen. Sind doch alle Menschen berufen, einzugehen in das Reich Gottes und das ewige Heil zu erlangen.«[14]

Unter diesen Voraussetzungen erkennt die Kirche wohl an, daß auch Familie, Staat und »Einzelpersonen hinsichtlich der berechtigten Freiheit der Wissenschaft, der wissenschaftlichen Methoden und der gesamten Profankultur im allgemeinen« eigene Rechte und Pflichten im Erziehungsprozeß haben.[15] Die Kirche ist sogar bereit, diese Rechte zu schützen, etwa dort, wo der Staat die Familie behindern sollte.[16] Zwar ist es vornehmlich sein Recht und seine Pflicht, dafür zu sorgen, »daß alle Staatsbürger die notwendige Kenntnis ihrer staatsbürgerlichen und nationalen Pflichten und einen gewissen Grad geistiger, sittlicher und körperlicher Kultur besitzen, wie sie unter den heutigen Verhältnissen vom Gemeinwohl tatsächlich gefordert wird.«[17] Was aber die Zielsetzung und Durchführung dieser Aufgaben angeht, bleibt es der Kirche als der Hüterin und Interpretin der von Gott gesetzten Ordnung vorbehalten, zu allen wichtigen Fragen Stellung zu nehmen und die Beachtung ihrer Prinzipien zu verlangen. Das gilt für Grundfragen der Anthropologie ebenso wie für die Probleme der sexuellen Aufklärung, für die Ablehnung der Koedukation und Regeln über den Sportunterricht gleichermaßen wie für die Erziehung in der Familie.[18]

Alle diese Ansprüche kulminieren schließlich in den Abschnitten über die Schule[19] in der Forderung an den Staat, der »Verweltlichung in der öffentlichen Schule« ein Ende zu bereiten und wenigstens für katholische Kinder die »katholische Schule« zu schaffen: »Dafür ist notwendig, daß der ganze Unterricht und Aufbau der Schule: Lehrer,

Schulordnung und Schulbücher, in allen Fächern unter Leitung und mütterlicher Aufsicht der Kirche von christlichem Geiste beherrscht sind, so daß die Religion in Wahrheit die Grundlage und Krönung des ganzen Erziehungswerkes in allen seinen Abstufungen darstellt, nicht bloß in den Elementar-, sondern auch in den Mittel- und Hochschulen.« Die klare Bestimmung des Kanonischen Rechts: »Katholische Kinder sollen nichtkatholische neutrale (d. h. konfessionslose) und gemischte Schulen, die also auch Nichtkatholiken zum Besuch offenstehen, nicht besuchen« wird an dieser Stelle der Erziehungsenzyklika wörtlich wiederholt, »erneuert und bekräftigt«.[20] Wofern der pluralistische Staat seine eigenen Schulen nicht in diesem Sinne umwandeln kann oder will, soll er »der Initiative der Familie und der Kirche Freiheit lassen und durch entsprechende finanzielle Beisteuern nachhelfen«, d. h. die Entwicklung von katholischen Privatschulen fördern.[21] Wo immer Katholiken sich für die »Förderung und den Schutz der katholischen Schule« einsetzen, üben sie eine »ausgesprochene religiöse Tätigkeit« aus, sind sie dem »väterlichen Herzen« des Papstes »besonders teuer und hohen Lobes würdig.«[22] Dies gilt nicht etwa nur deshalb, weil sie damit den Interessen der Kirche dienen; vielmehr sorgen sie so dafür, ihre Kinder »auf die vollkommenste und dem Wohl der Nation dienlichste Art zu erziehen. Denn der gute Katholik ist gerade kraft der katholischen Glaubenslehre auch der beste Staatsbürger, der sein Vaterland liebt und sich der in irgendeine gesetzliche Staatsform gekleideten Staatsgewalt aufrichtig unterordnet.«[23]

Die mit der Enzyklika formell bestätigte Verankerung der Schul- und Erziehungsprobleme im Zentrum der katholischen theologischen Lehre hat sich in Deutschland in den schulpolitischen Auseinandersetzungen der letzten Jahrzehnte als außerordentlich folgenreich erwiesen. Da die einzelnen Bestimmungen niemals starr und schematisch vertreten, sondern im Blick auf veränderte Anforderungen von den jeweils zuständigen Bischöfen durchaus auch kühn interpretiert wurden und werden, wirkten und wirken sie insgesamt als starker Motor für eine zielstrebige und durchschlagskräftige Schul- und Bildungspolitik der katholischen Kirche, die nicht nur Katholiken in ihren Bann zieht. So haben sich oft genug auch evangelische Christen und Kirchen dazu verleiten lassen, ähnliche Forderungen zu stellen, für die es auf evangelischer Seite eben keine legitime theologische Grundlage gibt.

Ganz besonders gilt dies von dem unablässig vorgebrachten Anspruch der katholischen Kirche auf Schaffung und Erhaltung der Konfessionsschule, ja, auf Durchsetzung des konfessionellen Prinzips im gesamten Bildungswesen, bis hin zur Universität, mindestens aber bis hin zur Katholischen Pädagogischen Hochschule. Noch 1963 konnten die deutschen katholischen Bischöfe in diesem Sinn formulieren: »Mit unseren gläubigen Eltern werden wir immer den Grundsatz vertreten, daß das katholische Kind ein Recht hat auf die katholische Erziehung. Für die katholische Erziehung aber können wir den katholischen Lehrer nicht entbehren. Der katholische Lehrer hinwiederum braucht eine ganzheitliche katholische Ausbildung.«[24]

Wenn man diese Forderung richtig verstehen will, muß man sich freilich immer wieder an die entscheidende Prämisse erinnern, daß der Glaube die Vernunft nicht hindert, vielmehr erst ihren rechten Gebrauch ermöglicht. Darum bedeutet eine »ganzheitliche katholische Ausbildung« der Lehrer und eine entsprechende »katholische Erziehung« der Kinder in einer katholischen Schule nicht eine unredliche und der Entwicklung und Vermittlung wissenschaftlicher Erkenntnisse abträgliche Verengung des Horizonts. Im Gegenteil, die prinzipielle katholische Ausrichtung gewährleistet in besonderem Maße, daß sich Schule und Erziehung »der Welt und ihrer Wirklichkeit stellen und öffnen und die jungen Menschen zum Umgang mit dieser Welt befähigen.«[25] Getreu den Lehren der Erziehungsenzyklika leistet so die katholische Schule einen hervorragenden Beitrag zur Weiterentwicklung des Gemeinwesens, und wer je die Weltoffenheit erfahren hat, über die gerade überzeugte katholische Laien und kluge Kleriker verfügen können, wird nicht vorschnell leugnen, daß diese Auffassung in der praktischen Gestaltung unserer Wirklichkeit reiche Früchte tragen kann. Für den kritischen Beobachter bleibt es freilich unbefriedigend und ein ungelöstes Problem, daß unter dieser Prämisse Welt und Wirklichkeit als solche keine eigene Dignität haben, sondern nur so weit in den Blick genommen werden können, wie sie als notwendiger Rahmen und als Betätigungsfeld für die der übernatürlichen Heilsordnung verpflichtete Kirche interessant sind.[26]

Dem entspricht es, daß als Antwort auf Bedenken, die katholische Schule könne oder müsse zwangsläufig zur Intoleranz erziehen und so die politische Ordnung gefährden, ein eigentümlich negativer oder passiver Toleranzbegriff entwickelt wird: »Toleranz ist ... etwas anderes als religiöse Gleichgültigkeit. ... Sie setzt voraus, daß der einzelne einen persönlichen Standpunkt hat. Das Kind muß erst einen eigenen Standpunkt gewinnen, bevor es sich anderen Standpunkten gegenüber tolerant verhalten kann. Wo alle das gleiche denken oder niemand eine eigene Meinung besitzt, braucht nichts toleriert zu werden.«[27] Dies ist zwar ein Abschnitt einer aktuellen bischöflichen Erklärung aus den Kämpfen in Nordrhein-Westfalen um die Erhaltung der Konfessionsschule – daher auch der offene Seitenhieb des letzten Satzes gegen die Gemeinschaftsschule als eine Schule, in der »alle das gleiche denken oder niemand eine eigene Meinung besitzt« –, gleichwohl aber ist die Verengung des Blickwinkels in diesem Punkt symptomatisch: Die katholische Schule in ihrer reinen Form – mit katholisch ausgebildeten Lehrern, katholischen Schülern und von der Kirche »mütterlich beaufsichtigten« Lehrplänen und Lehrbüchern[28] – muß von vornherein darauf verzichten, einen positiven Beitrag zur Einübung von Toleranz zu leisten. Natürlich kann in ihr von Toleranz gesprochen und der Wert der Toleranz prinzipiell postuliert werden. Wie schwer aber Toleranz in der Begegnung mit dem Andersdenkenden, nicht nur dem Andersgläubigen, mit dem, der andere Normen und eine andere Wertordnung anerkennt, praktisch zu verwirklichen ist, diese Erfahrung könnten die Schüler einer katholischen Schule in dem wichtigen Lebensraum, der die Schule für sie ist, nicht machen.[29] Dieser Mangel muß um so bedenklicher erscheinen, als wir heute in zunehmendem Maße erkennen, daß die Schule sich nicht mit intellektueller und theoretischer Information begnügen darf, sondern der Einübung sozialer Rollen und Verhaltensmuster künftig weit mehr Beachtung schenken muß, als sie es bisher getan hat, wenn die Kinder auf die gestiegenen und noch steigenden Anforderungen des technischen Zeitalters angemessen vorbereitet werden sollen.

Als politisch-juristischer Ansatzpunkt für die Verwirklichung ihrer schulpolitischen Ansprüche dient der katholischen Kirche neben den ihr selbst in Verfassungen, Konkordaten und Verträgen eingeräumten Möglichkeiten, z. B. der Mitbestimmung über den Religionsunterricht in der öffentlichen Schule, das im Grundgesetz garantierte Elternrecht.[30] Dieses Elternrecht wird von ihr im Sinne der kirchlichen Naturrechtslehre verstanden und ausgelegt.[31] Daraus folgt auf der einen Seite, daß die Kirche sich verpflichtet weiß, dieses Recht zu achten, zu schützen und gegebenenfalls gegen Übergriffe des Staates zu verteidigen,[32] zum anderen aber auch, daß sie selbst und sie allein es ist, die dieses Recht im Sinne der göttlichen Heilsordnung richtig auszulegen und zu wahren hat. Demgemäß behält sie sich vor, die Eltern zu belehren, zu mahnen und notfalls zu drängen, dieses Recht nach den Weisungen der Kirche auszuüben.[33] Konkret bedeutet das in der Schulpolitik vor allem, daß den Eltern immer wieder eingeschärft wird, die Kinder allein auf katholische Konfessionsschulen zu schicken und, wo es solche Schulen nicht gibt, sich mit allen Mitteln für ihre Errichtung einzusetzen. Diese Politik der katholischen Kirche hat bei uns die Auseinandersetzungen um die Konfessionsschule in den vergangenen Jahren sehr belastet und zu mancher unnötigen Verhärtung der Fronten geführt. Erst seitdem der Widerstand gegen dieses Drängen in den Reihen der katholischen Christen selbst stärker geworden ist – sei es daß er als solcher artikuliert und geäußert wird [34], sei es daß die katholische Elternschaft in Abstimmungen und Volksbegehren mit großer Mehrheit gegen den Fortbestand der Konfessionsschule votierte [35] –, geht die Kirche daran, ihre Ziele zu modifizieren, ohne freilich damit die grundsätzlichen Ansprüche auf eine geschlossene katholische Erziehung und Bildung für ihre Gläubigen preiszugeben.

Diesem Bestreben vor allem dient eine besondere katholische Interpretation der pluralistischen Struktur der modernen Industriegesellschaft: Während der Pluralismus von den Befürwortern der Gemeinschaftsschule als entscheidendes Argument für diese Schulform ins Feld geführt wird, versuchen nicht wenige katholische Bildungspolitiker genau das Gegenteil zu beweisen, daß nämlich nur ein System verschiedener weltanschaulich klar geprägter Bekenntnisschulen dem Pluralismus der Wertvorstellungen in unserer Gesellschaft gerecht werden könne, die Gemeinschaftsschule mit ihrer nivellierenden Tendenz aber ihn gerade nicht genügend berücksichtige, ja, ihn gefährde.[36] Zur Bekräftigung wird die Gemeinschaftsschule nicht ungern bewußt emotional mit dem Popanz einer alles plattwalzenden staatlichen Bildungsmaschinerie in Verbindung gebracht: »Es widerspricht also den gemeinsamen Idealen der modernen Menschheit, ein uniformes Bildungs- und Schulwesen durchzusetzen. Eine staatlich verfügte Einheitsbildung in der Bundesrepublik wäre ein Rückfall in autoritär-obrigkeitsstaatliches Denken.«[37] Die These selbst gipfelt schließlich in Forderungen und Entwürfen einer »Versäulung« des Schul- und Bildungswesens nach niederländischem Muster, d. h. seiner Durchgliederung in drei weltanschauliche »Säulen«, eine katholische, eine evangelische und eine christlich-humanistische. Der Staat hätte natürlich alle drei Säulen in gleicher Weise voll zu finanzieren und einen im technischen Sinn geordneten Schulbetrieb zu gewährleisten, sich im übrigen aber der Einflußnahme auf die innere Gestaltung und Zielsetzung des Unterrichts dieser Schulen weitgehend zu enthalten.[38]

So einleuchtend dieses Modell auf den ersten Blick erscheinen mag, so wenig dient es in Wahrheit den Interessen der anderen, nichtkatholischen Gruppen der Gesellschaft. Würde es sie doch zwingen, sich von vornherein nach den grundlegenden weltanschaulichen Prinzipien des Katholizismus auszurichten, mindestens aber sich den oben angedeuteten spezifisch katholischen Toleranzbegriff zu eigen zu machen und ihrerseits für eine ebenso weltanschaulich geschlossene Bildung, um nicht zu sagen Indoktrinierung der in ihren Schulen angemeldeten Kinder zu sorgen. Daß dies beispielsweise für jede evangelische Auffassung von Erziehung völlig unannehmbar wäre, liegt auf der Hand.[39]

Natürlich gibt es heute viele Katholiken, die ein solches Modell der Schulorganisation ablehnen, und dies nicht nur, weil sie sich darüber klar sind, daß so gut wie keine Aussicht besteht, es in Deutschland zu verwirklichen. Vielmehr richtet sich ihre Kritik darauf, »daß der Katholizismus seit Jahrzehnten über seiner Forderung nach der Konfessionsschule vergessen hat, darauf zu achten, was denn nun in diesen Schulen geschieht. ... Die institutionelle Sicherung geht dem Katholizismus nach wie vor über die Qualität des Bildungswesens.«[40] Das in bildungspolitischen Untersuchungen seit einigen Jahren wiederholt nachgewiesene »katholische Bildungsdefizit«, der Tatbestand also, daß der Prozentsatz der Katholiken unter höheren Schülern, Abiturienten, Studenten und Akademikern unter dem des katholischen Bevölkerungsanteils liegt,[41] verlieh diesen Stimmen erhebliches Gewicht und ließ auch konservative Kreise der katholischen Kirche aufmerken. So vollzog sich in den letzten Jahren – besonders unter dem Einfluß der zahlreichen Bücher und Aufsätze des Jesuiten Karl Erlinghagen, des inzwischen wohl bekanntesten Exponenten einer modernen, der Zukunft zugewandten, dabei aber doch streng kirchlich gebundenen katholischen Bildungspolitik[42] – allmählich ein Wandel der Anschauungen dahin, daß es mit einer bloß institutionellen und nominellen Sicherung des katholischen Einflusses auf die Bildungseinrichtungen nicht getan sei. Vielmehr komme es entscheidend darauf an, daß in solchen Anstalten ein »katholischer Geist« herrsche. Daran vor allem müsse die

Kirche interessiert sein. Dann brauche sie auch nicht mehr darauf zu beharren, daß dort nur Katholiken unter sich sind. Um der größeren Weltoffenheit und der besseren Effizienz willen könnten Nichtkatholiken unter Lehrenden und Lernenden »nur willkommen sein.«[43]

Von hier aus war es dann nur noch ein kleiner Schritt bis zu den 1969 erschienenen »Grundsätzen und Empfehlungen des katholischen Bildungsrates bei der Bischöflichen Hauptstelle für Bildung und Erziehung und des Kulturbeirates des Zentralkomitees der deutschen Katholiken« über »Bildung und Erziehung in katholischer Sicht«.[44] Hier wird nicht primär von dem kirchlichen Anspruch auf das Bildungswesen ausgegangen, sondern von den Menschenrechten, zu deren vornehmsten neben dem »Recht auf Bildung« das der Gedanken-, Gewissens- und Religionsfreiheit gehört.[45] Zwar wird das Erziehungsrecht der Kirche anerkannt, aber doch nur als ein Recht über den »getauften und gläubigen Menschen«: »Die Kirche hat kraft ihres Auftrages als Sachwalterin des Rechtes des getauften Kindes und Jugendlichen und des gläubigen Erziehers ein unveräußerliches Erziehungsrecht.« In diesem Sinne muß sie ihr Denken und Handeln in der Erziehung als einen »Dienst an der Menschheit« auffassen. Das erfordert »nicht nur die Anerkennung der Eigengesetzlichkeit von Bildung und Erziehung, die kritische Auseinandersetzung mit den pädagogisch bedeutsamen Erkenntnissen der Wissenschaft und die Berücksichtigung der verschiedenen Grundauffassungen der Gesellschaft, sondern ebenso eigene Initiativen und eine gründliche Besinnung auf das spezifisch christliche Ziel, auf das hin der Mensch entworfen ist, wie auf die Mittel und Wege, die dem Menschen helfen, in der pluralen Öffentlichkeit seinen Glauben zu bewähren und sein Glaubenszeugnis als Dienst an der Menschheit zu begreifen.«[46] Und dann folgt ausdrücklich die Absage an alte Vorstellungen: »Die Kirche distanziert sich heute von gewissen geschichtlich gewordenen Formen, die in der Vergangenheit ihr Verhältnis zur Schule bestimmten, und bietet aus einem gewandelten Selbstverständnis heraus ihre Dienstbereitschaft der pluralistischen Welt an. Indem sie für sich selbst die Freiheit der Religionsausübung in öffentlichen Einrichtungen wahrnimmt, tritt sie zugleich dafür ein, daß auch allen anderen gesellschaftlichen Gruppen gleiche Rechte und gleiche Chancen garantiert werden. Wie auch immer in Zukunft das öffentliche Erziehungswesen organisiert sein mag, die Kirche wird sich dabei einsetzen für die Grundrechte der Person und für die erzieherisch wirksamste Weise der Entfaltung des Menschen, der seinem Gewissen und seinem Glauben folgen will.«[47]

Damit ist in der Tat eine völlig neue Grundlage für die katholische Schul- und Bildungspolitik gelegt. Mußte es vorher angesichts der tatsächlichen schulpolitischen Entwicklung der letzten Jahre so scheinen, als sei »die schulpolitische Generallinie« der katholischen Kirche »die eines fortdauernden Rückzugsgefechtes«,[48] so eröffnen sich ihr hier neue Möglichkeiten der weiteren Mitwirkung und Mitgestaltung. Als erste konkrete Konsequenz zeichnet sich ein erheblich verstärktes Engagement der Kirche auf dem Gebiet der privaten, besser freien Schulen ab. Die Zusammenfassung der vorhandenen katholischen freien Schulen in »Katholischen Schulwerken«, die Gründung neuer Schulen sowie die Konzeption und Durchführung von Modellversuchen und schließlich das gezielte Bemühen um eine bessere finanzielle Unterstützung dieser freien Schulen durch den Staat sind derzeit die bemerkenswertesten schulpolitischen Aktivitäten der katholischen Kirche in Deutschland, mit denen sie die klaren Grundsätze ihrer Erziehungslehre in einer pädagogisch verantwortbaren, zeitgemäßen und zukunftsoffenen Weise verwirklichen will.[49]

III. Der Kampf um die Konfessionsschule

Im Jahre 1966 hat das im wesentlichen katholisch ausgerichtete Deutsche Institut für Bildung und Wissen in der Reihe seiner Empfehlungen und Vorschläge zur Reform des Bildungswesens ein »Gutachten zur Bekenntnisschule« vorgelegt [1], dessen Vorwort die folgenden Sätze entnommen sind: »Nach Auffassung des Deutschen Instituts für Bildung und Wissen kann kein Zweifel daran bestehen, daß die klar geprägte evangelische und katholische Schule nicht nur eine berechtigte Forderung zahlreicher Eltern ist, sondern daß ihr in einer Zeit, die zur geistigen Farblosigkeit und Nivellierung neigt, auch politisch eine hohe Bedeutung zukommt. Wie die geschichtliche Erfahrung zeigt, waren es profilierte Menschen verschiedener Grundüberzeugungen, die es in der Zeit des Dritten Reiches wagten, aktiven und passiven Widerstand zu leisten; und sollte unser freiheitlicher Rechtsstaat erneut bedroht werden, so ist Rettung wiederum vor allem von geistig entschiedenen Menschen zu erwarten. Ohne Zweifel gehen solche Menschen nicht nur aus einer bestimmten Schulform hervor. Dennoch kann vermutet werden, daß die Bekenntnisschule besonders gute Voraussetzungen dafür bietet.«[2]

Wenn man sich vergegenwärtigt, daß spätestens durch Pichts aufsehenerregende Artikelserie in der Wochenzeitung »Christ und Welt« vom Februar 1964 der Notstand, wenn nicht die Katastrophe des Bildungswesens der Bundesrepublik offenkundig geworden war [3], wenn man ferner bedenkt, daß in demselben Jahr 1966 der Deutsche Bildungsrat seine Arbeit aufnahm, deren erste wichtige und zukunftsweisende Ergebnisse in verschiedenen Empfehlungen, vor allem aber in dem »Strukturplan für das Bildungswesen« inzwischen vorliegen, so muten einen diese Sätze, mochten sie schon vorher sonderbar klingen, vollends makaber an. Schon 1966 war das Ende der Konfessionsschule als einer Regelform abzusehen. Das 1964 neu gefaßte »Abkommen zwischen den Ländern der Bundesrepublik zur Vereinheitlichung auf dem Gebiet des Schulwesens«[4] hatte die Weichen der weiteren Entwicklung klar in die Richtung einer verstärkten fachlichen Gliederung und Differenzierung aller Schulen gestellt. Danach konnte eigentlich niemand mehr erwarten, daß die konfessionelle Aufteilung des Schulwesens sich je noch über den damaligen Stand hinaus durchsetzen würde. Daß trotzdem gerade in ihr das Heil des Abendlandes, die Rettung vor geistiger Farblosigkeit und Nivellierung und die Bewahrung des Rechtsstaates beschlossen liegen sollten, zeugt weniger von christlicher Nüchternheit als vielmehr von mangelndem Augenmaß und allzu kühnem Wunschdenken der für das Vorwort Verantwortlichen.

Verständlich wird das nur, wie der eigentliche Text des Gutachtens ausweist, auf dem Hintergrund einer eng gefaßten katholischen Anthropologie und Erziehungslehre.[5] Ausgangspunkt der Überlegungen kann demnach nicht die aus einer Analyse der tatsächlichen Lage der Schule resultierende Frage nach sachgerechten und notwendigen Reformmaßnahmen sein. Vielmehr sind vorgegeben Lehre und Anspruch der Kirche, und die Schule ist so umzugestalten, daß sie den kirchlichen Forderungen entsprechen kann. Die Beachtung pädagogischer Sachgesetze ist notwendig und sinnvoll, soweit diese erst es ermöglichen, das von der Kirche gesetzte Ziel zuverlässig zu erreichen. Daß aber die Pädagogik eine autonome Wissenschaft sein könnte, die der Schule unter Umständen einen ganz anderen Weg vorzuschreiben hätte, kann hier gar nicht in den Blick kommen. Das ist auch der Grund, warum das Gutachten insgesamt so blaß und theoretisch bleibt. Mag es in kirchlichen Kreisen noch eifrig erörtert worden sein, auf die weitere Entwicklung der Schule hat es keinen Einfluß mehr gehabt. Hier wurden sehr bald doch andere Fragestellungen wichtiger.

Insofern ist dieses Gutachten des Deutschen Instituts für Bildung und Wissen symptomatisch für die gesamte Debatte um die Konfessionsschule, wie sie sich einem im Rückblick darstellt. Was immer hier jahrzehntelang leidenschaftlich diskutiert und heftig umstritten, wofür prozessiert und politisch gekämpft wurde, erscheint angesichts der gegenwärtigen Lage unseres Bildungswesens unverständlich und im Blick auf seine Zukunft ohne Bedeutung. Uns drücken andere Sorgen als die einer kirchlich sanktionierten konfessionellen Ausrichtung der Schule. Auch Christen, die sich durchaus zu ihrer Kirche halten, lehnen heute eine institutionalisierte Einflußnahme der Kirchen auf die Schule entschieden ab. Die konfessionelle Gliederung eignet sich nicht mehr als Ordnungs- und Gestaltungsprinzip für das Bildungswesen des Staates.

Damit ist ein alter Streit endlich ausgestanden; denn die Auseinandersetzungen um die Konfessionsschule gehen wenigstens zurück bis auf die Zeit des Preußischen Allgemeinen Landrechts von 1794. Daß die Schule dort zur »Veranstaltung des Staates« erklärt wurde, bedeutete zugleich eine prinzipielle Ablehnung des kirchlichen und konfessionellen Einflusses, obwohl ein solcher Einfluß faktisch natürlich noch lange bestehen blieb, vor allem in der Volksschule: Abgesehen davon, daß bereits 1817 der Herzog von Nassau in seinem Land die allgemeine Simultanschule einführte – ein mutiger und wegweisender Entschluß, dem erst viele Jahre später die Länder Baden (1868) und Hessen (1874) folgten[6] –, wurde zwar in allen deutschen Ländern das höhere Schulwesen simultanisiert. Für das Volks- und Mittelschulwesen jedoch blieb die konfessionelle Gliederung vorherrschend. Treibende Kraft war dabei die katholische Kirche. Vor allem auf den 1848 beginnenden Katholikentagen wurde unablässig »Freiheit für die Schule« gefordert, womit die Befreiung der Schule aus der »Gewalt des Staates« und ihre völlige Rückführung in die Verantwortung der Kirche gemeint war.[7] Dies ließ natürlich die Evangelischen nicht ruhen, und so ergibt sich beim Rückblick auf das 19. Jahrhundert: »In dem Kampf um das Recht der Kirchen (an der Schule) stehen, wenn auch meist von ganz anderen Motiven geleitet, die evangelischen Kreise Schulter an Schulter mit ihren katholischen Mitchristen.«[8]

Vollends zum Politikum wurde der Kampf um die Konfessionsschule dann nach dem Ersten Weltkrieg. Wohl wurde in der Weimarer Verfassung die »Gemeinschaftsschule« zur Regelschule erhoben, doch gleichzeitig die Konfessionsschule als Antragsschule zugelassen.[9] Daraufhin setzten die beiden großen Kirchen alles daran, die Elternschaft entsprechend zu aktivieren, die katholische Kirche aufgrund ihrer klaren Konzeption der katholischen Schule, die inzwischen in dem 1917 erschienenen Codex Juris Canonici ganz offiziell verankert worden war[10], die evangelische Kirche dagegen aus Furcht vor der drohenden Entchristlichung des Volkes, der sie mit »evangelischen Schulen« begegnen zu können glaubte, während die Gemeinschaftsschule ihr geradezu als ein Werkzeug des Antichrist erschien.[11] Die in der Verfassung niedergelegte Bedingung, die Einrichtung einer Konfessionsschule dürfe »einen geordneten Schulbetrieb nicht beeinträchtigen«, wurde durch die Interpretation unterlaufen, daß auch die einklassige Schule ein solcher »geordneter Schulbetrieb« sei, womit die Gründung und Erhaltung auch der kleinsten Zwergschule legitimiert war. Insgesamt hatte das Drängen der Kirchen zur Folge, daß die Volksschule weiterhin im wesentlichen konfessionell bestimmt und gegliedert, die Gemeinschaftsschule dagegen die Ausnahme blieb. Für die Zukunft wog dies um so schwerer, als dadurch alle Versuche, das von der Verfassung verlangte einheitliche Reichsschulgesetz zu schaffen, vereitelt wurden. Die konfessionellen Gegensätze waren unüberwindbar.[12]

Mochten die Kirchen damit im Augenblick auch zufrieden sein, heute stellt sich dieser »Erfolg« als ein Pyrrhussieg dar. Mit Recht konnte und kann man fortan den Kirchen einen großen Teil der Verantwortung dafür zuschieben, daß unser Bildungswesen im Vergleich zu dem anderer großer Industrienationen so sehr im Rückstand ist. Das zähe Weiterleben der vielen Zwergschulen und die mangelnde Einheitlichkeit in der Schulpolitik der Bundesländer gehen letztlich auf die von den Kirchen mit verschuldeten Versäumnissen der Weimarer Zeit zurück. Kein Wunder, daß man sich noch heute häufig daran erinnert und den Kirchen mißtraut, wenn sie sich um die Schule kümmern. Mindestens ebenso schwer wiegt aber, daß die Kirchen sich mit ihrer reaktionären Einstellung selbst den Blick für das Notwendige für lange Zeit verstellten und heute erst mühsam versuchen müssen, wieder den Anschluß an die Entwicklung zu gewinnen.

Der katholischen Kirche genügte aber das tatsächliche Weiterbestehen der konfessionellen Gliederung der Volksschulen nicht. Vielmehr versuchte sie unablässig, hierfür feste rechtliche Garantien zu erreichen. Das Mittel sollten Konkordate mit den einzelnen deutschen Ländern sein. 1924 gelang es ihr auch, mit dem Freistaat Bayern ein Konkordat zu schließen, in dem für Bayern im Gegensatz zum Wortlaut und zur Intention der Weimarer Verfassung die katholische Konfessionsschule als Regel, die Gemeinschaftsschule dagegen als Ausnahme festgelegt wurde. Andere Länder jedoch gingen nicht so weit. Weder das Konkordat mit Preußen von 1929 noch der Kirchenvertrag mit Anhalt und das Konkordat mit Baden, beide von 1932, enthalten ähnliche Schulbestimmungen. Erst Hitler fand sich bereit, in dem Reichskonkordat von 1933 – an dessen Abschluß er dringend interessiert war, um sein Ansehen aufzubessern –, die »Beibehaltung und Neueinrichtung (staatlicher) katholischer Bekenntnisschulen« zu gewährleisten.[13] Allerdings hinderte ihn das später nicht, auch die katholischen Schulen in die allgemeine »Entkonfessionalisierung« des öffentlichen Lebens einzubeziehen und zum großen Teil gleichzuschalten.

Nach dem Zusammenbruch von 1945 und der Teilung Deutschlands lösten die Länder der Bundesrepublik die Konfessionsschulfrage dann unabhängig voneinander und je verschieden. Während in den überwiegend evangelischen Ländern die Gemeinschaftsschule als einzige Schulform oder doch – wie später in Niedersachsen mit Ausnahme des Bezirks Oldenburg – als deutlich bevorzugte Regelschule eingeführt wurde, trennten die überwiegend katholischen Länder grundsätzlich ihre Volksschulen nach Konfessionen, ließen daneben aber – abgesehen vom Saarland – Gemeinschaftsschulen zu.[14] Differenzen mit den Kirchen gab es zunächst nicht. Wo es ging, hatte die katholische Kirche die Konfessionsschule durchgesetzt, und in den übrigen Ländern beschied sie sich vorerst mit der Gemeinschaftsschule als der zweitbesten Lösung, weil auch diese Schule überall »christlich geprägt« sein sollte.[15] Erst recht fanden sich die evangelischen Kirchen mit den verschiedenen Lösungen ab, weil es für sie die wichtigste Aufgabe war, »die mit Hilfe von List, Terror und Überrumpelung weitgehend gelungene Entchristlichung der Schule vor 1945« rückgängig zu machen, wie immer auch die Schulform sein mochte: Ob einige mehr den Gedanken der Konfessionsschule verfochten, andere mehr den der Gemeinschaftsschule, »beide Gruppen (waren) sich in dem Ziel einer christlich geprägten und auch bekenntnisgebundenen Schule einig.«[16] In diesem Streben beider Kirchen nach vollkommener »Verchristlichung« der Schule lag denn auch der Keim für künftige Konflikte beschlossen. Weite Kreise der Lehrerschaft wollten und konnten sich nicht so »christlich« vereinnahmen lassen, und von Anfang an standen ihnen dabei Gewerkschaften und politische Parteien bei.[17]

Offen und mit aller Schärfe brachen die Auseinandersetzungen aus, als Niedersachsen 1953 als eines der letzten Bundesländer daran ging, sein Volksschulwesen gesetzlich neu zu ordnen. Dabei suchten Parlament und Regierung angesichts der sehr verschiedenen Schultraditionen in den einzelnen Landesteilen nach einem vernünftigen Kompromiß für das ganze Land, in den freilich der Bezirk Oldenburg aus verfassungsrechtlichen Gründen von vornherein nicht einbezogen werden konnte.[18] Die geplante Lösung sah vor, daß in den Volksschulen des Landes »die Schüler ohne Unterschied des Bekenntnisses und der Weltanschauung gemeinsam erzogen werden«,[19] d. h. daß die Regelschule eine Schule für Schüler aller Bekenntnisse sein sollte. Gleichzeitig wurden aber »öffentliche Volksschulen für Schüler des gleichen Bekenntnisses« als Antragsschulen zugelassen, freilich nur dann, wenn »im Bereich des Schulträgers ... mindestens ein seiner Größe im Ausbau angemessenes Volksschulsystem für Schüler aller Bekenntnisse vorhanden ist« und die Bekenntnisschule »nicht wesentlich hinter einem der Größe des Schulträgers angemessenen Schulsystem zurücktritt.«[20] Damit waren gegenüber dem vorherigen Stand die Bedingungen für die Zulassung von Konfessionsschulen erschwert, vor allem aber folgte aus dieser Bestimmung, daß alle die Konfessionsschulen in Gemeinschaftsschulen umgewandelt werden sollten, die bislang als einzige Schule an einem Ort waren und somit auch von Schülern anderer Bekenntnisse besucht werden mußten.[21]

Während die evangelischen Kirchen dieser Regelung zustimmten, hielten die katholischen Bischöfe den Zeitpunkt für gekommen, eine harte Konfrontation mit dem Staat zu wagen. Für die Öffentlichkeit kam dies um so überraschender, als beispielsweise die katholischen Bischöfe in dem Niedersachsen benachbarten Hessen ernsthaft nie etwas gegen die dort als einzige Schulform eingeführte Gemeinschaftsschule unternommen hatten. Jetzt aber führte die katholische Kirche nicht nur diplomatische und politische Verhandlungen, sondern trug auch bewußt den Kampf auf die Straße.[22] Zugleich intervenierte sie unter Bezugnahme auf die Schulbestimmungen des immer noch gültigen Reichskonkordats bei der Bundesregierung, die daraufhin einen Prozeß beim Bundesverfassungsgericht anstrengte. Dadurch sollte das niedersächsische Schulgesetz, das trotz allem am 14. September 1954 verabschiedet wurde, für verfassungswidrig erklärt werden.

In dem komplizierten Prozeß entschied das Bundesverfassungsgericht, kurz zusammengefaßt, dahingehend, daß das Reichskonkordat zwar geltendes Recht sei, die Bundesregierung aber verfassungsrechtlich keine Möglichkeit habe, die Einhaltung der Schulbestimmungen seitens der Länder zu erzwingen, da die Kulturhoheit bei diesen liege. Wohl hatte so das Land Niedersachsen obgesiegt, doch wollte seine Regierung es nicht bei diesem Urteil belassen, von dem sie insofern unbefriedigt war, als »das Land ... in seiner Prozeßargumentation damit operiert (hatte), daß sein Schulgesetz mit dem Reichskonkordat übereinstimmt.«[23] Eben das aber war vom Gericht nicht bestätigt worden. Da natürlich auch die katholischen Bischöfe keineswegs zufrieden waren, wurden 1957 erneut Verhandlungen aufgenommen, die sich bald über das Schulproblem hinaus auf andere zwischen Staat und Kirche strittige Fragen erstreckten und nach einem langen Ringen schließlich im Frühjahr 1965 zum Abschluß eines Konkordats zwischen dem Heiligen Stuhl und dem Land Niedersachsen führten.

Wieder hatte es harte politische Auseinandersetzungen gegeben, vor allem wieder um die Konfessionsschule. Diesmal aber gelang es der katholischen Kirche, ihre Position zu behaupten und günstigere Bedingungen für die Errichtung und den Ausbau von Konfessionsschulen zu erreichen. Darum mußte zugleich mit der Ratifizierung des Konkordats auch das Schulgesetz von 1954 novelliert werden. Im ganzen Land löste das wahre Proteststürme aus, insbesondere in weiten Kreisen der Lehrerschaft.[24] Die Regierungskoalition aus SPD und FDP zerbrach darüber und wurde von einer großen Koalition aus SPD und CDU abgelöst. Gleichwohl hatte die katholische Kirche sich durchgesetzt. Die evangelischen Kirchen äußerten zwar Bedenken gegen die Schulbestimmungen des Konkordats, waren insgesamt aber damit einverstanden, daß mit dem Konkordat die rechtlichen Beziehungen zwischen dem Land und der katholischen Kirche auf eine sichere Grundlage gestellt wurden. Immerhin hatte jedoch die Stimmung im Lande zur Folge, daß in keinem einzigen Falle von dem neuen erleichterten Antragsverfahren Gebrauch gemacht wurde.

So begann sich gleichzeitig mit dem größten Erfolg katholischer Schulpolitik in der Nachkriegszeit das Ende der Konfessionsschule deutlich abzuzeichnen, und das nicht nur in Niedersachsen. Den wesentlichen Anstoß hatte die kurz zuvor in der breiten Öffentlichkeit entfachte Debatte über den offenkundigen Rückstand des Deutschen Schul- und Bildungswesens gegeben, als dessen Ursache u. a. die zu geringe Gliederung und Differenzierung der herkömmlichen Volksschule erkannt worden war. Daraus zogen die Länder in dem bereits oben erwähnten »Hamburger Abkommen« von 1964[25] die Konsequenz, die bisherige »Volksschule« aufzuteilen in die vierjährige Grundschule und die darauf aufbauende fünf- und sechsjährige Hauptschule, die jetzt zu den weiterführenden Schulen gerechnet wurde. Sie sollte nach Möglichkeit voll ausgebaut werden, nach dem Prinzip des Fachunterrichts arbeiten und eine Fremdsprache lehren. Da ein großer Teil der bestehenden Schulen, besonders auf dem Lande, zu klein war, als daß diese Forderungen sinnvoll hätten realisiert werden können, ergab sich die Notwendigkeit, Schulen zu Mittelpunkt- oder Nachbarschaftsschulen zusammenzufassen. Dabei mußte es in den Ländern, die öffentliche Konfessionsschulen hatten, zu neuen Konflikten kommen, weil die konfessionelle Gliederung nicht mehr in jedem Fall aufrechtzuerhalten war. So wurde die Konfessionsschulfrage 1966 und 1967 plötzlich in Nordrhein-Westfalen, Rheinland-Pfalz, im Saarland, in Baden-Württemberg und Bayern akut.

Es erübrigt sich hier, die Kämpfe und Auseinandersetzungen in der Lehrer- und Elternschaft, in Parteien und Parlamenten im einzelnen zu schildern.[26] Wichtig war vor allem, daß die offizielle katholische Kirche kaum zu einem Entgegenkommen bereit war, vielmehr manches tat, um das Feuer erst richtig zu schüren. Am eindrucksvollsten war der Versuch, anläßlich der in Baden-Württemberg und Rheinland-Pfalz geplanten Gesetzesänderungen trotz des Urteils im niedersächsischen Konkordatsprozeß erneut die Bundesregierung einzuschalten und von ihr die Einhaltung der Schulbestimmungen des Reichskonkordats zu verlangen. Um dieser Forderung Nachdruck zu verleihen, verknüpfte der Apostolische Nuntius Bafile sie mit einem allgemeinen politischen Hinweis, der in der Öffentlichkeit so verstanden wurde, daß der Vatikan sich unter Umständen nicht mehr zur Beachtung der im Reichskonkordat vorausgesetzten deutschen Ostgrenzen verpflichtet fühlen, also die Oder-Neiße-Grenze anerkennen könne, falls in Deutschland nicht die Schulfrage zu seiner Zufriedenheit gelöst werde.[27] Nicht untypisch waren auch geschichtsträchtige Anspielungen der folgenden Art: »Die augenblickliche Situation enthält für den Gläubigen und aktiven Katholiken, der sich seiner Kirche und seinen Bischöfen verbunden weiß, ein Übermaß an Bitterkeit. Man muß ernstlich befürchten, daß wertvolle katholische Kreise und Staatsbürger in eine nicht ungefährliche Aversion gegen den Staat, die Bundesrepublik und ihre Parteien getrieben werden. Die Wunden, die der Staat dem katholischen Volksteil, angefangen von der Säkularisation über die Politik Preußens und den Kulturkampf bis in die Zeit des Nationalsozialismus – ausgenommen die wenigen Jahre der Weimarer Republik – geschlagen hat, könnten erneut aufbrechen und glaubenstreue Teile des Volkes, die sich übergangen fühlen, in eine Reserve bringen, die weder der Kirche noch dem Staate nutzt.«[28] Dem entspricht, daß in einer Flugschrift des Erzbischofs von Paderborn als Gegner der Bekenntnisschule in einem Atemzug aufgeführt werden »die geistigen Erben des vergangenen Jahrhunderts, die geistigen Erben des Dritten Reiches, Teile der evangelischen Kirche und anpassungswillige Katholiken, die das Konzil mißverstehen«, wohingegen »für die Bekenntnisschule« »die Mehrzahl der Eltern, die katholische Kirche und Teile der evangelischen Kirche« sind.[29]

So aber verliefen die Fronten gerade nicht mehr. Eine breite Diskussion in der Presse, offene Briefe, Meinungsumfragen und Abstimmungen machten vielmehr deutlich, daß die katholische Öffentlichkeit in weiten Teilen der Bundesrepublik nicht länger bereit war, dem harten Kurs der Bischöfe zu folgen. Je mehr die Notwendigkeit einer umfassenden Schulreform erkannt wurde, desto weniger Verständnis zeigte man für die Ansprüche der offiziellen Vertreter der Kirche. Die konfessionelle Gliederung der Grund- und Hauptschulen sollte nicht länger sachlich erforderliche Reformmaßnahmen in Schule und Lehrerbildung verhindern. Zugleich gewannen jene Stimmen innerhalb der katholischen Kirche an Gewicht, die dafür eintraten, daß die Kirche sich nicht länger so energisch in dem letztlich aussichtslosen Kampf um die öffentliche Konfessionsschule engagieren, statt dessen aber den Ausbau des katholischen Privatschulwesens stärker als bisher fördern und dafür auch eine höhere Unterstützung durch den Staat beanspruchen solle.[30] Auf der anderen Seite ließen die evangelischen Kirchen, soweit sie betroffen waren, keinen Zweifel daran, daß nach ihrer Auffassung die, allerdings »christlich geprägte«, Gemeinschaftsschule der Konfessionsschule vorzuziehen sei.[31]

Dadurch wurde in überraschend kurzer Zeit der Weg für eine nahezu vollständige Lösung des Konfessionsschulproblems frei. In Baden-Württemberg wurde im Februar 1967 ein verfassungsänderndes Gesetz beschlossen, nach dem die »Christliche Simultanschule« im ganzen Land die einzige Form der öffentlichen Schule ist. In Rheinland-Pfalz beschloß der Landtag im März 1967 prinzipiell die Aufhebung der konfessionellen Gliederung für öffentliche Hauptschulen, ließ jedoch theoretisch weiterhin Konfessionsschulen zu, wofern in Elternabstimmungen qualifizierte Mehrheiten dafür erreicht wurden. Im Juli 1970 wurde diese Regelung durch eine erneute Verfassungsänderung dahingehend erweitert, daß künftig alle öffentlichen Grund-, Haupt- und Sonderschulen in Rheinland-Pfalz simultan sind. Im Saarland, wo Gemeinschaftsschulen überhaupt erst seit Februar 1965 neben den bis dahin allein vorhandenen Konfessionsschulen zugelassen waren, wurde im November 1969 ebenfalls durch eine Änderung der Verfassung die öffentliche Schule simultanisiert. In Nordrhein-Westfalen schließlich gilt seit März 1968 die konfessionelle Gliederung generell nur noch im Bereich der Grundschule. Hauptschulen können auf Antrag der Eltern konfessionell geführt werden, aber die Bedingungen für das Antragsverfahren selbst und für die Einrichtung einer Konfessionsschule sind so erschwert, daß praktisch dort die Gemeinschaftsschule vom 5. Schuljahr an vorherrscht. Nur in Bayern ist nach wie vor die öffentliche Bekenntnisschule die Regel, wenn auch seit Oktober 1966 Gemeinschaftsschulen wenigstens als Antragsschulen zugelassen sind. Doch deuten gerade hier die Schulkämpfe der Jahre 1967 und 1968 darauf hin, daß es auf die Dauer auch nicht bei dieser Lösung bleiben wird. Andererseits hat der Streit durch eine weitgehende Abstimmung der katholischen und evangelischen Kirche über eine »Erziehung nach gemeinsamen Grundsätzen der christlichen Bekenntnisse« viel von seiner früheren Schärfe verloren.[32]

So könnte man die Konfessionsschulfrage bei Überlegungen zur künftigen Entwicklung unseres Bildungswesens getrost auf sich beruhen lassen, weil sie sich in absehbarer Zeit endgültig von selbst erledigt haben dürfte. Daß wir dies freilich mehr der praktischen Vernunft und dem gesunden Menschenverstand der Politiker, der Eltern und der Öffentlichkeit verdanken als den Kirchen, ist für diese, insbesondere für die evangelische Kirche, kein Ruhmesblatt. Gerade darum aber hat diese Frage im Rahmen eines Versuches, über das Verhältnis von Kirche und Schule aus evangelischer Sicht nachzudenken, dennoch ihren Platz. Im einzelnen sind es drei Gründe, die dafür sprechen:

Zum ersten muß man einiges von den Auseinandersetzungen, ja, Kämpfen wissen, die bei uns vor allem in den letzten fünfzig Jahren um die Konfessionsschule ausgetragen worden sind, wenn man die Reserviertheit, Skepsis oder Ablehnung verstehen will, mit der weite Kreise der Lehrerschaft und anderer für die Schule Verantwortlicher jeglichem kirchlichen Engagement in Schul- und Bildungsfragen begegnen. Zu häufig haben bei den Forderungen der Kirchen nach konfessioneller Gliederung und Ausrichtung des Schulwesens offenbar deren eigene Interessen im Vordergrund gestanden, als daß man jetzt bereit wäre, ihnen ohne weiteres abzunehmen, daß sie wirklich nur das Beste für die Schule und die Kinder wollen und zu sachgemäßer Mitarbeit bereit sind. Sicherheitshalber verzichtet man lieber auf eine solche Mitarbeit und hält die Kirchen bewußt aus den Bildungsfragen heraus. Wenn auch vor allem die schulpolitische Generallinie der katholischen Kirche zu dieser Einstellung von Lehrern und Politikern geführt hat, so wird hier doch nicht weiter differenziert. Es sind eben »die Kirchen«, von denen im Grunde nicht viel Gutes für die Schule zu erwarten ist. Abgesehen davon, daß die evangelischen Kirchen sich hier sehr ernst fragen müssen, ob sie sich in der Konfessionsschulfrage nicht grundsätzlich anders hätten verhalten müssen – daß sie eigentlich selbst nie die treibende Kraft gewesen sind, sondern immer nur versucht haben, mit den Forderungen der katholischen Kirche mitzuhalten, um nicht ins Hintertreffen zu geraten, war anscheinend nicht genug –, werden sie mit vielen Vorbehalten zu rechnen und viele Ressentiments zu überwinden haben, wenn sie denn künftig bewußt und betont uneigennützig an der dringend notwendigen Verbesserung des Bildungswesens mitwirken wollen.

Zweitens gilt es zu bedenken, daß die Aufhebung der konfessionellen Gliederung des öffentlichen Schulwesens keineswegs bedeutet, daß auch die katholische Kirche ihre Überzeugung und Lehrmeinung grundsätzlich geändert hätte, nach der mindestens katholisch getaufte Kinder eigentlich nur katholische Schulen besuchen dürfen und sollen.[33] Da diese Forderung nun aber im Bereich der staatlichen Schule eben nicht mehr zu verwirklichen ist, muß die Kirche zwangsläufig eine entscheidende Aufgabe darin sehen, das katholische Privatschulwesen noch stärker als bisher zu fördern und auszubauen. Diesem Ziel dient intern die Bildung überregionaler »Katholischer Schulwerke«, die eine gemeinsame Planung und sinnvolle Schwerpunktbildung ermöglichen sollen, und nach außen gegenüber Parlamenten und Regierungen das Bemühen um eine ausreichende, nach Möglichkeit volle staatliche Finanzierung privater Schulen. Wie erfolgreich die katholische Kirche dabei sein kann, zeigt beispielhaft die Entwicklung im Lande Rheinland-Pfalz: Während die Kirche sich dort im Jahre 1967 den Gesetzesänderungen, die faktisch auf eine Simultanisierung der bisherigen Konfessionsschule vom 5. Schuljahr an hinausliefen, zunächst noch stark widersetzte, erklärte sie sich 1970 mit der endgültigen Simultanisierung aller öffentlichen Schulen einschließlich der Grundschulen einverstanden, weil ihr eine ihren Wünschen entgegenkommende Neuregelung der Privatschulfinanzierung in Aussicht gestellt worden war. Tatsächlich verabschiedete der

Mainzer Landtag dann gleichzeitig mit den für die Umwandlung der Konfessionsschulen notwendigen Verfassungsänderungen ein neues Privatschulgesetz, das den Privatschulen eine so großzügige Kostenerstattung sichert wie in keinem anderen Bundesland, was übrigens natürlich für alle Privatschulen in diesem Lande gilt und nicht etwa nur den katholischen Schulen zugute kommt.[34] Wenn also die evangelische Kirche sich in Zukunft mit neuer Energie im Schul- und Bildungswesen engagieren will, wird sie es dabei nicht mehr wie bisher mit einer katholischen Kirche zu tun haben, die auf letztlich verlorenem Posten für die Konfessionsschule kämpft. Stattdessen wird es eine Fülle neuer Initiativen auf dem Gebiet des katholischen Privatschulwesens geben,[35] und die evangelische Kirche wird zu prüfen haben, wie sie selbst sich dazu verhalten soll. Eine einfache Nachahmung der katholischen Aktivität, die etwa auf eine entsprechende Ausweitung des evangelischen Privatschulwesens abzielte, wäre noch keine zureichende Reaktion, zumal es bereits bei den bestehenden evangelischen Privatschulen nicht unerhebliche Schwierigkeiten gibt.[36]

Schließlich muß die evangelische Kirche sich darüber Rechenschaft ablegen, ob sie, aufs Ganze gesehen, das Ende der Konfessionsschule nicht etwa nur deshalb so relativ gelassen hingenommen hat, weil sie die aufgrund bestehender Verfassungen, Gesetze und Verträge berechtigte Erwartung hegte, die öffentliche Schule werde danach durchgehend eine »christliche Gemeinschaftsschule« sein.[37] Dadurch, daß alle staatstragenden politischen Parteien der Bundesrepublik diese Formel akzeptierten, schien endlich die Möglichkeit zu bestehen, die immer wieder gerade von der evangelischen Kirche geforderte »christliche Schule«[38] doch noch zu verwirklichen. Anders als für die katholische Kirche, die sich »in der Diskussion der letzten Jahre, wo es nicht anders geht, mit der christlichen Gemeinschaftsschule als der zweitbesten Lösung abfindet, wenn auch schwerste Vorbehalte bestehen bleiben«,[39] stellte und stellt die »christliche Gemeinschaftsschule« für die evangelische Kirche sogar eine bessere Lösung dar als die evangelische Konfessionsschule, für die es keine eigenständige theoretische Begründung gibt.

So verlockend aber der Gedanke sein mag, daß trotz der allgemein abnehmenden Bedeutung des »Christlichen« in Staat und Öffentlichkeit wenigstens die Schule vor diesem Substanzverlust bewahrt bleiben und vielleicht sogar zur Keimzelle für eine neue Stärkung des christlichen Elementes in unserem Volk und unserer Welt werden könnte, so utopisch ist er auch. Angesichts der tatsächlichen gesellschaftlichen, schulpolitischen und pädagogischen Situation ist nicht im Ernst damit zu rechnen, daß die christliche Prägung der Schule in der heutigen Form erhalten bleiben oder gar daß »das Christliche« in Wahrheit zum bestimmenden Prinzip einer Schule von morgen werden könnte.[40] Die evangelische Kirche wäre gut beraten, wenn sie aus den zurückliegenden Kämpfen um die Konfessionsschule rechtzeitig die Lehren für ihr weiteres Verhalten in dem ohne Zweifel erst noch kommenden Streit um die »Christlichkeit« der Schule zöge. Die Versuchung ist groß, das, was heute gesetzlich garantiert ist, mit allen Mitteln halten zu wollen. Da aber Verträge und Gesetze, ja auch Verfassungen geändert werden können – und zwar, wie sich gerade in der Schulfrage gezeigt hat, unter Umständen sehr schnell geändert werden können –, würde diese Einstellung zu nichts anderem führen, als daß die bleibende Frage, welchen Stellenwert das Christentum und die Mitarbeit von Christen in der Schule der Zukunft haben können, letztlich ohne, wenn nicht gegen die Kirche entschieden wird.

IV. Die evangelische Möglichkeit: »Freier Dienst an einer freien Schule«

Die Schule in der Bundesrepublik hat sich seit 1945 entscheidend verändert. Unter dem Einfluß einer Pädagogik, die sich mehr und mehr von dem bis dahin vorherrschenden philosophisch-spekulativen Ansatz löste, dafür – der Entwicklung in anderen Ländern folgend – Erkenntnisse und Methoden neuer Nachbarwissenschaften wie Psychologie und Soziologie, Politologie und Ökonomie aufnahm und den Wert der Empirie entdeckte, wurde die Schule vollends autonom. Als zentraler Bereich eines immer komplizierter werdenden Bildungssystems hat sie ihre eigenen Gesetzmäßigkeiten, die alle, die auf die Schule Einfluß nehmen möchten, kennen und von vornherein beachten müssen. Zugleich ist die Schule in einem früher nicht gekannten Maße zum Politikum geworden. Die Lebenschancen und die spätere soziale Stellung des Einzelnen, der Fortbestand und die Weiterentwicklung der Gesellschaft hängen entscheidend von der Gestalt und den Inhalten der Schule ab. Nie haben darum Schulfragen in Regierungserklärungen und Parlamentsdebatten, in der öffentlichen Diskussion und in der Presse einen so breiten Raum eingenommen wie heute. Wie kaum eine andere Institution steht die Schule im Mittelpunkt des öffentlichen Interesses. Was in und mit ihr geschieht, fällt unter die öffentliche Verantwortung, die der Staat als Organisation der Gesellschaft wahrzunehmen hat. Deshalb muß er es verhindern, daß die Schule nach den Sonderinteressen einzelner Bevölkerungsgruppen ausgerichtet wird.[1]

Beides, die Autonomie der Schule und das elementare öffentliche Interesse an ihr, hat die Stellung der Kirchen gegenüber der Schule erheblich verändert. Anders als in früheren Zeiten, anders als noch bis 1919, ja bis in die Mitte der fünfziger Jahre hinein, ist es für die Schule belanglos geworden, welche Absichten die Kirchen mit ihr haben, welche Ziele sie ihr setzen, welche Verpflichtungen sie ihr auferlegen möchten. Natürlich werden die Amtsstellen und offiziellen Vertreter der Kirchen in Parlamenten, Ministerien und Schulverwaltungen noch gefragt und gehört, soweit das nach Gesetzen und Gewohnheitsrechten erforderlich ist oder den Regierenden aus aktuellen politischen Gründen wünschenswert erscheint. Dabei geht es aber in der Regel immer um abstrakte Fragen der Planung und Durchführung gesetzgeberischer oder organisatorischer Maßnahmen. Was dagegen in der Schule selbst täglich geschieht, was Lehrer und Schüler denken und tun, darauf haben die Kirchen, hat wenigstens die evangelische Kirche kaum irgendwo noch wirklich Einfluß.

Dem entspricht es, daß die auf evangelischer Seite vorliegenden Entwürfe über das Verhältnis von Kirche und Schule einfach nicht mehr zureichen. Das gilt vor allem für die unmittelbar von der dialektischen Theologie bestimmten christlichen Pädagogen wie Bohne, Delekat, Frör, Hammelsbeck, Kittel und Uhsadel, deren Schriften aus den dreißiger und fünfziger Jahren heute nur mehr historisch interessant sind.[2] So sehr sie sich ihrerseits von der kulturprotestantischen Illusion einer Einheit von Glauben und Wissen, Christentum und Kultur absetzten, so entschieden sie falsche klerikalistische Ansprüche abwehrten zugunsten einer neuen Besinnung auf die biblisch-reformatorischen Grundlagen – unsere Schulwirklichkeit treffen sie noch weniger als die ihrer eigenen Zeit. Die »evangelischen Lehrer« und »christlichen Elternhäuser«, die funktionierende, politisch aktive Gemeinde, wie sie hier vorausgesetzt werden, gibt es in der Regel nicht mehr.[3]

Darum klingt es hohl bis zur Peinlichkeit, wenn aus dieser Sicht Kirche und Schule folgendermaßen in Beziehung gesetzt werden: »Die Kirche kümmert und bemüht sich um die Schule, weil sie sich von ihrem ureigenen Wesen und ihrem ureigenen Auftrag her verantwortlich und verpflichtet weiß, der Schule etwas zu sagen und zu geben, was ihr keine andere Stelle oder Instanz in der Welt zu geben vermag und dessen sie doch für ihr Leben und ihre Arbeit nicht entraten kann. ... Die Kirche ... nimmt ihr Sorgerecht und ihre Sorgepflicht nicht wahr, um Schule und Erziehung in die Bevormundung durch die Kirche zu bringen, sondern um in Schule und Erziehung die frohe Botschaft von der freien und befreienden Gnade Gottes hineinklingen zu lassen. ... (So) weiß sich die Kirche auf den Plan und in die Verantwortung gerufen, zur Lösung der grundsätzlichen Probleme wie zur Behebung der praktischen Nöte das als hilfreichen und helfenden Beitrag anzubieten, was sie anzubieten hat: die frohe und befreiende Botschaft des Evangeliums. ...

Eine Kirche, die ihre Verantwortung für die Schule nicht mehr ernst nimmt, ihren Auftrag zur Schule nicht mehr wahrnimmt, verkümmert in ihrer Substanz und erleidet Einbuße an ihrem geistlichen Leben. Eine Schule aber, die der Begegnung mit der Kirche des Evangeliums ausweicht, geht bald im klappernden Leerlauf einer bloßen Schulbetriebsamkeit und eines pädagogischen Mechanismus unter; ihr Tun sinkt zur Dressur, zum Abrichten von Robotern ab; ihre Lehrer werden zu ›Funktionären‹, ›Bildungsingenieuren‹ und ›Erziehungstechnikern‹; ihre Zöglinge werden zu bloßen Objekten, zu mechanischen Rezeptoren und Reproduzenten von staatlich oder parteiamtlich oder pädagogisch oder sonstwie zurechtgestutzten, linientreu ausgerichteten ›Bildungsgütern‹ herabgewürdigt. Ihre Erziehungswissenschaft entartet zum Systembaukasten pädagogischer Techniken und Praktiken«.[4]

Aber auch die jüngeren Konzeptionen von Stallmann und Otto genügen nicht.[5] Zwar wird hier nüchterner gedacht, werden die tatsächlichen Kräfteverhältnisse, wie sie vor fünfzehn und zehn Jahren schon waren, realistischer eingeschätzt, werden Pathos und Sentimentalität möglichst vermieden. Gleichwohl sind Wesen und Aufgabe der Schule nicht so verstanden, daß damit noch die Schule von heute getroffen wäre. Daß es die entscheidende Aufgabe der Schule sei, Tradition zu überliefern und auszulegen, um den jungen Menschen mit dem »beherrschenden Grund seiner Existenz« zu konfrontieren und ihn so »durch Gefragtsein und Antwortenmüssen ... in die Verantwortung zu rufen«,[6] reicht nicht aus, ihre jetzige – und künftige – Bedeutung zu erfassen. Eine radikale Kritik kann deshalb auch argwöhnen, hier handele es sich nur um einen Trick: »Diese Begründung ist gegenüber den bedrängenden Fragen nach der Zukunft viel zu einseitig an der Vergangenheit orientiert. Der Verdacht besteht, daß man deshalb den Akzent so einseitig auf die Auslegung der Überlieferung legt, um die Bibel und – bei Gert Otto – die kirchliche Verkündigung nun doch noch in die Schule einzuschleusen.«[7] Gerade weil viele spätere Veröffentlichungen sowohl von Stallmann als auch von Otto deutlich machen, daß beide es so nicht meinen, kann die Kirche sich auch nicht damit zufrieden geben, über den Berührungspunkt Tradition einen Raum in der Schule beanspruchen oder behaupten zu wollen. Vielmehr machen es die Autonomie und die erhöhte politische Bedeutung der Schule erforderlich, das Verhältnis der evangelischen Kirche zu ihr neu zu bestimmen.

Als biblische Grundlage bietet sich dafür nach wie vor der locus classicus allen christlichen pädagogischen Nachdenkens an, die Schöpfungs- und Urgeschichte. Freilich sind bei der Auslegung manche Akzente anders zu setzen, als das bisher üblich war. Während beispielsweise Hammelsbeck und mit ihm viele andere den Text im wesentlichen unter dem Gesichtspunkt befragen, was er für die Anthropologie des Individuums hergibt,[8] kann er für die Problematik der modernen Schule fruchtbarer werden, wenn man ihn darauf hin betrachtet, was er für die Frage der Zukunftsbewältigung aussagt, deren Lösung uns durch neuere theologische Entwürfe unabweisbar aufgegeben ist.[9] Gottes Segen über den Menschen (Gen. 1, 28) und das ganze Menschengeschlecht (Gen. 8, 21 f.) hat sich zumindest für die Völker unseres Kulturkreises überreichlich erfüllt. Wir beherrschen die Erde, sie ist uns untertan wie nie zuvor. Zugleich aber erfahren wir überall und sicher bedrohlicher als frühere Generationen unsere Grenzen, die es uns erschweren, ja verwehren, die aus dem Segen erwachsenden Verpflichtungen (Gen. 2, 15) zu erfüllen. Wie steht es damit, daß wir die Erde als Gottes Garten Eden »bewahren« sollen? Wie steht es mit unserer Verantwortung für den Nächsten (Gen. 2, 18; 4, 9; Luk. 10, 29 ff.)? Müssen wir nicht vor den scheinbar unaufhaltsam auf uns zukommenden Katastrophen des Hungers, der Vernichtungswaffen, des Irrationalismus kapitulieren?[10]

Diese Fragen verweisen die Kirche direkt auf die Schule und das Bildungswesen. Wenn sich alle Experten darüber einig sind, daß die weitere gedeihliche Entwicklung unseres Landes von umfassenden und ständigen Reformen im Schul- und Bildungsbereich, ein wenigstens äußerlich einigermaßen gesicherter Fortbestand der gesamten Menschheit von einer Lösung des Welterziehungsproblems abhängt, ist die Kirche aufgefordert, hier mitzuarbeiten. Dabei werden klerikalistische Ansprüche und Erwartungen, wird die Sorge um überkommene Rechtspositionen unwichtig. Was zählt, ist allein der Sachbeitrag, den die Kirche bei der Lösung der Zukunftsaufgaben einzubringen hat. Er wird freilich nicht dadurch geleistet, daß die Kirche abstrakt und in ihrer Sprache »in Schule und Erziehung die frohe Botschaft von der freien und befreienden Gnade Gottes hineinklingen läßt«[11] ohne Rücksicht darauf, ob diese Botschaft überhaupt gehört und verstanden werden kann. Wo zu raten und zu helfen ist, muß sich die Kirche von der Schule sagen lassen. Sonst besteht die Gefahr, daß sie, nutzlos wie schon so oft, »auf Fragen antwortet, die gar nicht mehr gestellt werden«.[12] Angesichts der bisher vorliegenden Äußerungen der evangelischen Kirche zur Schulfrage [13] scheint nichts dringender zu sein, als daß die Kirche die richtigen Fragen erkennt, die wahren Nöte und Probleme der heutigen Schule begreift, wenn anders sie sich nicht selbst von jeder verantwortlichen Mitwirkung in diesem für die Gesellschaft und die Welt lebenswichtigen Bereich ausschließen soll. Die Antworten, die dann zu erarbeiten sind, müssen ebenso sachgerecht sein, brauchen sich jedoch keineswegs darin zu erschöpfen, in konformistischer Bestätigung modischer Trends sowieso schon Bekanntes einmal mehr festzustellen. Im Gegenteil, daß die Kirche sich allein um der gemeinsamen Aufgabe der Zukunftsbewältigung willen um die Schule kümmert, gibt ihr auch die Chance, wo es nötig ist, unbequeme Wahrheiten zu sagen und nachdrücklich auf Mängel hinzuweisen, die von manchen anderen gerne verharmlost werden. So könnte gerade sie mit ihrem Beitrag im Bildungswesen neue Perspektiven eröffnen, die sonst nicht gesehen oder für wichtig gehalten werden. Sie hätte die Freiheit, gründliche Änderungen veralteter Strukturen zu initiieren und mutige, auch unpopuläre politische Entscheidungen zu fordern.

Für ein solches Verhalten gegenüber der Schule gibt es in der Geschichte der evangelischen Kirche zahlreiche Vorbilder, vorab bei den Reformatoren.[14] Um hier nur auf Luther selbst und seine Schulschriften zu verweisen [15], so hat die Schule bei ihm ihren festen Platz in seiner Erziehungslehre, die ihrerseits wieder unmittelbar mit der für seine Welt- und Menschenerkenntnis grundlegende Lehre von den beiden Ämtern oder »Reichen« Gottes zusammenhängt: Gott erhält und lenkt den Menschen zu seinem Besten bis zum jüngsten Tage durch das geistliche und das weltliche Regiment. Beide in möglichst vollkommener Weise zu führen, gab er dem Menschen auf. Indem dieser sich willig und redlich in beider Dienst stellt – und nur auf diese Weise –, dient er Gott, treibt er Gottesdienst, gleich, ob der einzelne sich für das geistliche oder das weltliche Amt entscheidet. Zwar ist beider absoluter Wert und Würde, von Gottes Heilsplan her gesehen, ungleich: das weltliche Amt dient nur der Erhaltung des zeitlichen Lebens, das geistliche dagegen führt zum ewigen Leben hin. Der Dienst in beiden ist jedoch vor Gott gleich wichtig und gleich wertvoll, da es Gottes Wille ist, beide Ämter bis zum jüngsten Tage bestehen zu lassen.

Wie der Mensch – allein schon im Blick auf sein zeitliches Leben – so hilflos auf die Welt kommt, daß er erst »aus Erfahrung« lernen muß, »seinen Bauch zu versorgen«, d. h. seine eigene leibliche Notdurft zu stillen, so ist er von Natur aus ganz und gar unfähig, im geist- oder weltlichen Regiment Gottes auch nur das geringste Amt zu versehen. Folglich muß der Mensch zur Übernahme solchen Dienstes »gezogen«, d. h. ausgebildet werden. Ausbildung und Erziehung hat zu geschehen durch Elternhaus, Kirche und Staat. Alle drei bedienen sich dabei einer besonderen Institution, eben der Schule. Ihre Aufgabe ist es demnach, den Menschen – vornehmlich den jungen Menschen – so zu »ziehen« und auszubilden, daß er bereit und fähig wird, nicht nur für sein eigenes körperliches Wohl zu sorgen, sondern seinen jeweiligen Beruf als ein Amt in Gottes weltlichem oder geistlichem Regiment zu verstehen und so Gott dienstbar zu sein.[16]

Mit dieser Grundauffassung von der Aufgabe der Schule hat Luther das bis zu seiner Zeit durch die Kirche völlig gebundene und einseitig auf den geistlichen Beruf ausgerichtete Schulwesen von überkommenen Fesseln befreit: Gerade indem die Schule sich bewußt als Gottes Dienerin ansieht, die Menschen für beide Ämter Gottes heranzubilden hat, wird sie frei, sich die allerbesten Unterrichtsstoffe und Methoden zu eigen zu machen, ob sie »heidnisch oder christlich, griechisch oder lateinisch« wären; als »dienstbarer Knecht« ihrer hohen Aufgabe ist sie ein »freier Herr« aller »natürlichen Vernunft« der Erziehungswissenschaft.

Wie damals die reformatorische Bewegung den Anstoß für umfassende Reformen im Schul- und Bildungswesen gab, verdankt die Schule der evangelischen Theologie und Kirche auch später noch wichtige Impulse. Erinnert sei etwa an die Pädagogen des Pietismus, vor allem an August Hermann Francke, der mit seinen Ideen und durch das Vorbild der von ihm begründeten Schulstiftung in Halle die allgemeine Volksschule, die Realschule, die Mädchenbildung und Lehrerausbildung maßgebend gefördert hat. Entsprechend ist im vergangenen Jahrhundert zuerst im Raum der evangelischen Kirche von Männern wie Fliedner, Wichern und Bodelschwingh mit der Fürsorgeerziehung, der pädagogischen Anstalts- und Heimarbeit und dem Aufbau des Sonderschulwesens im großen Stil begonnen worden. Ihr Wirken und das Beispiel der von ihnen geschaffenen Anstalten haben entscheidend dazu beigetragen, daß sich dann auch die Öffentlichkeit dieser neuen Aufgaben im Erziehungs- und Bildungsbereich annahm.

In unserem Jahrhundert allerdings fehlen bisher ähnlich fruchtbare Initiativen von evangelischer Seite. Offenbar hat die Kirche vor lauter Sorge um die Erhaltung der Christlichkeit der Schule nicht mehr genügend Energie darauf verwenden können, nüchtern nach den Sachaufgaben zu fragen, die im Bildungswesen heute gelöst werden müssen. Statt der intensiven und wirksamen Bemühung um einen eigenen Beitrag zur Lösung dieser Aufgaben – sei es durch sachkundige Einflußnahme auf wichtige politische Entscheidungen, sei es durch Schaffung von wirklichen Modelleinrichtungen –, herrscht das Bestreben vor, wenigstens noch die Volksschule zwar nicht konfessionell, aber doch christlich zu vereinnahmen und in den übrigen Schulen über die gesetzlich garantierten Einflußmöglichkeiten auf den Religionsunterricht präsent zu bleiben. Aber selbst diese bescheidenen Ziele sind nicht erreicht worden. In wenigen Jahren wird, um von den übrigen Schularten ganz zu schweigen, nicht einmal mehr die Grundschule als »christlich« bezeichnet werden können, mögen auch Verfassungstexte und politische Erklärungen heute noch anders lauten. Und was den schulischen Religionsunterricht angeht, so ist es, wenn die Kirche nicht sehr bald ihre Einstellung ändert und daraus praktische Konsequenzen zieht, ebenfalls nur noch eine Frage der Zeit, bis die verbrieften Rechte durch die tatsächliche Entwicklung völlig ausgehöhlt sind.

Angesichts dieser Lage muß ein neues Konzept für das Verhältnis der Kirche gegenüber der Schule entwickelt werden. Von vornherein darf dabei das Ziel nicht sein, verlorenes Terrain zurückzuerobern. Es geht nicht um die Wahrung eines Besitzstandes, sondern um die Weltverantwortung der Kirche: Wenn die Erhaltung des Friedens und die Möglichkeit einer sinnvollen, menschenwürdigen Zukunft für alle Völker entscheidend von der Lösung der weltweiten Bildungsprobleme abhängen, ist die Kirche gehalten, sich darum zu kümmern und ihren Teil dazu beizutragen, daß die Schule als zentrale Institution des Bildungswesens ihre Aufgabe erfüllt.

Gelingen wird das der Kirche nur, wenn sie, um die Kategorien der Weltkirchenkonferenz von Neu-Delhi zu gebrauchen, ihre Aufgabe an der Schule nicht länger unter dem Oberbegriff »Zeugnis« sieht, sondern dem Bereich »Dienst« zuordnet.[17] Dafür fehlen ihr aber – und nicht nur im westlichen Deutschland – so gut wie alle Voraussetzungen. Vorhanden ist im wesentlichen nur die Formel aus dem Schulwort der Synode der Evangelischen Kirche in Deutschland von 1958: »Die Kirche ist zu einem freien Dienst an einer freien Schule bereit.« Es ist hohe Zeit, das hier gegebene Versprechen einzulösen. Die Schule ist heute weniger »frei« als je zuvor. Äußere Nöte und innere Schwierigkeiten beeinträchtigen ihre Arbeit, ohne daß auf absehbare Zeit eine wirksame Abhilfe in Aussicht stünde. Darum ist es für die Kirche, obwohl sie hier bislang viel versäumt hat, noch immer nicht zu spät. Noch ist ihr freier Dienst an der Schule nicht überflüssig, noch wird er, wenn er sachgerecht und uneigennützig mithilft, die anstehenden Aufgaben zu bewältigen, willkommen sein.

Fragt man, wie ein solcher Dienst praktisch und konkret zu leisten ist, bieten sich viele Ansatzpunkte, sei es auf den Gebieten der Pädagogik und der Bildungspolitik, sei es im schulischen Religionsunterricht und im evangelischen Privatschulwesen, sei es auch in den angrenzenden Bereichen der kirchlichen Bildungsarbeit an kleinen Kindern und an Erwachsenen. Überall ist Raum, ja Bedarf für einen spezifischen Dienst der Kirche. Freilich darf die Kirche es sich damit nicht zu leicht machen. Kaum irgendwo wird es noch mit den überkommenen Denkschemata, Verhaltensmustern, Organisations- und Arbeitsformen gehen. Ausschlaggebend für die Art des Dienstes an der Schule sind vielmehr die Strukturen und Eigengesetzlichkeiten des Bildungswesens. Die »Tagesordnung« wird von der Schule bestimmt.[18]

Andererseits läßt sich aber hier wie anderswo der von der Kirche zu leistende Dienst nicht allein und unmittelbar aus einer Situationsanalyse herleiten, etwa in dem Sinne, daß die Kirche nun in alle zutage tretenden Lücken einzuspringen hätte und für alle ungelösten Fragen zuständig wäre. Über der unerläßlichen Aktualisierung darf nicht verlorengehen, daß auch die Aufgabe der Kirche an der Schule Ursache und Grund in dem Auftrag hat, die Welt bewahren zu helfen, ein Auftrag, den etwa Paulus ganz im Sinne der Schöpfungsgeschichte so formuliert: »Gott will, daß alle Menschen gerettet werden und zur Erkenntnis der Wahrheit kommen« (1. Tim. 2, 4). Oder anders ausgedrückt: Auch der Dienst der Kirche an der Schule muß mithelfen, daß der Mensch, gerade wenn er in unserer Zeit vollends im Begriff ist, »die ganze Welt zu gewinnen«, nicht »Schaden nimmt an seiner Seele« (Mt. 16, 26). Will die Kirche der Schule dienen, muß sie diesen zeitlosen Auftrag umsetzen in konkrete Antworten auf aktuelle Fragen, in praktikable Lösungsvorschläge für die akuten Probleme der Schule und des Bildungswesens.

Dienst an der Schule wird so für die Kirche zum Musterfall einer Aufgabe zeitgemäßer praktischer Theologie, weil er sie zwingt, sowohl ihre Grundlagen neu zu bedenken als auch ihre Entfremdung von der

Wirklichkeit zu überwinden. Da bleibt kein Platz mehr für die Restauration einer Orthodoxie, so modern sie sich immer geben mag. Nicht daß die Schule wieder »christlich« wird, kann das Ziel sein. Vielmehr geht es, mit Tillichs Begriffen, um die Konfrontation der »ewigen Wahrheit« mit der »Zeitsituation, in der diese Wahrheit aufgenommen werden soll«.[19]

Wenn es der evangelischen Kirche gelingt, in diesem Sinne einen Dienst an der Schule zu leisten, wird nicht nur diese einen Gewinn davon haben: In demselben Maße, wie der Schule an einigen wesentlichen Punkten neue Perspektiven eröffnet und konkrete Hilfen geboten werden, wird sich der Kirche selbst ein Stück Wirklichkeit wieder erschließen, das sie heute vollends zu verlieren im Begriffe ist, dessen sie aber nicht entraten kann, wenn anders sie nicht sich selbst und ihren Auftrag aufgeben soll.

V. »Fehlkonstruktion Mensch«

Die pädagogische Aporie als Herausforderung der Kirche

Soll in Zukunft noch ein nach bisherigen Maßstäben menschenwürdiges Leben möglich sein und bleiben, so muß unsere Generation überall auf der Erde jenes pädagogische Grundproblem lösen, das uns mit der Tatsache aufgegeben ist, daß die Menschheit nicht mehr nur vor quantitativen und qualitativen Veränderungen ungeheuren Ausmaßes steht, sondern vielmehr eine regelrechte Mutation durchmacht, wie es Bertaux 1963 formuliert hat.[1] Durfte gerade das Abendland jahrhundertelang in immer neuen Variationen den Menschen als das Maß aller Dinge betrachten und die Welt von ihm aus zu deuten versuchen, so ist uns dies heute gründlich verwehrt. Unsere Situation im letzten Drittel des 20. Jahrhunderts unterscheidet sich radikal von der aller früheren Zeiten.

Nichts kennzeichnet treffender und prägnanter den gewaltigen Umbruch als die Äußerung eines Ausbilders der amerikanischen Air Force, die Robert Jungk bereits 1952 in seinem damals aufsehenerregenden Buch »Die Zukunft hat schon begonnen« festgehalten hat: Jungk berichtet dort von Besuchen in Ausbildungszentralen der Luftwaffe mit Trainingsanlagen für die Piloten der größten und schnellsten Flugzeuge. Dabei erschüttert ihn – mehr noch als die modernen Marterinstrumente selbst, denen die Soldaten zum Training ausgeliefert werden –, die kategorische Erklärung des Offiziers: All dies sei unvermeidlich; denn: »Gemessen an seinen bevorstehenden Flugaufgaben, ist der Mensch eine Fehlkonstruktion.«[2]

Abgesehen davon, daß die unmittelbare Wahrheit dieses Satzes inzwischen von niemandem mehr bestritten wird, weil spätestens durch die spektakulären Mondflüge der letzten drei Jahre aller Welt höchst anschaulich vor Augen geführt wurde, welcher ungeheuere technische Aufwand erforderlich ist, damit der Mensch die theoretisch längst gelösten Aufgaben auch tatsächlich ausführen kann, beschreibt das Wort des Instrukteurs, wenn man es aus seinem spezifischen Zusammenhang löst, genau unsere Lage: Das schwächste Glied in der Kette ist heute der Mensch selbst. Er hat Entwicklungen in Gang gesetzt, Bewegungen ausgelöst, denen er selber kaum noch gewachsen ist.

Wohl sind in den hochentwickelten Ländern alle Lebensbedingungen bis hin zu den Grenzsituationen des menschlichen Lebens machbar geworden. Die Medizin lernt immer neue Krankheiten zu heilen. Biochemische Maßnahmen ermöglichen theoretisch eine genaue Geburtenregelung einschließlich der Aussicht, in Kürze »die zahlenmäßige Proportion der Geschlechter zu regulieren«.[3] Der Tod scheint durch die jüngsten Möglichkeiten der Organtransplantation eine empfindliche Schlappe erlitten zu haben.[4] Industrie und Technik gewähren immer mehr Menschen ein immer längeres Leben unter immer besseren äußeren Bedingungen. Die Lebenserwartung des einzelnen steigt unaufhörlich, die Lebensphasen verschieben sich. Zukunftswissenschaftler rechnen bereits heute sehr realistisch mit einer normalen Lebensdauer von dreißig Jahren der Ausbildung, dreißig Jahren der Berufstätigkeit und dreißig Jahren der Freizeit und des Alters. Freier jedoch und glücklicher sind damit weder der einzelne noch die Menschheit insgesamt geworden. Im Gegenteil: Alle Menschen haben immer geringere Möglichkeiten, ihr Leben frei zu gestalten. Zu mächtig sind die vielfältigen Systeme, in die ein jeder eingespannt ist.[5] Niemand kann mehr eine wichtige Entscheidung treffen, wenn er nicht genügend und richtig informiert ist. Daraus folgt die ungeheure Macht derer, die die lebenswichtigen Informationen speichern und vermitteln und so in der Lage sind, sie zu manipulieren.[6] Orwells Vision vom »Großen Bruder« droht Wirklichkeit zu werden.[7]

Hinzu kommen die ungelösten Probleme der Entwicklungsländer. Bisher sind alle Anstrengungen der Industrienationen unzureichend. Die Spannungen zwischen den armen und den reichen Ländern haben sich verschärft, die Not ist größer geworden. Unzählige Menschen verhungern, aber noch mehr werden täglich geboren. Die Weltbevölkerung vermehrt sich unaufhaltsam. Dadurch entstehen soziale und politische Konflikte, von denen wir heute nur wissen, daß wir sie mit den herkömmlichen Mitteln nicht bewältigen können. Die weiße Rasse, die jahrhundertelang das Weltgeschehen entscheidend bestimmt hat, wird zu einer unbedeutenden Minderheit schrumpfen und ohnmächtig eine Entwicklung beobachten müssen, die z. B. Steinbuch folgendermaßen beschreibt: »Bei gleichbleibender Wachstumsrate (wird die Weltbevölkerung) etwa 35 Milliarden im Jahre 2100 (betragen). Unter dieser Voraussetzung würden Stadtgebiete mit 100 Millionen Menschen entstehen und Bevölkerungsdichten, wie wir sie gegenwärtig in Hongkong und Tokio beobachten können. Umstritten ist, ob dann bei Menschen ähnliche biologische Regelungen einsetzen, wie sie beispielsweise bei Ratten beobachtet wurden, die sich oberhalb einer gewissen Dichte nicht mehr vermehren. Nach unseren heutigen Vorstellungen ist unter solchen Verhältnissen kein menschenwürdiges Leben mehr möglich.«[8]

Unter diesen Umständen werden unsere gewohnten und überlieferten Vorstellungen, Verhaltensweisen und Denkkategorien künftig nicht mehr ausreichen, die sich immer schneller verändernde Welt im Griff zu behalten. Das menschliche Zusammenleben wird anderer Ordnungen bedürfen. So ergibt sich die unabdingbare Notwendigkeit, eine neue Moral und neue, sinnvolle Normen des Verhaltens zu entwickeln und einzuüben.[9] Für die abendländische Bildungsphilosophie und Pädagogik bedeutet das ein radikales Umdenken: Wir sind nicht mehr frei, die Welt vom Menschen her zu definieren und zu ordnen, sondern müssen umgekehrt von den sich abzeichnenden technischen Möglichkeiten und den aus ihnen resultierenden Aufgaben her nach dem Menschen fragen. Das neuhumanistisch-idealistische Bildungsziel der sich selbst kraft ihres eigenen Willens und ihrer Einsicht vollendenden, in sich ruhenden Persönlichkeit taugt dazu ebensowenig wie der marxistisch-optimistische Glaube an die absolute Materie. Ein ganz neuer Bildungsbegriff wird notwendig, um die Schule und das Bildungswesen der Zukunft im Innersten zu tragen.

Die Schwierigkeit der damit gestellten Aufgabe ist kaum zu ermessen, zumal wenn wir uns den tatsächlichen Zustand unserer theoretischen und praktischen Pädagogik vor Augen führen. Zu schnell bleiben auch die kühnsten Reformdiskussionen im Formalen stecken. Die vor wenigen Jahren mit großem Elan begonnene Curriculumrevision ist über Grundsatzdebatten bisher kaum hinausgekommen.[10] Indessen werden in den Schulen einige Akzente anders gesetzt, ein paar neue Fächer zaghaft eingeführt und ein paar alte mannhaft in ihrer Stundenzahl beschnitten, wird hier der Lehrstoff ein bißchen erweitert und dort ein bißchen gestrafft, wird der Lehrplan aktuell aufgeputzt und die Stundentafel verändert. Im ganzen aber ist zu wenig davon zu spüren, daß sich die Zeiten seit dem deutschen Idealismus wesentlich gewandelt haben.

Will die Kirche den Menschen und, worauf an dieser Stelle der Blick besonders zu richten ist, der Schule dienen, muß sie hier mitdenken. Ja, wenn sie sich nicht selbst vollends entbehrlich machen will, muß sie, die jahrhundertelang im Abendland Sinn gedeutet, Werte gesetzt, Normen entwickelt und vertreten hat, in dieser Aufgabe einen Schwerpunkt ihrer künftigen Arbeit sehen. Dies um so mehr, als die Gesellschaft auch heute noch gerade diesen Dienst von ihr erwartet. Selbst ein so scharfer Kritiker wie Steinbuch, der auf der einen Seite im wesentlichen die Kirche und ihr Versagen in den konkreten Fragen der Weltbewältigung dafür verantwortlich macht, daß wir geistig – mit Nietzsches Terminologie – zu sehr der gefährlichen »Hinterwelt« verhaftet sind [11], drängt auf der anderen Seite eben dieselbe Kirche, doch endlich einen fruchtbaren Beitrag zur Entwicklung der erforderlichen neuen Denk- und Verhaltensweisen zu leisten: »Was soll aus dieser Gesellschaft werden, wenn sie sich vom christlichen Glauben ganz löst, wenn der christliche Glaube schließlich nur noch dieselbe Rolle spielt wie die griechische Mythologie, wenn diese Gesellschaft sich bewußt und vollständig abwendet? Mir scheint dieses eine Sorge zu sein, die verantwortungsvolle Christen und Nichtchristen gemeinsam tragen ... Die Kirchen müssen, wenn sie glaubwürdig sein wollen, auf die Fragen der Zukunft glaubwürdige Antworten finden.«[12]

Wenn die evangelische Kirche diese Herausforderung annimmt, wird sie es freilich nicht leicht haben, solchen Erwartungen gerecht zu werden. Hat sie doch nicht nur darin viel versäumt, daß ihr Verhältnis zu Schul- und Bildungsfragen so wenig geklärt ist. Noch schwerer wiegt der Mangel an Klarheit, Zielstrebigkeit und Konkretheit, unter dem die gesamte kirchliche Verkündigung und Praxis weithin leidet. Natürlich gibt es unendlich viel subtile, differenzierte Kleinarbeit und manche guten Ideen an Schreibtischen, auf Kathedern und Kanzeln und in esoterischen Zeitschriften. Aber welche faktische Bedeutung, welche praktischen Konsequenzen hat das alles? In welcher Beziehung steht es zu dem, was heute in der Politik und in der Wirtschaft, in den Human- und Naturwissenschaften, in Staat und Gesellschaft wirklich geschieht? Insgesamt ist die theologische Entwicklung seit 1945 in eine bedenkliche Richtung gegangen.[13] Zwar wurde ohne Zweifel eifrig und mit einem gewissen Erfolg restauriert. Nicht jedoch ist es gelungen zu verwirklichen, was Bonhoeffer bereits 1944 aus dem Gefängnis heraus forderte: »Die Kirche muß aus ihrer Stagnation heraus. Wir müssen wieder in die freie Luft der geistigen Auseinandersetzung mit der Welt.«[14]

Unter diesen Umständen erweist sich die Aufgabe der Kirche, an der Bewältigung der ungelösten pädagogischen Fragen unserer Zeit mitzuwirken, als ungeheuer schwierig. Auf jeden Fall braucht die Kirche dazu mehr Sachverstand und Entschlossenheit, alte, tradierte Formen und Formeln hinter sich zu lassen und geistig in neue Bereiche vorzustoßen, als sie bisher gezeigt hat. Was sie dann in die Debatte einzubringen hat, ist im einzelnen erst zu erarbeiten. Ohne daß an dieser Stelle auch nur entfernt die gewaltigen Dimensionen des Problems deutlich gemacht werden könnten, soll doch versucht werden, exemplarisch vier Themen anzudeuten, bei denen die Kirche ansetzen und von denen aus sie weiterdenken kann.

Protestantisches Prinzip

Angesichts des weit verbreiteten, allzu vordergründigen und naiven Fortschrittsoptimismus, wie er Werbung und Reklame, Wahlplakate und ganze Gattungen trivialer Literaturprodukte beherrscht, hat unlängst der Philosoph Karl Löwith in einem Fachgespräch im »Spiegel« die Frage gestellt, »... ob vielleicht im ganzen Verhältnis des Menschen zur Welt etwas nicht mehr stimmt, wenn man glaubt, sie ... immer mehr beherrschen zu müssen und beherrschen zu können. Es ist mir zweifelhaft, ob der Mensch wirklich alles machen soll, was er de facto machen kann. Es gibt ja für uns keine Instanzen mehr, weder religiöse noch moralische, die uns Einhalt gebieten könnten.«[15]

Das ist ohne Zweifel eine Herausforderung der Kirche: Sie müßte es doch anders, besser wissen, daß der Mensch, je mehr der Fortschritt sich beschleunigt, immer stärker in Gefahr gerät, »Schaden zu nehmen an seiner Seele«, d. h. seine wahre Existenz zu verfehlen. Freilich genügt es nicht, dem bösen Lauf der Welt mit pathetischen Gesten, irrationalen Postulaten und der Beschwörung vergangener Zeiten, Zustände, Denk- und Verhaltensmuster »Einhalt zu gebieten«. Erforderlich ist mehr als unreflektierter Protest und kategorische Negation. Vielmehr geht es darum, ideologische Scheinsicherheit und Verdeckung der Wirklichkeit, wo immer sie sich ausbreiten wollen, zu entlarven und den

Weg freizumachen für jene äußerste Sachlichkeit, die die unabdingbare Voraussetzung für das Erkennen und Annehmen der Grenzen menschlichen Wissens ist und damit erst die Möglichkeit verantwortlichen, sinnvollen und konstruktiven Handelns in der Welt schafft.

Hier muß die Kirche jene alte Botschaft neu entfalten und in die Sprache unserer Zeit übersetzen, die mit dem Begriff der »Erbsünde« oder der reformatorischen Formel »simul iustus et peccator« umschrieben ist: Nach wie vor ist es die Situation des Menschen, daß er aus eigener Kraft auch bei größter Anstrengung nicht in der Lage ist, ein »gerechtes« Leben zu führen und eine gute, Leben ermöglichende Ordnung der Welt zu schaffen. Vielmehr kann ihm dies nur immer gerade im Vollzug des Bewußtseins seiner völligen Abhängigkeit vorläufig und für den Augenblick gelingen, entgleitet ihm aber sofort wieder, sobald er sich anschickt, es besitzergreifend festzuhalten, und verweist ihn zurück eben auf seine Abhängigkeit. So kann er wahrhaft nur leben in der ständigen Verantwortung vor dem Absoluten, kann er Freiheit nur gewinnen in unablässiger Konfrontation mit der tiefen Fragwürdigkeit und grundsätzlichen Unvollkommenheit seiner eigenen Existenz, kann er »Heil« nur im Zuspruch und Vollzug erfahren, nicht aber als Zustand erlangen.

Den systematischen Grund für ein solches zeitgemäßes Verständnis der »Erbsünde« hat Paul Tillich mit seiner Darstellung des Protestantismus als Verkörperung des »protestantischen Prinzips« gelegt.[16] Danach ist »das eigentliche Protestantische die radikale Verkündigung der menschlichen Grenzsituation und der Protest gegen alle Versuche, ihr mit religiösen Mitteln auszuweichen.« Oder anders: »Das Protestantische am Protestantismus ist und muß immer sein die Verkündigung der menschlichen Grenzsituation, der unbedingten Bedrohtheit des menschlichen Seins.« Allerdings schließt dieses »Nein« der Grenzsituation bei der Konfrontation mit dem in Jesus als dem Christus angeschauten »Neuen Sein« zugleich das rettende »Ja« ein.

Deshalb hat die Kirche die Aufgabe, mit ihrem Reden und Tun »in der Vollmacht des Neuen Seins die menschliche Grenzsituation in ihrem Nein und Ja« zu bezeugen und zu verkündigen, und zwar auf dreifache Weise: »Erstens muß sie auf das radikale Durchleben der Grenzsituation drängen. Sie muß dem Menschen der Gegenwart die heimlichen Vorbehalte nehmen, die ihn hindern, sich mit unbedingter Entschlossenheit an die Grenze seiner menschlichen Existenz zu stellen, so die Reste der Weltanschauungen, die eine Sicherung geben sollen, idealistische wie materialistische ... Zweitens muß sie sprechen von dem Ja, das in der unbedingt ernstgenommenen Grenzsituation über den Menschen ergeht. Sie muß reden von dem Urteil, das uns sicher spricht, indem es uns jede Sicherung wegschlägt, dem Urteil, das uns heil spricht gerade in der Zerrüttung und Heillosigkeit der Seele und des Gemeinschaftslebens, dem Urteil, das uns die Wahrheit zuspricht gerade in dem Chaos der Wahrheitslosigkeit, auch der religiösen Wahrheitslosigkeit. ... Drittens endlich muß der Protestantismus zeugen von dem Neuen Sein, das für den christlichen Glauben anschaubar geworden ist in Jesus als dem Christus, dem Sein, aus dem heraus es allein möglich ist, jenes Wort in Vollmacht zu sprechen, d. h. so zu sprechen, daß es nicht wieder zur Sicherung wird.«[17]

Wie dieses »protestantische Prinzip« für die aktuelle pädagogische Situation fruchtbar gemacht werden kann, geht beispielhaft etwa aus den Büchern und Schriften des 1960 verstorbenen Frankfurter Pädagogen Heinrich Weinstock hervor.[18] Seine Einsichten in die Nöte und Schwierigkeiten aller Bereiche unseres Bildungswesens und seine Lösungsvorschläge verdienen noch heute Beachtung. Dabei liegt ihnen zugrunde der zentrale Gedanke: »Der einzig wirklich mögliche Humanismus ..., dem es also auch möglich ist, sich zu verwirklichen, ist der tragisch oder christlich gebrochene, weil dies der einzig reale Humanismus ist.«[19] Wie dieser »gebrochene Humanismus« auf das Gebiet der Pädagogik zu übertragen ist, zeigt Weinstock unter anderem in einem großen Kapitel über Luther, in dem er zu folgendem Ergebnis kommt: »Nicht auf dem freien Willen beruht die wirklich mögliche Bildung des homo sapiens zum homo humanus. ... Ihre einzige, ihre wahre und große Aussicht hat Humanität vermöge des Willens, der sich als Knecht eines Unbedingten bekennt, über das er nicht verfügen kann. ... Nur der Wille, der sich dem Unbedingten unterwirft, vermag den Menschen wahrhaft freizumachen, ihm die Freiheit zu geben, die seinem Menschsein angemessen ist; vermag also den Menschen wahrzumachen, ihn zu vermenschlichen. Dies ist die lutherische Freiheit des Christenmenschen. ... (Damit ist) Luther der wahre Vertreter eines wirklichen Humanismus.«[20]

Tatsächlich ist Luther das beste Vorbild, das einer Kirche, die heute auf die pädagogische Herausforderung der Zeit antworten will, vor Augen stehen sollte. In seiner anthropologischen Grundauffassung haben wir, noch einmal mit Weinstocks Formulierung, eine »echte Verbindung von entschiedener christianitas mit ursprünglicher humanitas«:[21] Christianitas nämlich, die stets darum weiß, daß ihr einziges Heil in Gottes gnädigem Handeln liegt, humanitas, die die höchstmögliche Entwicklung des Menschen, sofern diese sich nicht selbst absolut setzt, unbedingt bejaht. Christianitas, die weiß, daß der Mensch es in einem Leben voller Arbeit und Streben nicht weiter bringen kann, als daß er, wie Luther selbst zwei Tage vor seinem Tode, bekennen muß: »Wir sind Bettler, das ist wahr!«[22] – Humanitas, die trotzdem, weil Gott will, daß der Mensch als Mensch lebe, ein uneingeschränktes Ja zum Leben sagt, wie es schöner nicht ausgedrückt werden kann als durch Luthers berühmtes Wort: »Und wenn ich gleich wüßte, daß morgen die Welt unterginge, so würde ich doch heute noch mein Apfelbäumchen pflanzen.«[23]

Nächstenliebe

Mit der ihm eigenen Treffsicherheit hat Theodor W. Adorno die Kardinalfrage unserer gegenwärtigen praktischen Pädagogik auf die einprägsame Formel gebracht: »Die Forderung, daß Auschwitz nicht noch einmal sei, ist die allererste an Erziehung.« Diesen Satz entfaltet er dann so: »Jede Debatte über Erziehungsideale ist nichtig und gleichgültig diesem einen gegenüber, daß Auschwitz nicht sich wiederhole. Es war die Barbarei, gegen die alle Erziehung geht. Man spricht vom drohenden Rückfall in die Barbarei. Aber er droht nicht, sondern Auschwitz war er; Barbarei besteht fort, solange die Bedingungen, die jenen Rückfall zeitigten, wesentlich fortdauern. Das ist das ganze Grauen. Der gesellschaftliche Druck lastet weiter trotz aller Unsichtbarkeiten der Not heute. Er treibt die Menschen zu dem Unsäglichen, das in Auschwitz nach weltgeschichtlichem Maß kulminierte.«[24]

Gerade weil wir uns so selten dessen bewußt sind, wie dünn in Wahrheit die Deckschicht ist, auf der wir uns über brodelnden Vulkanen und unendlichen Abgründen nur scheinbar sicher bewegen, sollten wir Adorno hier ganz ernst nehmen: Die maschinelle Massenvernichtung von Menschen in den Konzentrationslagern des Dritten Reiches gehört nicht in die Reihe der Unglücksfälle der Geschichte, wie sie leider bei allem Fortschritt dann und wann eintreten, unvorhersehbar, unvermeidlich, aber auch ohne wirkliche Konsequenzen für die, die noch einmal davongekommen sind.[25] Vielmehr kann sich »Auschwitz« immer wieder ereignen, ja, es wird sich wieder ereignen, wenn Erziehung dem nicht planvoll und energisch entgegenwirkt. Ansetzen muß sie dazu bei den tieferen Ursachen: Wo nicht der »gesellschaftliche Druck« gemindert oder beseitigt werden kann – und es deutet alles darauf hin, daß er generell nicht mehr zu beseitigen ist, sondern im Gegenteil in Zukunft noch zunehmen wird –, muß Erziehung es den Menschen ermöglichen, ihm standzuhalten und kontrolliert zu reagieren. Konzentrationslager waren und sind nach Adorno möglich, weil und solange Menschen »besinnungslos ihren Haß und ihre Angriffswut an anderen auslassen«. Daraus ergibt sich die Aufgabe: »Solcher Besinnungslosigkeit ist entgegenzuarbeiten, die Menschen sind davon abzubringen, ohne Reflexion auf sich selbst nach außen zu schlagen.« Das entscheidende Mittel gegen Vernichtung und Barbarei ist demnach eine »Erziehung zu kritischer Selbstreflexion.«[26]

Wird das Nachdenken über die Möglichkeit eines kirchlichen Beitrages zur Lösung der pädagogischen Grundfragen der Zeit schon von diesem formalen Postulat empfindlich berührt – was hat die Kirche bisher getan, um bei ihren Gliedern und darüber hinaus den Prozeß kritischer Selbstreflexion zu fördern?, und vor allem: Welche Erfolge hat sie dabei gehabt? –, so wird es durch die anschließenden knappen, fast aphoristischen Gedanken Adornos zur inhaltlichen Seite, d. h. zu den notwendigen Gegenständen und Inhalten, auf die sich solche kritische Selbstreflexion beziehen muß, zumindest an zwei Punkten unmittelbar getroffen: Einmal dort, wo Adorno sich gegen »die blinde Identifikation mit dem Kollektiv« wendet und dazu auffordert, »der blinden Vormacht aller Kollektive entgegenzuarbeiten, den Widerstand gegen sie dadurch zu steigern, daß man das Problem der Kollektivierung ins Licht rückt«,[27] und zum anderen da, wo er den Menschen von heute durch mangelnde »Liebesfähigkeit«, durch übergroße »Kälte«, durch wachsende Isolierung und »Indifferenz gegen das Schicksal der anderen« bestimmt sieht, angesichts deren es »vergeblich« ist, »Liebe zu predigen«, weil das »in denen, an die man sich wendet, bereits eine andere Charakterstruktur voraussetzt als die, welche man verändern will«, so daß als Aufgabe lediglich bleibt, »der Kälte zum Bewußtsein ihrer selbst zu verhelfen, der Gründe, warum sie wurde.«[28]

So wenig die Kirche der Analyse Adornos, deren Spitze übrigens ausdrücklich gegen sie, die Kirche, gerichtet ist,[29] ausweichen kann, so wenig freilich braucht sie bei der Schlußfolgerung stehen zu bleiben. Sie kann mehr tun (und dazu ist es noch nicht zu spät) als helfen, die Kälte bewußt zu machen. Sie kann eine Lösung anbieten. Natürlich genügt es nicht, »Liebe zu predigen«. Wohl aber kann es nützen, Christi Gebot der Nächstenliebe in seiner ganzen Radikalität neu ins Bewußtsein der Zeit zu heben. Nächstenliebe ist ja weit mehr als jenes Maß an Zuwendung, das gebildete Menschen der heutigen Gesellschaft mit ihrem groben Raster der wohltemperierten Sozialstaatlichkeit und mit den organisierten Institutionen der Lebenshilfe und Lebenserleichterung füreinander bereithalten. Nächstenliebe ist eine gezielte Forderung an den einzelnen, die ihn total beansprucht, ihn ändern, ihm neue Normen und Verhaltensmuster vermitteln will und dadurch gesellschaftliche Auswirkungen hat. Das soll an drei neutestamentlichen Texten verdeutlicht werden:

1. Die von Christus geforderte Nächstenliebe ist nicht zuerst und unmittelbar eine Leistung des einen Menschen für einen anderen, sondern sie ist die Konsequenz, allerdings die unerläßliche Konsequenz der Gottesliebe: »Du sollst Gott, deinen Herrn, lieben von ganzem Herzen, von ganzer Seele, von allen Kräften und von ganzem Gemüte und deinen Nächsten wie dich selbst« (Lukas 10, 27 Par.). Vor jeglicher Leistung steht also die Bindung der eigenen Person an Gott, das Anerkennen seiner Macht und damit zugleich das Erkennen der eigenen Ohnmacht, des eigenen Angewiesenseins auf diese Macht. Wer »Gott liebt«, der verzichtet darauf, eigene Erkenntnisse und Wertungen als endgültig zu betrachten und sich mit einer Ausrichtung seines Verhaltens und Handelns an ihnen ins Recht zu setzen. Statt dessen stellt er sich dem Anspruch und Maßstab des Absoluten und wird dadurch fähig, eigene Interessen hintanzusetzen und das zu leisten, wessen der andere in seiner tatsächlichen Lage bedarf. In diesem Sinne kehrt Jesus in der Geschichte vom Barmherzigen Samariter die Frage des Schriftgelehrten »Wer ist denn mein Nächster?« um: Nicht ich bleibe stehen, wo ich stehe, und blicke mich wartend um, bis mir vielleicht ein »Nächster« ins Blickfeld kommt, der meine Hilfe verdient. Nein, der, dem ich helfen muß, liegt mir vor den Füßen, an meinem Wege, und ob ich ihm ein »Nächster« werde, hängt davon ab, daß ich offene Augen, Mut und Entschlußkraft habe, das zu tun, was er braucht. Demnach muß die Frage richtig lauten: »Wem kann ich ein ›Nächster‹ werden?«

2. Die von Christus geforderte Nächstenliebe bedeutet eine radikale Änderung menschlicher Maßstäbe und Wertungen: »Ihr habt gehört, daß die Regel gegolten hat: Du sollst deinen Freund lieben, deinen Feind sollst du hassen. Ich aber sage euch: Zeigt euren Feinden, daß ihr sie liebt und bittet Gott um seine Liebe für die, die euch verfolgen; ... denn wenn ihr die liebt, die euch lieben, was erwartet ihr besonderes dafür? Tut man das nicht auch unter denen, die Gott verachten? Und wenn ihr nur eure Brüder liebhabt, was liegt darin besonderes? Tun das nicht auch die Gottlosen?« (Matthäus 5, 43–47, Übersetzung von Jörg Zink). Hier wird das oben Angedeutete weiter entfaltet und bekräftigt. Wer Christus folgen will, wird so in Pflicht genommen, daß seine bisherigen Urteile zu Vor-Urteilen werden. Wo geholfen werden muß, entscheidet allein die sachliche Notwendigkeit, nicht das vorher fertige Schema »Freund – Feind«. Der »Nächste« ist eben nicht identisch mit dem »Freund«, ebenso gut kann der »Feind« der sein, dem der Christ zum Nächsten werden muß.

Wo Christen sich so verhalten, können sie ein Beispiel geben für die Bewältigung der Aufgabe, eine neue, der Wirklichkeit und den Möglichkeiten des technischen Zeitalters angemessene Moral und neue Normen des Verhaltens zu entwickeln. Dabei fehlt es ja im allgemeinen nicht so sehr an Einsicht und gutem Willen als vielmehr an Entschlossenheit, vertraute und bequeme Kategorien zugunsten von etwas Neuem und Ungewohntem aufzugeben. Es lebt sich sowohl privat als auch in der Völkerwelt gar nicht so schlecht mit der Freund–Feind-Einteilung, und es sind nicht nur die Rüstungsfabrikanten, die daraus ihren Nutzen ziehen. Auf jeden Fall verlangt es einen höheren Einsatz an Energie und Ideen, dem »Feind« ein »Nächster« zu werden als weiterhin den Zustand des kalten oder heißen Krieges durchzuhalten, und vor allem sind Veränderungen nur in langwierigen und mühsamen Prozessen schrittweise zu erreichen, wobei Enttäuschungen und Rückschläge nie ausbleiben. Gerade darum aber ist es für Christen höchste Zeit, das Gebot der Nächstenliebe so radikal ernstzunehmen, wie Christus es gemeint hat.

3. Schließlich ist das eschatologische Moment der Nächstenliebe neu zu vergegenwärtigen. Der zentrale Text dazu ist Jesu Schau vom Weltgericht, bei dem der kommende König als Richter die Menschen scheiden wird, wie ein Hirte seine Herde nach Schafen und Böcken aussortiert: »Dann wird der Herrscher denen zu seiner Rechten sagen:

Kommt her, ihr, die mein Vater gesegnet hat. Nehmt den Anteil an der himmlischen Herrschaft, der für euch vorgesehen ist. ... Denn ich war hungrig, und ihr habt mir zu essen gegeben. Ich war durstig, und ihr habt mich getränkt. Ich war in der Fremde, und ihr habt mich aufgenommen. Ich war nackt, und ihr habt mich gekleidet. Ich war krank, und ihr habt mich besucht. Ich war im Gefängnis, und ihr seid zu mir gekommen. Dann werden die zur Rechten ihn verwundert fragen: Herr, wann sahen wir dich hungrig und haben dich gespeist oder durstig und haben dich getränkt oder als Fremdling und haben dich aufgenommen oder nackt und haben dich bekleidet? Wann sahen wir dich krank oder gefangen und sind zu dir gekommen? Dann wird ihnen der König antworten: ... Was ihr einem unter meinen geringsten Brüdern getan habt, das habt ihr mir getan. Dann wird er zu denen zu seiner Linken sagen: Geht weg von mir, ihr Verfluchten, in das ewige Feuer, das für den Teufel und seine Helfer vorbereitet ist. Denn ich war hungrig, und ihr habt mich nicht gespeist. ... Dann werden auch sie fragen: Herr, wann sahen wir dich hungrig oder durstig oder als Fremdling oder nackt oder krank oder im Gefängnis und haben dir nicht gedient? Dann wird er ihnen antworten: ... Was ihr einem unter meinen geringsten Brüdern verweigert habt, das habt ihr mir verweigert.« (Matthäus 25, 34–45, Übersetzung von Jörg Zink).

Hier also wird die Forderung der Nächstenliebe noch dadurch verstärkt, daß Christus sich mit dem, dem Christen zum Nächsten werden sollen, identifiziert. In dem Hungernden und Gefangenen, in jedem Hilfsbedürftigen begegnet er selbst seinen Anhängern. Hier ist er zu finden, hier aber kann man ihm auch ausweichen. Das allerdings entscheidet dann über die Teilhabe an seiner »himmlischen Herrschaft«, über das Bürgerrecht in dem Reich, in dem seine Gebote und Maßstäbe gelten, in dem er Frieden und Geborgenheit bereit hat. Wer sich dort finden will, muß dies in seinem Verhalten zum notleidenden Mitmenschen bewähren. Hier und nirgends sonst kann er die ersehnte Identität finden, hier kann er aber auch seine Existenz verfehlen. Dieser Anspruch Christi ist total.

Adorno hatte als oberstes Erziehungsziel unserer Zeit postuliert, »daß Auschwitz nicht sich wiederhole«. An den Christen ist es, zu beweisen, daß man diesem Ziel näherkommen kann durch eine Änderung des Verhaltens, der Normen und Denkschemata im Sinne konkreter und totaler Nächstenliebe, wie sie im Mittelpunkt der Verkündigung

Christi steht, wobei es selbstverständlich ist, daß solche Änderung zwar von der Individualethik ausgehen muß, sich aber nicht auf sie beschränken darf. Nächstenliebe verlangt von den Christen auch, daß sie Ordnungen und Strukturen kritisch prüfen und dort auf deren Ablösung durch neue hinarbeiten, wo solche Ordnungen und Strukturen als Instrumente einer »negativen Dialektik« vorwiegend dazu dienen, bestehende Zustände zu stabilisieren und so fortlaufend Unrecht und neue Not zu produzieren. Allerdings darf das Maß an Sachkenntnis und Gedankenarbeit, das gerade dazu nötig ist, nicht unterschätzt werden.

Frieden

»Wir haben die zwei Weltkriege und die Schrecken, die mit ihnen verbunden waren, mehr oder weniger hinter uns. Vor uns haben wir die Aufgabe, einen dritten Weltkrieg – mit der realen Gefahr der Menschheitszerstörung – verhindern zu helfen. Jedenfalls muß es die vordringlichste Aufgabe deutscher Politiker in dieser Zeit sein, daß nicht nur kein dritter Krieg von deutschem Boden aus beginnen kann, sondern daß alle unsere Kraft eingesetzt wird, um den Frieden in der ganzen Welt sicherer zu machen und besonders einer Friedensordnung in und für Europa den Weg zu bereiten.« So hat Bundeskanzler Brandt in seiner Rede zur Feier des 150. Geburtstages von Friedrich Engels die Grundrichtung der deutschen Politik bestimmt [30], und in diesem Punkt wird ihm kein vernünftiger Mensch, gleich welcher politischen Einstellung, widersprechen. Die Erkenntnis der Fachleute in aller Welt, daß die Erhaltung des Friedens die schlechthin wichtigste Voraussetzung für den Fortbestand und die Weiterentwicklung der Menschheit ist, beginnt allmählich ins allgemeine Bewußtsein zu dringen. Einig ist man sich in der Regel allerdings nur über das hohe und ferne Ziel, und auch da ist es nicht ausgemacht, ja, ist es höchst unwahrscheinlich, daß alle dasselbe meinen. Zu harten Auseinandersetzungen aber kommt es auf jeden Fall sofort, wenn konkrete Folgerungen gezogen und mittel- oder kurzfristige Maßnahmen beschlossen werden sollen. Dann zeigt es sich, wie schwierig es ist, die überkommenen Denkschemata aufzugeben und ernstzumachen mit der Entwicklung und Verwirklichung einer neuen Moral, einer umfassenden Ethik des Friedens. In dieser Situation kann die Aufgabe der Pädagogik und der Schule, zum Frieden zu erziehen, nicht ernst genug genommen werden.[31]

Was die Kirche dabei einbringen kann, ist eine Fülle von Erfahrungen sowohl positiver als auch negativer Art und damit ein Schatz geschichtlicher Weisheit, der bei dieser das Wesen des Menschen zutiefst berührenden Frage nicht gering geachtet werden sollte. Als eine von Anfang an Grenzen übergreifende und Menschen verschiedener Völker und Erdteile verbindende, der Verwandlung der Erde in ein Reich des vom Evangelium gebotenen Friedens verpflichtete Institution weiß die Kirche aus ihrer zum Teil sehr leidvollen Geschichte besser als irgendeine andere Organisation von der Not, aber auch von der Verheißung, unter der menschliches Bemühen um den Frieden stehen kann. Die Reichsidee des Mittelalters, Kreuzzüge und Religionskriege, manch verhängnisvolles Versagen geistlicher Kolonisatoren, aber auch viele beispielhafte Leistungen der Mission und schließlich die immer mächtiger werdende ökumenische Bewegung sind einige der Stationen auf diesem Wege durch die Jahrhunderte. Hinzu kommen gezielte Friedensbemühungen, heute vor allem auf dem Gebiet der zum Teil vorbildlichen Entwicklungshilfe, und punktuelle Maßnahmen zur Überwindung akuter Notstände wie zum Beispiel die Care-Paketaktionen der amerikanischen Kirchen nach dem Zweiten Weltkrieg, Hilfen für Vietnam und Biafra und die Unterstützung der Opfer des Rassismus in aller Welt.

Auf dem Hintergrund dieser Erfahrungen kann sich die Kirche darum bemühen, daß in der weltweiten Debatte um den Frieden ehrlich argumentiert wird. Dazu gehört vor allem, die Ziele nicht so hoch zu stecken, daß von vornherein gar keine Aussicht besteht, sie je zu erreichen. Dann nämlich entsteht die Gefahr, daß endlose Beratungen und Verhandlungen nichts anderes sind als ein vordergründiges Ablenkungsmanöver und ein Sichtschutz, hinter dem die verhandelnden Parteien in ihren praktischen Entscheidungen desto ungestörter genau das Gegenteil betreiben können. Um das zu vermeiden muß ganz deutlich werden, wie der von allen Menschen anzustrebende Frieden aussehen und was er leisten kann, aber auch, was er utopischen Erwartungen gegenüber immer wird schuldig bleiben müssen. Nie wird er mit dem den Christen verheißenen Frieden des Reiches Gottes oder dessen säkularisierten Abbildern identisch sein können. Dies zu verkennen, hat noch stets bestenfalls zur Schwärmerei geführt. Realistisch und darum allein geboten ist es, auch hier die dem Menschen gesetzten Grenzen zu sehen.

Demnach darf sich eine Erziehung zum Frieden nicht beschränken auf Appelle an Vernunft und Ethos, auf die Gewinnung verstandesmäßiger Urteile und Einsichten. Mindestens ebenso wichtig ist die Sublimierung der zerstörerischen Urtriebe des Menschen, deren Macht die Bibel schon auf ihren ersten Seiten schildert.[32] Die Geschichte von Kain und Abel (Gen. 4, 1–16) wiederholt sich zwischen einzelnen und zwischen Völkern immer wieder, nur daß seitdem als Werkzeug nicht allein Hacke, Spaten oder Stock zur Verfügung stehen, sondern Waffensysteme, mit denen die gesamte Menschheit ausgerottet und der Planet Erde vernichtet werden kann. In dieser hoffnungs- und ausweglos erscheinenden Situation sind die Christen, ist die Kirche herausgefordert, verständlich und wirksam zu entfalten, was es bedeutet, daß Gott, der Kain nach dem Brudermord nicht vernichtete, auch heute die Welt noch liebt und erhalten wissen will. Brauchbare Lösungsmodelle für die schwierige Aufgabe stehen allerdings kaum bereit.[33] Vielmehr muß diese Botschaft im Gespräch mit den einschlägigen Human- und Sozialwissenschaften so weiter gedacht und neu formuliert werden, daß möglichst alle Menschen sie aufnehmen können.

In gleicher Weise gilt es zu erkennen, daß Frieden nicht Konfliktlosigkeit bedeutet. Die biblische Botschaft verbietet es, von der grundsätzlichen Güte des Menschen und der Möglichkeit eines Paradieses auf Erden zu träumen. Daß die Menschen so sind, wie sie sind, ist nicht nur das Ergebnis von falschen Lernprozessen und Frustrationserlebnissen und demgemäß auch nicht allein durch eine bessere, repressionsfreie Erziehung zu korrigieren. Das Ziel, das Pädagogik und Schule hier vordringlich anstreben müssen, ist, die Menschen fähig zu machen, ihre Konflikte so auszutragen, daß möglichst sachgerechte und für alle Beteiligten tragbare Lösungen erreicht werden, damit sich nicht länger fortwährend die Starken auf Kosten der Schwachen, die Reichen auf Kosten der Armen durchsetzen. Dies gilt wieder für Einzelne und für ganze Völker. So sollte sich z. B. niemand der trügerischen Hoffnung hingeben, daß die industrialisierten Staaten mit der Dritten Welt zu einem billigen Arrangement kommen können, ohne daß eine gründliche Umverteilung des Reichtums auf der Erde erfolgt, was wiederum nur durch schmerzliche Eingriffe und durch eine einschneidende Verkürzung vieler in den hochentwickelten Ländern in West und Ost bislang als unverletzlich geltender Rechte zu erreichen sein wird.

Es geht also darum, vor Scheinlösungen zu warnen und die Illusion zu zerstören, als könne es bei Berücksichtigung modernster Ergebnisse der Wissenschaft und bei Anwendung perfekter Techniken in der Erziehung und Menschenführung je möglich sein, Konflikte auf eine letztlich oberflächliche Weise aus der Welt zu schaffen. Was hingegen unter dem Leitbegriff des Friedens gelingen muß, ist die Veränderung von Einstellungen und Haltungen, von Gegebenheiten und Strukturen, die Freisetzung von Energien und Auslösung von Aktivitäten in einem solchen Sinne, daß die potentiellen Ursachen von Konflikten verringert, ja, soweit es geht, beseitigt werden. Es ist eine ebenso wichtige und undankbare wie legitime und lohnende Aufgabe der Kirche, die grundlegenden Erkenntnisse der Friedensforscher, daß Frieden mehr ist als ein Schweigen der Waffen, mehr als die Abwesenheit von Krieg, verbreiten zu helfen. Einen systematischen Grund hat neuerdings Hans Schmidt gelegt, indem er Jesu Eintreten für einen schöpferischen, verändernden, den Lebensrechten des Menschen dienenden Frieden als Erfüllung des alttestamentlichen Schalombegriffes abhebt von anderen Friedensgedanken und Programmen.[34] Ansätze zu konkreten Stellungnahmen liegen vor in Denkschriften, ersten Publikationen etwa der Evangelischen Studiengemeinschaft Heidelberg und in den Arbeitsergebnissen des Ökumenischen Rates.[35] All das gilt es entschieden und zügig weiterzuführen und wirksam zu vertreten. Das Chaos könnte schneller kommen, als wir ahnen.

Zukunft

Es gibt kaum ein Thema, das stärker erregen und tiefer aufrütteln kann als die Frage nach den Zukunftsaussichten der Menschheit.[36] Schier unbegrenzten und unerschöpflichen Möglichkeiten stehen unermeßliche und unberechenbare Gefahren gegenüber. Die Alternative, die Fritz Baade 1960 im Blick auf das Jahr 2000 formulierte, »Paradies oder Selbstvernichtung«, kennzeichnet nach wie vor die Realität, obwohl wir dem Jahr 2000 seitdem um ein beträchtliches Stück näher gekommen sind. Es ist inzwischen nicht etwa positiv entschieden, daß die endgültige Katastrophe vermieden werden kann. Eher zeichnet sich bei Abwägung des Für und Wider das Gegenteil ab. So kommt Georg Picht zu dem Ergebnis: »Wir fahren mit rasender Geschwindigkeit ohne Licht«, und: »Es ist zwar möglich, aber es ist unwahrscheinlich, daß die Vernichtung des größeren Teiles der Menschheit und aller bisherigen Formen der Kultur verhütet werden kann.«[37] Noch drastischer sagt es Max Born: »Es scheint mir, daß der Versuch der Natur, auf dieser Erde ein denkendes Wesen hervorzubringen, gescheitert ist.«[38]

Hauptursache für diese Lage ist, daß die technische Entwicklung die Kapazität des menschlichen Geistes zu überholen droht. Menschen setzen in immer stärkerem Maße Prozesse in Gang, deren Verlauf sie kaum mehr kontrollieren, deren Ergebnisse sie nicht mehr berechnen oder gar beeinflussen können. Wichtigstes und vielleicht folgenreichstes Beispiel dafür ist das Problem der Umweltverschmutzung. Nicht nur radioaktive Abfälle von Kernreaktoren und nicht mehr benötigte, weil durch die Erfindung noch schrecklicherer Giftstoffe überflüssig gewordene Nervengase aus den Waffenarsenalen der Großmächte, sondern auch Desinfektions- und Reinigungsmittel sowie Gebrauchsgegenstände, die der Mensch heute zur Erhaltung seiner Gesundheit benötigt oder zu seiner Bequemlichkeit gerne verwendet, bedrohen das Leben und Wohlergehen späterer Generationen. Rückstände des Insektenvertilgungsmittels DDT finden sich in pflanzlicher und tierischer Nahrung auf der ganzen Welt und gefährden Säuglinge und Kleinkinder,[39] Phosphate in Waschmitteln verursachen ein so schnelles Wachstum von Algen in Seen und Flüssen, daß diese zu sterbenden Gewässern werden können, und der wahrscheinlich am weitesten verbreitete Kunststoff PVC ist bislang nicht ohne schädliche Folgen zu beseitigen, wenn er nicht mehr gebraucht wird. Der Wasser- und der Lufthaushalt der Erde werden immer stärker belastet. Medikamente kommen auf den Markt, ohne daß man sie genügend auf mögliche Nebenwirkungen hat prüfen können, zum Teil deshalb, weil solche Nebenwirkungen erst nach langer Zeit erkennbar werden.

Die wenigen Beispiele genügen, um zu zeigen, daß überkommene Ordnungen und bewährte Methoden nicht mehr ausreichen, auch nur den nächsten Generationen der Menschheit eine Möglichkeit zum Leben, geschweige denn die Voraussetzungen für ein nach bisherigen Vorstellungen lebenswertes Leben zu erhalten. Aber welche Folgerungen werden daraus gezogen? Eine zu große Zahl von Politikern in aller Welt orientiert sich nach wie vor am Gestern und Heute, allenfalls noch am

Termin der nächsten Wahl, also einem sehr nahen »Morgen«, nicht jedoch am unausweichlichen Übermorgen.[40] Da sollen nach Möglichkeit keine Grenzveränderungen akzeptiert werden, soll die starre Einteilung der Erde in verschiedene Machtblöcke erhalten bleiben. An eine radikale Neuordnung der sozialen Strukturen und der Besitzverhältnisse geht in West und Ost niemand heran, und praktikable Modelle für eine gerechtere Verteilung des Reichtums auf der Erde unter die Völker der nördlichen und der südlichen Halbkugel gibt es nicht. Alle Welt kapituliert vor dem Anwachsen der Zahl der Verkehrstoten und Zivilisationsopfer und nimmt dies wie ein unabwendbares Naturereignis hin. Die Schul- und Bildungsprobleme sind nirgendwo befriedigend gelöst,[41] und wie es eigentlich mit dem steigenden Anteil der Jugend weitergehen soll, der in völliger politischer Apathie mit Rauschgift und der Kultivierung einer verkrampften Neuauflage übersteigerter und falsch verstandener romantischer Ideale vom freien Leben eine bessere Welt herbeizuträumen versucht, weiß keiner.

Christentum und Kirche sind daran insofern mitschuldig, als von ihnen keine hinreichend starken Impulse für eine umfassende und konsequente Neuorientierung des Denkens und Handelns an den voraussehbaren Anforderungen der Zukunft ausgegangen sind. Zu lange waren sie, zu weit sind sie selbst noch altvertrauten Denkansätzen und traditionellen Vorstellungen vergangener Zeiten verhaftet. Zudem schienen zentrale biblische Aussagen – wie: »Deshalb sollt ihr euch nicht in der Sorge verzehren: Was essen? Was trinken? Was anziehen? Um all das kreisen die Gedanken derer, die von Gott nichts wissen. ... Zerquält euch nicht um den kommenden Tag. Es genügt, daß ihr euch morgen um ihn kümmert. Es ist genug, daß jeder Tag seine eigene Mühe hat« (Matthäus 6, 31 und 34, Übersetzung von Jörg Zink) – eine Form des Vertrauens auf Gott als den Herrn der Geschichte nahezulegen, das mit bestem Gewissen nach der Zukunft gerade nicht zu fragen hatte. Dabei konnte nicht erkannt werden, daß sich inzwischen eine »qualitative Veränderung der gesamten menschlichen Geschichte«[42] im Blick auf die Zukunft vollzogen hat, eine Veränderung, die Sartre so beschreibt: »Für die gesamte Menschheit gilt: Wenn sie fortfährt zu leben, wird es nicht einfach deshalb geschehen, weil sie geboren ist, sondern weil sie den Entschluß gefaßt hat, ihr Leben zu verlängern. Es gibt nicht mehr die menschliche Gattung. Die Gemeinschaft, die sich zur Hüterin der Atombombe gemacht hat, steht oberhalb des Reiches der Natur; denn sie trägt die Verantwortung für ihr Leben und ihren Tod. Es wird in Zukunft nötig sein, daß sie jeden Tag und jede Minute zum Leben ihre Zustimmung gibt.«[43] Erst theologische Entwürfe der letzten beiden Jahrzehnte, allen voran Jürgen Moltmanns »Theologie der Hoffnung«,[44] beginnen die Frage nach der Zukunft ganz ernst zu nehmen.

Danach ergibt sich für Christentum und Kirche die Notwendigkeit einer entschlossenen Hinwendung zur Zukunft: »Die kommende Herrschaft des auferstandenen Christus kann man nicht nur erhoffen und abwarten. Diese Hoffnung und Erwartung prägt auch das Leben, Handeln und Leiden in der Gesellschaftsgeschichte. Darum bedeutet Sendung nicht nur Ausbreitung des Glaubens und der Hoffnung, sondern auch geschichtliche Veränderung des Lebens. ... Sich nicht dieser Welt gleichzustellen, bedeutet nicht nur, sich in sich selbst zu verändern, sondern in Widerstand und schöpferischer Erwartung die Gestalt der Welt zu verändern, in der man glaubt, hofft und liebt.«[45] Christus heute nachfolgen heißt dann: hier und jetzt Verantwortung auch für das Morgen und Übermorgen übernehmen, heißt: den Menschen helfen, ihre künftigen Möglichkeiten wenigstens offenzuhalten und nicht zwangsläufig auf die Katastrophe zuzusteuern.

Für den Bereich der Pädagogik bedeutet das konkret, allen jenen Kräften zu wehren, die Erziehung und Schule nach wie vor auf die angeblich bewährten Inhalte und die Muster der Vergangenheit festlegen wollen. Daß die Deutschen ein im Sinne der abendländischen Tradition gebildetes Volk gewesen sind, hat ihre großen politischen Torheiten und Verbrechen nicht verhindert. Allerdings wäre es nicht damit getan, daß Informationen über Technik und moderne Wissenschaften an die Stelle der Literatur- oder Kunstgeschichte treten, oder wie dergleichen billige Vorschläge sonst lauten. Vielmehr gilt es, die gegenwärtige Situation mit ihren Chancen und Gefahren bewußt zu machen und Motivationen zu erarbeiten für eine fruchtbare Überwindung erkannter Schwierigkeiten. Die Beschäftigung mit der Geschichte ist dazu insoweit unerläßlich, als an ihr klar werden muß, wie sehr die Vergangenheit die Gegenwart bestimmt und die Freiheit der Zukunft einschränkt. Ein weiterer Schwerpunkt muß auf der verstandesmäßigen Durchdringung und Bewältigung alter und modernster Irrationalismen liegen. Ob die Menschheit überleben kann, hängt entscheidend davon ab, daß es gelingt, die Vernunft möglichst aller Menschen so zu stärken, daß Entscheidungen nur nach sorgfältiger Prüfung ihrer Folgen getroffen werden. Dazu gehört auch das Einüben eines Verzichtens auf eventuelle kurzfristige Vorteile, wenn diese nur um den Preis späterer, gar irreparabler Schädigungen zu erreichen sind.

Vor allem aber sind Christentum und Kirche dort angesprochen, wo es um die Sinnfrage geht. Daß eine allein an der technischen und wirtschaftlichen Entwicklung orientierte Vernunft nicht ausreicht, diese Frage zu beantworten, zeigt treffend die Bilanz eines der bekanntesten französischen Zukunftsforscher, Bertrand de Jouvenel: »Jedes Jahr scheinen wir besser gerüstet, das zu erreichen, was wir wollen. Aber was wollen wir eigentlich?«[46] Christen haben in dem Gott des Alten und Neuen Testaments einen »festen Punkt«, von dem aus sie nicht nur radikal kritische Fragen stellen, sondern auch Antworten auf die Frage nach dem Sinn der Welt und des Lebens geben können. Der entschlossene Blick auf die Zukunft verlangt von ihnen, gerade wenn es um Erziehung und Schule geht, ihre Erfahrungen der Macht und Güte Gottes so zu bezeugen, das heißt so zu formulieren, auszusprechen und in Tat und Leben zu bewähren, daß daraus der Welt neue, rettende Kräfte erwachsen. Wenn es gelingt, aber auch nur wenn es gelingt, einer mehr und mehr entchristlichten Umwelt klarzumachen, daß Gott diese Welt liebt und weiter erhalten will, ist das angesichts der düsteren Zukunft eine Maxime für Erziehung, die gar nicht hoch genug eingeschätzt werden kann.

VI. »Nationaler Notstand«

Die Kirche darf zur Bildungspolitik nicht schweigen

Es ist vor allem der Zustand unseres Bildungswesens, der Karl Steinbuch von dem »Versagen unserer Gesellschaft in der Gegenwart und vor der Zukunft« sprechen[1] und zu dem Schluß kommen läßt: »Wenn wir so weitermachen wie bisher, sind wir im Jahre 2000 keine international führende Industrienation mehr, sondern nähern uns dem Zustand eines unterentwickelten Landes: ... wissenschaftlich, technisch und sozial zurückgeblieben.«[2] In der Tat sind ein gründliches Umdenken in der Bildungspolitik und eine bis an die Wurzeln gehende Reform unseres Bildungswesens unvermeidlich, wenn die Bundesrepublik ihren Rang als einer der großen Industriestaaten der Welt behalten soll – und daß sie ihn behält, liegt nicht nur in unserem unmittelbaren eigenen Interesse oder in dem unserer Kinder. Die Folgen, die eine langdauernde rezessive Entwicklung in der Bundesrepublik für Europa und darüber hinaus für das sowieso labile Gleichgewicht der Kräfte in der Weltpolitik hätte, sind überhaupt nicht auszudenken.

Woran es in unserer Bildungspolitik hauptsächlich fehlt, sind freilich nicht so sehr die richtigen Erkenntnisse. Spätestens seit Georg Picht 1964 den »nationalen Notstand auf dem Felde des Bildungswesens« ausgerufen[3] und entschieden auf die Anforderungen der Zukunft hingewiesen hat, ist die Phase der nach dem Krieg eingeleiteten Restauration in der Bildungspolitik zu Ende gegangen. Inzwischen sind mit unzähligen genauen Untersuchungen klare Diagnosen gestellt worden, so daß die Schwierigkeiten offen zutage liegen. Auch gibt es viele brauchbare und vernünftige, nicht selten kühne Lösungsvorschläge, wie sie zuletzt vor allem in dem »Strukturplan für das Bildungswesen« der Bildungskommission des Deutschen Bildungsrates vom Frühjahr 1970 gebündelt vorliegen. All das aber nützt nichts, wenn jetzt nicht endlich konkrete Folgerungen gezogen und klare politische Entscheidungen getroffen werden. Die Stunde ist günstig. Alle großen Parteien und maßgebenden politischen

Kräfte haben in zahllosen Erklärungen die Notwendigkeiten anerkannt. Die erforderlichen rechtlichen Voraussetzungen sind durch entsprechende Gesetze und Verfassungsänderungen geschaffen.[4] An gutem Willen ist offenbar kein Mangel: »Die Parteien sind sich ... weithin einig, daß Bildung und Wissenschaft in der vor uns liegenden Entwicklung des Landes die Priorität haben müssen«, schreibt der Bundeskanzler in seinem Vorwort zum Bildungsbericht '70 der Bundesregierung, und der Bundesminister für Bildung und Wissenschaft ergänzt: »In diesem Sinne hoffe ich auf eine zügige gemeinsame Arbeit von Bund und Ländern, zu der alle politischen Kräfte aufgerufen sind und die allein die lang verschleppte Bildungskrise bewältigen kann.«

Allerdings sollte sich niemand über die Größe der Aufgabe täuschen. Trotz aller in den letzten Jahren unternommenen Anstrengungen steht das deutsche Bildungswesen näher denn je vor der von Picht vorausgesagten Katastrophe. Die fast täglichen Zeitungsmeldungen über Mißstände und Fehlentwicklungen in diesem Bereich sprechen eine deutliche Sprache. Leider aber bringen sie es auch mit sich, daß man ihnen gegenüber abstumpft und kaum mehr in der Lage ist, das wirkliche Ausmaß der Krise zu erfassen. Am ehesten noch kann einem der Ernst der Lage bewußt werden, wenn man etwa die vor gut zehn Jahren geführten Diskussionen um den Rahmenplan des Deutschen Ausschusses für das Erziehungs- und Bildungswesen[5] noch einmal nachliest. Von heute aus gesehen waren es geradezu idyllische Zustände und Streitereien um Oberflächlichkeiten. Inzwischen gibt es, angefangen vom Kindergarten bis hin zur Universität und zu den Einrichtungen der Erwachsenenbildung, keine Institution im Bildungswesen, die nicht einen radikalen Veränderungsprozeß durchgemacht hätte, ohne daß die Schwierigkeiten geringer und die Aussichten besser geworden wären. Ganz besonders gilt das nach wie vor für den zentralen Bereich des ganzen Systems, die Schule.

Leider ist die Kirche daran insofern mitschuldig, als sie es trotz ihrer 1958 erklärten Bereitschaft zu einem »freien Dienst an einer freien Schule« bisher weithin versäumt hat, einen wirkungsvollen Beitrag zur Überwindung der Not zu leisten.[6] Desto dringender ist es, daß sie heute und morgen endlich darangeht, das Versprechen einzulösen. Will sie das aber tun, muß sie sich zuerst darüber klarwerden, wo es anzusetzen gilt. Dazu ist es weder nötig noch sinnvoll, die ganze Fülle der Einzelfragen durchzugehen. Eher erscheint eine Beschränkung auf die

Hauptschwierigkeiten geeignet, den Entschluß zum längst fälligen Mitdenken und Mithandeln zu fördern.

So sind es vor allem die folgenden Probleme, die einer gründlichen Lösung bedürfen:

Steigerung der Bildungsausgaben[7]

Als der damalige Vorsitzende der Ständigen Konferenz der Kultusminister, Senator Dehnkamp, Anfang März 1963 der Öffentlichkeit die wesentlichen Ergebnisse einer »Bedarfsfeststellung 1961–1970« vorlegte[8], hielt er es für nötig zu betonen, die errechneten Zahlen »seien keineswegs eine Utopie, sondern stellten nur das dar, was unumgänglich notwendig erscheine.«[9] Gleichwohl nahm ihm die Öffentlichkeit dies nicht ohne weiteres ab. So sprach z. B. die Frankfurter Allgemeine Zeitung von »geradezu astronomisch erscheinenden Summen«, ein Urteil, mit dem sie keineswegs allein stand. Die Vorausberechnung hatte nämlich ergeben, daß die gesamten laufenden Ausgaben der öffentlichen Hand für die Gebiete Schulwesen, Lehrerbildung, Wissenschaft und Forschung, Kunst und Kulturpflege einschließlich Erwachsenenbildung und öffentlichem Büchereiwesen von 7,68 Milliarden im Jahre 1961 auf 14,09 Milliarden im Jahre 1970 steigen müßten, wenn auch nur die notwendigsten Forderungen erfüllt werden sollten. Tatsächlich beliefen sich dann im Jahre 1970 allein die Ausgaben für das Schulwesen nach den Berechnungen des Deutschen Bildungsrates auf 14,5 Milliarden DM, wobei nirgends mehr als die absoluten Mindestanforderungen gedeckt werden konnten.

Ebenso astronomisch mag es heute anmuten, wenn der Deutsche Bildungsrat in seinen Zielprojektionen für 1980 mit einem laufenden Finanzbedarf des Schulwesens zwischen 43,8 und 59,08 Milliarden DM rechnet. Gleichwohl muß nach den bisherigen Erfahrungen und vor allem angesichts des erheblichen Nachholbedarfs der inzwischen überall aufgelaufen ist, angenommen werden, daß die Schätzungen eher zu niedrig als zu hoch angesetzt sind. Wie allerdings diese ungeheuren Summen, zu denen entsprechende Steigerungen bei den übrigen Bildungsausgaben, vor allem im Hochschulbereich, hinzukommen[10], aufgebracht werden sollen, darüber gibt es noch keine realistischen Vorstellungen. Auf jeden Fall ist aber schon deutlich, daß die Verteilung der Lasten anders als heute geregelt werden muß. Bei den erforderlichen Steigerungsraten wird es nicht mehr möglich sein, daß die Gemeinden (wie 1968) 36 %, die Länder 63 % und der Bund 1 % der Schulausgaben tragen, zumal bei einer Beibehaltung der jetzigen Verteilungspraxis der Steuereinnahmen die Gemeinden und Länder nicht in gleichem Maße in den Genuß der Früchte künftigen Wirtschaftswachstums kommen wie der Bund, wobei der Spielraum der Länder immer noch größer sein wird als der der Gemeinden. Eine neue Lastenverteilung ist um so dringender, als bereits heute ein nicht geringer Teil der Schwierigkeiten in den Schulen daher rührt, daß die finanzielle Leistungskraft der Schulträger häufig nicht mit den Intentionen der die Richtlinien der Bildungspolitik bestimmenden Kultusministerien übereinstimmt.

Obwohl dies nicht zu seinen unmittelbaren Aufgaben gehörte, hat der Deutsche Bildungsrat jedoch einige beachtenswerte Grundsätze dafür aufgestellt, wie die benötigten Mittel aufgebracht werden könnten: »Der durch den Strukturplan entstehende Finanzbedarf ist nicht zu decken im bisher üblichen Verfahren der Haushaltsaufstellung, indem jedes Ressort eine kontinuierliche Steigerung seiner Ausgaben durchzusetzen sucht. Die vorgeschlagenen Reformen zwingen dazu, entweder die Steuern zu erhöhen oder das Wachstum der öffentlichen Ausgaben auf anderen Gebieten zu vermindern. Sie machen es notwendig, die mittelfristige Finanzplanung zu revidieren.«[11] Die Bundesregierung hat ihrerseits ihre Bereitschaft erklärt, »die Länder künftig durch eine verstärkte Beteiligung des Bundes z. B. an den Investitionen im Hochschulbereich und durch eine verstärkte Förderung der Forschung ... finanziell zu entlasten. ... Ein solches stärkeres finanzielles Engagement des Bundes könnte in den Länderhaushalten Mittel zugunsten des Schulbereichs freisetzen.« Besonders wichtig ist dabei, daß die Bundesregierung im gleichen Zusammenhang versichert, es solle dadurch nicht »zu einer Verlagerung verfassungsmäßiger Zuständigkeiten zwischen Bund und Ländern« kommen. »Die Bundesregierung möchte mit der erweiterten Bundesfinanzierung keineswegs die Gestaltungs- und Einflußmöglichkeiten der Länder auf dem Bildungssektor mindern, sondern die Koordinierung und Schwerpunktsetzung über die Ländergrenzen hinweg verbessern.«[12] Es wird Aufgabe der am 29. 7. 1970 konstituierten Bildungsplanungskommission von Bund und Ländern sein, einen detaillierten Gesamtplan für die weitere Entwicklung des Bildungswesens zusammen mit einem Finanzierungsplan auszuarbeiten.[13]

Wie immer die Einzelfragen gelöst werden, es ist höchste Zeit, daß eine Klärung erfolgt: »Neben dem privaten Konsum, den Anlageinvestitionen der Wirtschaft und dem Aufwand des Staates für eine Fülle anderer öffentlicher Zwecke ist es im Bildungsbereich in den ersten Jahrzehnten seit Bestehen der Bundesrepublik nicht gelungen, Arbeitsbedingungen und Effektivität so zu verbessern, wie es erforderlich gewesen wäre. Dieser Bereich ist im Vergleich zu anderen, die das äußere Bild des Wohlstandes bestimmen, so sehr zurückgeblieben, daß Klagen über Notstände und die Befürchtung krisenhafter Entwicklungen die Öffentlichkeit ständig beschäftigen.«[14] Wie sehr Gemeinden und Länder an der Grenze ihrer Leistungsfähigkeit sind, dafür war es ein äußerst bedrohliches Zeichen, daß etwa bei den ersten Überlegungen zum Haushalt 1971 in Hessen, einem der finanziell stärksten Länder der Bundesrepublik, bereits die Befürchtung auftauchte, der Landtag werde dem Kultusminister nicht einmal so viele neue Planstellen bewilligen können, daß eine Einstellung sämtlicher vorhandener Kandidaten für den Schuldienst möglich würde, obwohl deren Zahl weit unter dem eigentlichen Fehlbedarf der Schulen lag[15], eine Situation, die in verschiedenen Bundesländern schon während der wirtschaftlichen Rezession von 1966/67 eingetreten war.[16] Sollte es erneut dazu kommen, wären die negativen Folgen überhaupt nicht abzuschätzen.

Lehrermangel und Lehrerbildung

Jeder Ausbau und jede Verbesserung des Bildungswesens hängen in erster Linie davon ab, ob überhaupt genügend Lehrer vorhanden sind und ob diese Lehrer richtig vorgebildet und rationell eingesetzt werden können. Der Bildungsbericht der Bundesregierung umreißt das Problem ebenso knapp wie umfassend mit folgenden Sätzen: »Von der Zahl der Lehrer, ihrer Qualität, ihrer Bereitschaft zum pädagogischen und bildungspolitischen Engagement hängt es besonders ab, ob die inhaltlichen und strukturellen Reformbemühungen Erfolg haben. Es werden deshalb nicht nur mehr und besser ausgebildete Lehrer gebraucht, vielmehr muß der Lehrerberuf befriedigender, vielseitiger und attraktiver gestaltet werden als bisher.«[17] Mehr und besser ausgebildete Lehrer – beide Fragen scheinen vorher nicht lösbar zu sein.

So ist zwar die Zahl der Lehrer im Bundesgebiet in den letzten zwölf

Jahren kontinuierlich gestiegen – von 1959 bis 1967 von 248 000 auf fast 319 000[18] – gleichwohl aber ist heute der Lehrermangel insgesamt erheblich größer als vor einigen Jahren: Die Klassenfrequenzen lagen 1968 im Bundesdurchschnitt in allen Schularten – mit Ausnahme der Volksschule – höher als 1961[19], wobei die von der Ständigen Konferenz der Kultusminister 1963 festgelegten Mittelwerte nirgends, auch in der Volksschule nicht, erreicht waren, von den sogenannten Zielwerten ganz zu schweigen.[20] Obwohl neuere vollständige Zahlen nicht vorliegen, läßt sich sagen, daß die Verhältnisse inzwischen noch schlechter geworden sind. Gründe dafür sind einmal ein nicht unerheblicher Geburtenüberschuß bis zur Mitte der sechziger Jahre und zum anderen die allgemeine Verlängerung der Schulzeiten, die sowohl durch die Einführung des 9. Pflichtschuljahres als auch durch eine ständige Zunahme der Übergänge in weiterführende und damit länger dauernde Bildungswege bedingt ist. Wie groß der gegenwärtige und der zukünftige Lehrerbedarf tatsächlich ist, kann nicht mit genauen Zahlen fixiert werden. Die verschiedenen Berechnungsmodelle sind kompliziert und ihre Ergebnisse kaum miteinander vergleichbar, weil ihnen in der Regel verschiedene Bedingungen und Zielperspektiven zu Grunde liegen.[21] Um nur zwei Beispiele anzuführen: Die Tageszeitung »Die Welt«, die am 20. und 21. 11. 1969 die Ergebnisse einer einschlägigen Untersuchung veröffentlichte, errechnete ein tatsächliches Defizit von rund 49 000 Lehrern für 1970. Für 1980 werden nach den Bedarfsfeststellungen der Ständigen Konferenz der Kultusminister mindestens 496 000 Lehrer benötigt, also fast 200 000 mehr als derzeit im Dienst sind.[22] Daß dabei die Verhältnisse von Bundesland zu Bundesland unterschiedlich sind – am günstigsten in den Stadtstaaten –, sei nur am Rande erwähnt.

Diese Zahlen besagen allein aber noch zu wenig. Aus ihnen ist nicht zu ersehen, daß der Lehrermangel kein globales Problem ist, das mit einem undifferenzierten Zahlenspiel zu lösen wäre. Der Mangel verteilt sich nämlich in Wirklichkeit keineswegs gleichmäßig auf alle Schulstufen und Fächer. Es fehlen nicht Lehrer schlechthin, sondern es fehlen in besonderem Maße Lehrer mit ganz bestimmten und hohen fachlichen Qualifikationen, in erster Linie Mathematiker und Naturwissenschaftler für die Oberklassen. Hier zeigt sich deutlich, wie wenig attraktiv die Schule unter den gegenwärtigen Umständen ist. Während Lehramtskandidaten mit anderen Unterrichtsfächern kaum eine Möglichkeit haben, eine Laufbahn außerhalb der Schule einzuschlagen, steht ein solcher Weg den Absolventen der mathematisch-naturwissenschaftlichen Fakultäten in der Regel offen, und sie machen in großer Zahl davon Gebrauch. Dabei ist die geringere Anziehungskraft des Lehrerberufes nicht nur, vielleicht sogar nicht hauptsächlich durch eine zu niedrige Besoldung bedingt, obwohl auch auf diesem Gebiet in Zukunft weitere Verbesserungen erfolgen müssen, vor allem in der Gewährung günstigerer Aufstiegschancen. Ein wesentliches Moment dürfte sein, daß die Arbeit an und mit den Jugendlichen heute ungleich schwieriger als früher ist, ohne daß die Lehrer dafür einen Ausgleich etwa in der Form von angemessenen Stundenentlastungen oder zureichenden Fortbildungshilfen erhalten hätten. Im Gegenteil gilt für den Einsatz beinahe aller Lehrer an allen Schulen, daß ihre Arbeit infolge vieler äußerer Erschwernisse nicht so erfolgreich ist, wie sie es sein könnte und sollte. Gedacht ist dabei einmal an die erwähnten hohen Klassenfrequenzen, zum anderen aber auch an die in der Regel unzulängliche materielle Ausstattung der Schulen mit Räumen (Fachräume, Bibliotheken, Sprachlabor, Räume für programmierten Unterricht), Unterrichtsmitteln und Hilfskräften. Das heißt also, daß das Problem des Lehrermangels, oder besser: das einer ausreichenden Versorgung der Schulen mit Lehrkräften zu einem ganz erheblichen Teil eine Frage weiterer zusätzlicher Investitionen noch gar nicht überschaubarer Größenordnung ist.[23]

Geben schon diese mehr quantitativen Aspekte hinreichend Anlaß zur Sorge, so wird das Bild noch erheblich düsterer, wenn man die qualitativen Fragen der Lehrerbildung mit berücksichtigt. Hier ist unbestritten, daß der Lehrer aller Altersstufen heute zu eigenständigem Denken und wissenschaftlichem Urteil fähig sein muß, weshalb es kein Zurück hinter die allgemeine akademische Lehrerbildung geben darf. Gleichzeitig machen aber die eingeleiteten und noch bevorstehenden Reformen des Bildungswesens – Annäherung der bisher getrennten allgemeinbildenden und berufsbildenden Ausbildungsgänge, Unterricht in nach dem Begabungsgrad der Schüler differenzierten Niveaukursen, Ausrichtung auf verschiedene Abschlüsse und Berechtigungen, besondere Anforderungen der Ganztagsschule – und unsere gesellschaftliche Situation – das Versagen mancher traditioneller und das Aufkommen neuer Erziehungsmächte, die schwindende Kraft alter und das Entstehen neuer Normen – eine starke Betonung des pädagogischen Elements des Lehrerberufes erforderlich. Nicht überall ist schon die didaktische Dimension der fachwissenschaftlichen Ausbildung der Lehrer genügend entwickelt, in der Regel sind die Studienbedingungen unzureichend. Um diese Aufgaben zu lösen, bedarf es einer wesentlich engeren Zusammenarbeit zwischen allen an der Lehrerbildung beteiligten Hochschulen und Fakultäten als bisher. Ebenso muß die Lehrerfortbildung in einem kaum vorstellbaren Maß intensiviert werden. Die Masse der heute im Beruf stehenden Lehrer ist auf die notwendigen Veränderungen im Schulwesen gar nicht oder ungenügend vorbereitet. Ohne eine solche Vorbereitung kann aber, wie ja auch die Bundesregierung in dem oben angeführten Zitat anerkennt, die unerläßliche Weiterentwicklung des Bildungswesens nicht gelingen.

Wie viele schwerwiegende Einzelfragen hier noch zu klären sind, davon kann der Strukturplan des Deutschen Bildungsrates jedem Interessierten eine erste Vorstellung vermitteln[24]. Die wichtigsten Vorschläge sind: An die Stelle der bisherigen verschiedenen Typen des Lehrerberufes soll künftig eine prinzipiell einheitliche Ausbildung mit unterschiedlichen, auf Altersstufen und nicht mehr auf Schularten bezogenen Schwerpunkten treten. Danach würde es – wenn man die Bereiche der Elementarerziehung und der allgemeinen Weiterbildung hier einmal außer Betracht läßt – im wesentlichen drei Ausbildungsziele geben: Ein Lehramt für die Primarstufe (Klassen 1–4), eins für die Sekundarstufe I (Klassen 5–10), eins für die Sekundarstufe II (Klassen 11 und höher). In der Ausbildung aller Lehrer sollen bei einem Hochschulstudium von mindestens sechs bis acht Semestern Dauer »Elemente der Erziehungs- und Gesellschaftswissenschaften, der Fachwissenschaften und der Fachdidaktik, der praktischen Erfahrung und Erprobung sowie ihre kritische Auswertung als Teile eines Ganzen integriert sein«.[25] Ferner sollen alle Lehrer die Gelegenheit erhalten, später weitere Qualifikationen innerhalb der gewählten oder zum Übergang in eine höhere Schulstufe zu erwerben. Hierfür und darüber hinaus für alle übrigen im Dienst stehenden Lehrer sollen Möglichkeiten für eine intensive und systematische Weiterbildung geschaffen werden. Obschon diese Grundsätze inzwischen fast überall anerkannt sind, ist zur Zeit nicht abzusehen, wann und wie sie angesichts der Verhältnisse an Universitäten und Hochschulen und im Blick auf die sonstigen Anforderungen an die öffentlichen Haushalte verwirklicht werden können. Die Ständige Konferenz der Kultusminister hat jedenfalls bisher kein praktikables und realistisches Modell zu entwickeln vermocht.[26]

Demokratisierung der Schule

Einen der wesentlichen Neuansätze des Nachdenkens über Schule hat der Deutsche Bildungsrat in seinem Strukturplan damit fixiert, daß die Reform des Bildungswesens von vornherein als politische Aufgabe begriffen wird: »Im Strukturplan wird das Bildungswesen im Sinne der Verfassungen von Bund und Ländern unter den leitenden Gesichtspunkt gestellt, daß der Mensch befähigt werden soll, seine Grundrechte wahrzunehmen und die ihnen entsprechenden Pflichten zu erfüllen. Dem Bildungswesen fällt insbesondere die Aufgabe zu, die Voraussetzungen dafür zu schaffen, daß der Einzelne das Recht auf freie Entfaltung der Persönlichkeit wie das Recht auf freie Wahl des Berufes wahrnehmen kann.«[27]

Welche schwerwiegenden Folgen eine solche Grundlegung haben muß, kann man erahnen, wenn man sich vergegenwärtigt, daß das bisherige Grundprinzip der deutschen Schule – mit den Worten des Preußischen Allgemeinen Landrechts von 1794 – lautet: »Schulen und Universitäten sind Veranstaltungen des Staates, welche den Unterricht der Jugend in nützlichen Kenntnissen und Wissenschaften zur Absicht haben.« Schule war also letztlich eine Einrichtung des absolutistischen Staates, mit der er seine Untertanen geistig disziplinieren und ihnen die für sein, des Staates Wohlergehen nützlichen Kenntnisse vermitteln wollte. Dem entsprach die ebenfalls in der Verfassung festgelegte Schulpflicht, die neben der Steuerpflicht und der Wehrpflicht bis heute eine ausdrückliche staatliche Beschränkung der bürgerlichen Handlungsfreiheit darstellt. Von daher leiten sich logisch das der übrigen Staatsverwaltung angeglichene Organisations- und Inspektionsmodell der deutschen Schule und der Beamtenstatus des Lehrers ab. Der Lehrer als Staatsdiener soll das überkommene Wertsystem interpretieren und tradieren und so die Kontinuität der gesellschaftlichen und staatlichen Ordnung sichern.[28]

Hinzu kommt als eine der verhängnisvollen Auswirkungen des neuhumanistischen Bildungsbegriffs mit seiner vornehmlich auf die Vollendung der autonomen Persönlichkeit gerichteten Zielsetzung, daß die deutsche Schule bis heute kein rechtes Verhältnis zum Politischen gefunden hat. Allein schon ihre vorherrschende Organisationsform als Halbtagsschule zeigt deutlich, daß sie es etwa im Gegensatz zur amerikanischen Schule nie als eine wichtige Aufgabe angesehen hat, soziales

Verhalten einzuüben und den Schüler bewußt und systematisch auf sein künftiges Leben in der Gesellschaft vorzubereiten. Daran hat auch die Einführung entsprechender neuer Fächer wie Sozialkunde und Gemeinschaftskunde nach 1945 nichts Wesentliches geändert, weil hier wohl neue Stoffe und Ziele hinzugefügt wurden, nicht aber eine wirkliche Integration dieser Bereiche in die gesamte Arbeit der Schule erfolgte, die ihr eine gänzlich andere Ausrichtung hätte geben müssen.[29]

Das Hervortreten politisch bestimmter Lehrer- und Schülerorganisationen und das Übergreifen der Studentenunruhen auf die oberen Klassen der Schulen in den letzten Jahren sind deutliche Zeichen dafür, daß es so nicht bleiben kann und bleiben wird.[30] Soll die Schule nicht willkürlich dem Einfluß wechselnder mehr oder minder radikaler Gruppen ausgesetzt werden, wird sie ihre eigene Politisierung planmäßig betreiben müssen. Wenn sie damit Ernst machen will, daß Schüler in der Schule nicht Nutznießer eines Angebotes sind, das ihnen der Staat nach seinem Belieben macht, sondern daß sie, wenn sie Schulen besuchen, Grundrechte wahrnehmen, wird sich die Schule der Hilfe demokratischer politischer Eltern-, Lehrer- und Schülervereinigungen bedienen müssen. Noch wichtiger aber wird sein, daß sie ihre gesamte Arbeit im Blick auf das Politische radikal überprüft und neu orientiert. Das Schulleben muß ein Übungsfeld sozialer Tugenden, Lehren und Lernen von Grund auf politisch aktualisiert werden.[31] Solange dies nicht geschieht, bleibt die Parole, daß Bildungsreform die Sozialreform unserer Zeit sei, ein leeres Schlagwort, wird die Öffentlichkeit nicht die Schule als ihre Angelegenheit betrachten und nicht bereit sein, ihr das zu geben, was sie braucht, wird es bei Schülern und Lehrern keine Befriedigung geben.

Der Weg dahin ist freilich noch weit. Eltern, Schüler und Gesellschaft betrachten die Schule keineswegs in genügendem Maße als ihre eigene Sache. Anders ist es nicht zu erklären, daß sie es den Politikern haben durchgehen lassen, daß unser Bildungswesen an den Rand der Katastrophe geraten ist. Zu offenkundig ist der Widerspruch zwischen dem, was feierlich erklärt wird, und dem, was wirklich geschieht: »Wer die Fülle der Veröffentlichungen, der Stellungnahmen und Reden über Bildungsförderung und Bildungspolitik liest, muß zu dem Schluß kommen, daß niemals ein größeres Interesse an der Schule bestanden hat als heute. In Wirklichkeit war die Schule wohl nie verlassener — verlassen von der Gesellschaft, von der Regierung, von der Schulverwaltung, von der Hochschule und von der Wissenschaft. ... Man kuriert an Symptomen, ohne nach dem Herd der Krankheit zu forschen.«[32]

Die Schule der Zukunft muß also politischer sein als die heutige. Das heißt mit dem Blick nach außen: Sie muß endlich tatsächlich in den Mittelpunkt des Interesses und der Bemühungen, der Aufwendungen und Anstrengungen der Gesellschaft treten. Und mit dem Blick nach innen: Sie muß sich so verändern, daß sie wirklich die Sache der unmittelbar an ihr Beteiligten, der Schüler, Eltern und Lehrer wird. Das letzte bedeutet, daß die sachfremden Organisationsstrukturen des aus der staatlichen Verwaltung übernommenen hierarchischen Prinzips mit einer nach preußischem Inspektionsschema geordneten Aufsichts- und Entscheidungsbefugnis, bei dem der einzelne Lehrer und erst recht der Schüler kaum aktiven Einfluß auf eben diese Entscheidungen haben, sondern in der Regel deren Objekte sind, zugunsten einer sachlicheren und demokratischeren Ordnung sehr bald abgebaut werden müssen.

Dies darf freilich nicht dadurch geschehen, daß die Schule nun völlig der Entscheidungsgewalt der unmittelbar an ihr Beteiligten überantwortet wird. Hier sollten nicht die Fehler wiederholt werden, die Wilhelm Hennis der Hochschulpolitik nachgewiesen hat, wenn er als einen der Hauptgründe für die Nöte der Universitäten den anführt, daß diese sich »in ihren Ansprüchen übernommen haben. Über den überkommenen Bereich der im engeren Sinne akademischen Angelegenheiten hinaus wollten sie für den gesamten Bereich der Hochschulverwaltung, mit Einschluß der traditionell vom Staat besorgten Personal- und Wirtschaftsverwaltung, die Zuständigkeit an sich reißen. Die Forderung nach Ausweitung der Autonomie ging parallel mit einer Zurückdrängung des ›Anstaltscharakters‹ zugunsten des Körperschaftsgedankens.« Hierbei ist oft nicht mehr herausgekommen als die Umfunktionierung zu einer »Pseudodemokratie, in der die Studenten die Rolle des Volkes, die Professoren die von Beauftragten dieses Volks spielen«.[33] Noch weniger als die Universität ist die Schule eine »autonome Demokratie. Sie ist ein Instrument der demokratischen Gesellschaft mit dem Auftrag, die Chancen aller Kinder zu verbessern und soziale Gerechtigkeit zu verwirklichen«.[34] Soweit es jedoch möglich ist – und dies geht erheblich über das heute für vertretbar gehaltene Maß hinaus –, müssen der Schule echte Entscheidungsbefugnisse übertragen werden. Wo dabei konkret anzusetzen ist, hat wiederum der Deutsche Bildungsrat in seinem Strukturplan ausführlich dargelegt.[35] Auch hier ist es hohe Zeit, mit der Verwirklichung der Vorschläge zu beginnen.

Schulaufbau, Abschlüsse, Berechtigungen, Chancengleichheit

Im Gegensatz zu der Entwicklung in der Deutschen Demokratischen Republik und den anderen europäischen Nachbarländern, wo bald nach 1945 umfassende organisatorische Reformen durchgeführt wurden[36], orientierte man sich in der Bundesrepublik beim Wiederaufbau des Schulwesens noch lange Jahre an Modellen und Erfahrungen aus der Zeit der Weimarer Republik. Der erste Vorschlag zu einer Neugliederung, der in einer breiteren Öffentlichkeit beachtet wurde, war der »Rahmenplan zur Umgestaltung und Vereinheitlichung des allgemeinbildenden öffentlichen Schulwesens« des Deutschen Ausschusses für das Erziehungs- und Bildungswesen.[37] Obwohl dieser Plan, von heute aus gesehen, durchaus keine radikalen Änderungen vorsah – und selbst wenn er allgemein verwirklicht worden wäre, unser Schulwesen nicht in die Lage versetzt hätte, den Anforderungen der Zukunft zu genügen –, löste er eine jahrelange heftige Debatte aus, die teilweise mit so viel leidenschaftlicher Unsachlichkeit geführt wurde, daß Georg Picht 1963 urteilen konnte: »Es gibt kaum ein Land der Welt, in dem die Kulturpolitik ideologisch so vergiftet ist wie in Deutschland. Dies gilt selbst im Vergleich zu den kommunistischen Staaten, die sich durch ihre Ideologie nicht hindern ließen, die großen Bildungsaufgaben der modernen Zivilisation mit dem ihnen eigenen robusten Realismus anzupacken, während in der Bundesrepublik eine ideologische Selbstzerfleischung um sich greift, die uns die geschichtliche Stunde versäumen läßt.«[38] Statt sich entschlossen den neuen Aufgaben zuzuwenden, verlor man sich in bekenntnishaften Proklamationen, besonders in den Auseinandersetzungen um das Für und Wider der Förderstufe und der Gesamtschule, währenddessen die tatsächlichen Verhältnisse an den Schulen immer schwieriger wurden.

Erst nachdem diese Schwierigkeiten um die Mitte der sechziger Jahre mehr und mehr ins allgemeine Bewußtsein zu dringen begannen und vor allem nachdem der 1966 gegründete Deutsche Bildungsrat seine Arbeit aufgenommen hatte, begann sich die Diskussion um die notwendigen Änderungen und die künftige Struktur unseres Bildungswesens sinnvoll zu kanalisieren. Nach den voraufgegangenen Empfehlungen des Bildungsrates zur Einrichtung von Schulversuchen mit Ganztagsschulen (1968), zur Neugestaltung der Abschlüsse im Sekundarschulwesen (1969) und zur Einrichtung von Schulversuchen mit Gesamtschulen (1969) war es schließlich der ausführliche »Strukturplan für das Bildungswesen« selbst, der die Debatte von vielem ideologischen Ballast befreite. Inzwischen hat sich fast überall die Erkenntnis durchgesetzt, daß wir auf die Dauer nicht ohne ein Gesamtschulsystem auskommen, das zumindest auf der Sekundarstufe I (5.–10. Schuljahr) einheitlich und durchlässig organisiert ist. Die Frage, ob dies im Wege der Addition und Kooperation verschiedener noch selbständiger Schularten oder in der Form einer integrierten Gesamtschule geschehen soll, wird dabei, von einigen unrühmlichen Ausnahmen abgesehen, mehr und mehr nach pragmatischen Gesichtspunkten als aufgrund vorgefaßter, nicht diskutierter Standpunkte beantwortet.

So zeichnet sich allmählich ein gemeinsames Schulkonzept ab, das, angefangen von einer Intensivierung der vorschulischen Erziehung, für alle Kinder zehn Pflichtschuljahre vorsieht, die mit verschiedenen Qualifikationen abgeschlossen werden können. Besonders wären hier auch große Teile des bisherigen berufsbildenden Schulwesens organisatorisch und inhaltlich eingeschlossen. Darauf soll ein System verschiedenartiger, etwa berufspraktischer, berufstheoretischer und wissenschaftsbezogener Sekundarstufen II aufbauen, das seinerseits entweder den Zugang zu gehobenen Berufen oder den Übergang in ein Gesamthochschulsystem ermöglicht.

Kernstück einer derartigen organisatorischen Neugliederung der Schule ist eine Reform und Differenzierung des bisherigen Systems der Schulabschlüsse und Berechtigungen. Es ist ja eine der wesentlichen strukturellen Schwächen des Deutschen Bildungswesens gegenüber dem anderer vergleichbarer Industrienationen, daß es bis heute im Grund nur einen einzigen qualifizierenden und qualifizierten Schulabschluß kennt, das Abitur. Wir sehen heute deutlich, daß es ein Fehlschluß war, seit gut zehn Jahren alle Anstrengungen auf das Ziel »mehr Abiturienten« hin zu konzentrieren. Notwendig war und ist es nach wie vor, daß immer mehr junge Menschen weiterführende Schulen besuchen. Jedoch ist der Zustrom in den vergangenen Jahren zu einseitig über das im wesentlichen unmodifiziert gebliebene Abitur in Richtung auf die Hochschule gelenkt worden.

Trotz der gewaltigen Steigerung der Abiturientenzahlen der letzten zehn Jahre ist es dabei geblieben, daß über 90 % der Absolventen höherer Schulen ein akademisches Studium beginnen. Unabhängig von der Frage, ob eines Tages überhaupt so viele Akademiker benötigt werden, liegt heute offen zutage, daß der Ausbau des Hochschulwesens mit diesem Zustrom der Abiturienten in keiner Weise Schritt halten kann. Die schon jetzt bestehenden Beschränkungen durch einen weit verbreiteten numerus clausus sprechen eine deutliche Sprache.[39] Wenn alle Ausbaupläne der Universitäten und Hochschulen bis zum Jahre 1975 realisiert werden könnten, was noch keineswegs ausgemacht ist, würden maximal gut 300 000 Studienplätze zur Verfügung stehen. Gleichzeitig werden dann aber jährlich etwa 120 000 Abiturienten die höheren Schulen verlassen gegenüber 55–80 000 in den letzten zehn Jahren. Bei einer angenommenen Studiendauer von fünf Jahren bedeutet das bis zu 600 000 potentiellen Hochschulstudenten von der Mitte der siebziger Jahre an. Demnach würde nur jeder zweite Abiturient noch einen Studienplatz erhalten können.[40]

Es ist also unerläßlich, daß der sehr erwünschte und im volkswirtschaftlichen Interesse dringend nötige Zustrom von Schülern zu weiterführenden Schulen und länger dauernden Ausbildungswegen sinnvoller und besser als bisher gelenkt wird. Dazu ist es notwendig, neben dem Abitur weitere qualifizierende und qualifizierte Schulabschlüsse zu schaffen, die klare Berechtigungen verleihen und jedem, der sie erwirbt, die Möglichkeit geben, in einen weiterführenden Ausbildungsgang oder in einen gehobenen Beruf einzutreten. Der Deutsche Bildungsrat hat dazu vorgeschlagen, ein »Abitur I« einzuführen, das am Ende der Sekundarstufe I (nach der 10. Klasse) erworben werden kann und die Voraussetzung für den Eintritt in eine spezielle Berufsausbildung oder in die Sekundarstufe II mit ihren verschiedenen Bildungsgängen ist. Am Ende der Sekundarstufe II soll dann ein differenziertes »Abitur II« stehen, das entweder den Zugang zum Gesamthochschulbereich oder zu gehobenen Berufslaufbahnen eröffnet. Ebenso wie die Bundesregierung hat inzwischen die Ständige Konferenz der Kultusminister diese Vorschläge begrüßt und mit der Erarbeitung konkreter Pläne für eine entsprechende Neuordnung der Sekundarstufen des Schulwesens begonnen. Gleichzeitig sollen neue Gesetze für den Hochschulbereich die Voraussetzungen dafür schaffen, daß es nicht erneut zu Engpässen auf einer höheren Stufe der Ausbildung kommt. Allerdings müssen bis zu einer

Realisierung der zum Teil sehr optimistischen quantitativen Zielvorstellungen noch gewaltige Schwierigkeiten überwunden werden.[41]

Mit diesen und anderen Veränderungen soll endlich auch erreicht werden, daß alle Kinder, wie es das Grundrecht auf Bildung verlangt, gleiche Bildungschancen erhalten. Daß unser Bildungswesen bei seinem überkommenen Aufbau eine solche Chancengleichheit nicht gewährte, ist einer seiner größten, in zahlreichen Untersuchungen nachgewiesenen Mängel und eines der stärksten Motive für die allgemeine Überzeugung von der Notwendigkeit gründlicher Reformen; denn alle bisher eingeleiteten Maßnahmen haben, so wertvolle Verbesserungen sie brachten – erwähnt sei nur die in fast allen Bundesländern weit vorangetriebene Landschulreform –, nicht ausgereicht, das Ziel der Chancengleichheit auch nur annähernd zu verwirklichen. Noch immer sind Kinder der Landbevölkerung, der unteren sozialen Schichten, sind Mädchen gegenüber Jungen insofern benachteiligt, als ihr Anteil an Schülern weiterführender Schulen und erst recht an Studenten nicht entfernt dem der entsprechenden Gruppen in der Gesamtbevölkerung entspricht.[42] Außerdem führt das bisherige System der voneinander getrennten verschiedenen Schularten mit starren Jahrgangsklassen und dem Fehlen weiterer Abschlüsse neben dem auf die Anforderungen der wissenschaftlichen Hochschulen ausgerichteten Abitur immer wieder dazu, daß Schüler durch bestimmte einmalige Entscheidungen, die später nicht mehr korrigierbar sind, von an sich bestehenden Chancen ausgeschlossen werden.

Gegenüber manchen utopischen Ideen, die in diesem Zusammenhang aufgetaucht sind, und die zu nichts anderem als zu einer Nivellierung der Anforderungen nach dem Prinzip des kleinsten gemeinsamen Nenners führen würden, hat der Bildungsrat folgende Grundsätze aufgestellt: »Die Aufgabe ist ..., frühzeitig die Chancenunterschiede der Kinder auszugleichen und später das Bildungsangebot so zu differenzieren, daß die Lernenden ihren Lerninteressen und Lernmöglichkeiten entsprechend gefördert werden und entsprechende Angebote weiterführender Bildung antreffen. Gleichheit der Chancen wird in manchen Fällen nur durch die Gewährung besonderer Chancen zu erreichen sein.«[43] Dabei verdient der letzte Satz ganz besondere Beachtung. Den Benachteiligten nicht nur dieselben, sondern unter Umständen bessere Chancen zu bieten als den übrigen, um so tatsächlich eine allgemeine Gleichheit der Chancen zu erreichen, ist ein soziales Prinzip, das nicht nur die künftige Bildungspolitik bestimmen sollte. Für das Schulwesen bedeutet gerade diese letzte Forderung konkret, daß vor allem die Einführung der Ganztagsschule und der Ausbau des Sonderschulwesens in verstärktem Maße zu fördern sind.

Revision des Curriculum [44]

Alle oben angedeuteten Probleme betreffen allerdings nur die organisatorische Seite der notwendigen Schulreform. Von mindestens ebensolchem Gewicht ist die Frage nach einem neuen, den Anforderungen der Gegenwart und der Zukunft möglichst gerecht werdenden Bildungsbegriff, der zu einer Veränderung der traditionellen Lehr- und Lerninhalte der Schule führen muß. Mit dem schon erwähnten neuhumanistischen Bildungsideal, das faktisch noch immer weite Bereiche unseres Schulalltags beherrscht, geht es nicht mehr. Auf der anderen Seite ist nirgends eine Idee mit ähnlicher Durchschlagskraft erkennbar, ja, sie ist in der modernen dynamischen Gesellschaft gar nicht denkbar. Es muß also entschlossen Abschied genommen werden von der Illusion, als könnte der Lehrplan der Schule von globalen, allgemein anerkannten und gültigen Prinzipien abgeleitet werden. Den besten Versuchen, hierüber nachzudenken, ist aber das eine formale Kriterium gemeinsam, daß sie alle die unfruchtbare Trennung von Denken und Handeln überwinden wollen und ein stärkeres, verantwortliches Engagement des Einzelnen zum Ziel haben. So heißt es in einer viel zitierten Definition des Deutschen Ausschusses für das Erziehungs- und Bildungswesen: »Gebildet wird jeder, der in der ständigen Bemühung lebt, sich selbst, die Gesellschaft und die Welt zu verstehen und diesem Verständnis gemäß zu handeln.«[45] Wenn es überhaupt eine Formel gibt, von der aus Schule inhaltlich konzipiert werden kann, so scheint sie hier gefunden zu sein. Orientierung in der Welt von heute, Bewältigung der immer schnelleren Veränderungen, Hinführung zur Mündigkeit, Weckung der Bereitschaft zum überlegten sozialen Handeln, darauf muß alle Erziehung und Bildung heute ausgerichtet sein.

Freilich ist es auch von da noch ein weiter Weg bis zur Verwirklichung tatsächlicher inhaltlicher Reformen im Bildungswesen. Jedoch ist die Diskussion um die Bildungsinhalte, die vorher in der Regel auf Lehrplanfragen beschränkt war, durch die seit 1967 vornehmlich aus den angelsächsischen Ländern übernommenen Impulse der Curriculumforschung, d. h. der gleichzeitigen Erforschung von Lehr- und Lernzielen, Lernstoffen und Lehrmethoden, auf breiter Front in ein neues Stadium getreten. In den einzelnen Bundesländerm sind die Bemühungen unterschiedlich weit fortgeschritten, nennenswerte konkrete Ergebnisse liegen aber noch nirgendwo vor.

Immerhin zeichnen sich bereits Grundlinien ab, die künftig alles Unterrichten und Lehren bestimmen werden, so etwa die für fruchtbares Lernen konstitutive Bedeutung kurzer, geordneter, aufeinander aufbauender Lernschritte zu klar umrissenen durchschaubaren Lernzielen, deren Erreichen wiederum jeweils objektiv überprüfbar sein muß. Ferner ist unbestritten, daß desto besser gelernt wird, je stärker der Lernende für den Lernstoff und das Lernziel motiviert ist. Der Motivation kommt somit eine weit größere Bedeutung zu, als man ihr bisher in unserem Bildungswesen zugemessen hatte. Daraus folgt vor allem, daß der bislang weithin übliche überkommene starre Fächerkanon gründlich infrage gestellt wird. Um noch einmal den Strukturplan des Bildungsrates zu zitieren: »Alle Schüler sind gegenwärtig durch den Lehrplan der Schulart weitgehend festgelegt.« Das Ziel der Reformen ist jedoch: »Die Schüler sollen inhaltlich verschieden akzentuierte Lernprogramme innerhalb eines gemeinsamen Bezugsrahmens absolvieren können. Darum muß die Schule eine Mannigfaltigkeit von Curricula und einen entsprechend differenzierten Unterricht anbieten. Das Curriculum des Lernenden wird mit dem Lehrplan nicht zwangsläufig identisch sein.«[46]

So sehr im Grundsätzlichen Einigkeit herrscht – wie im einzelnen neue Lehr- und Lernpläne aufzustellen sind, darüber gehen die Meinungen weit auseinander. Unumstritten ist aber, daß dies nach wissenschaftlichen, rationalen, durchsichtigen und überprüfbaren Methoden geschehen muß. Der bisherigen Art, Bildungspläne für die Schulen zu entwickeln, wirft man vor, daß sie nicht gründlich genug gefragt habe: »Die Selbstbeschränkung der Didaktik manifestiert sich vor allem darin, daß sie von einem vorgefundenen Kanon von Wissensgebieten und Wissenschaften ausgeht und zur Formulierung der ihnen immanenten Bildungsziele dadurch zu gelangen sucht, daß sie die ›Gehalte‹ der vorgegebenen Inhalte identifiziert und die Bedingungen ihrer Transposition in den Erziehungs- und Unterrichtsvorgang klärt.«[47] Für die künftige Arbeit hingegen zeichnen sich bislang mindestens zwei verschiedene Richtungen ab: Die eine geht davon aus, daß Bildung und Erziehung zum »Verhalten in der Welt« und zur »Bewältigung von Lebenssituationen« ausstatten muß. Demgemäß versucht sie, solche Lebenssituationen möglichst präzise zu erfassen, die Qualifikationen zu finden, die für ihre Bewältigung notwendig sind, und schließlich Bildungsinhalte zu ermitteln, durch deren Aneignung diese Qualifikationen erworben werden können. Eine andere versucht, auf verschiedene Weise ein System von Lernzielen zu erstellen und diese Lernziele in Lernelemente und Lernsequenzen umzusetzen, woraus sich die Unterrichtsgegenstände ergeben. Für alle Einzelschritte gibt es dabei wieder mannigfaltige Methoden.

Gerade weil es demnach in absehbarer Zeit sicher kein einheitliches und unbestrittenes Modell des schulischen Curriculum geben, die Lage vielmehr durch ständige Reformbemühungen gekennzeichnet sein dürfte, wird den Unterrichtsmitteln und Materialien und ihrer dauernden Verbesserung eine hohe Bedeutung zukommen. Die Ausstattung unserer Schulen reicht hier ebensowenig aus wie das Niveau vieler herkömmlicher und gern benutzter Lehrbücher. Besondere Beachtung verdient in diesem Zusammenhang die Einbeziehung technischer Medien und vorgefertigter Unterrichtsprogramme. Auf der anderen Seite macht gerade der inhaltliche Schritt vom starren Lehrplan zum differenzierten Curriculum den Aufbau einer leistungsfähigen Bildungs- und Schullaufbahnberatung notwendig, die dem Schüler hilft, »die Bildungsangebote und Lernmöglichkeiten zu wählen, die die Entfaltung seiner Persönlichkeit fördern und ihm gleichzeitig berufliche und gesellschaftliche Chancen bieten.«[48] Welche zusätzlichen finanziellen Belastungen der öffentlichen Hand dadurch entstehen und welche Konsequenzen sich daraus für die künftige Lehrerbildung ergeben, ist wiederum nicht einmal in Umrissen abzuschätzen. Ohne solche Investitionen ist aber, und damit mag hier der Kreis geschlossen werden, unser Bildungswesen nicht vor der Katastrophe zu bewahren.

Der Beitrag der Kirche

Wie immer sich Kirche künftig verstehen und wo immer sie die Schwerpunkte ihrer Arbeit sehen wird,[49] als eine der organisierten Großgruppen unserer Gesellschaft muß sie sich der hier freilich nur in Umrissen skizzierten Lage stellen und ihren Beitrag zur Überwindung der Not leisten. Das bedeutet nicht, es wäre Aufgabe der Kirche, »wie die Parteien, die Gewerkschaften, die Lehrerverbände oder andere Organisationen mit einem kulturpolitischen Programm aufzutreten«. Vielmehr sollte sie dafür Sorge tragen, »daß unsere gesamte Öffentlichkeit in allen politischen Lagern begreift, was hier überhaupt Verantwortung heißt«.[50] Soll die drohende Katastrophe des Bildungswesens noch abgewendet werden, bedarf es einschneidender und schneller politischer Entscheidungen. Den dazu auf allen Ebenen der Gesellschaft erforderlichen Prozeß des Umdenkens nach Kräften zu fördern, ist der freie Dienst, den die Kirche auf dem Feld der Bildungspolitik für die Befreiung der Schule von den unsachlichen Zwängen der gegenwärtigen Krise und den lähmenden Aussichten einer weit schlechteren Zukunft leisten kann und muß. Dabei liegt ihre besondere Chance darin, daß sie als Gruppe keine unmittelbaren eigenen Vorteile anstrebt und keiner der übrigen großen Interessentengruppen verpflichtet ist. Gerade und allein indem sie von solcher Position aus spricht und handelt, kann sie glaubwürdig auch die Belange all jener Benachteiligten vertreten, die sich selbst nicht genügend Gehör verschaffen können und in der Gefahr stehen, immer weiter zurückgedrängt zu werden.

Welcher Probleme die Kirche sich im einzelnen annehmen und wie sie jeweils gezielt vorgehen soll, müßte aufgrund von genaueren Analysen ermittelt und geplant werden. Jedoch ergeben sich auch aus der obigen Skizze bereits einige vordringliche Themen, die im folgenden wenigstens angedeutet werden sollen.

Finanzierung und Planung

So umstritten manche Einzelfragen in der Bildungspolitik sind, eines ist klar: Ohne eine gewaltige Steigerung der Bildungsausgaben wird es nicht möglich sein, auch nur die dringendsten Notstände in Schule und Hochschule zu beheben, geschweige denn unser Bildungswesen instand zu setzen, den steigenden quantitativen und qualitativen Anforderungen der Zukunft zu genügen. Zwar sind alle Verantwortlichen seit Jahren gerne bereit zu betonen, daß Ausgaben auf diesem Gebiet für das Gemeinwesen die besten Investitionen sind, die sich längerfristig hoch auszahlen, daß ihnen daher eine deutliche Priorität eingeräumt werden müßte, ja, daß es sogar gerechtfertigt ist, zu ihren Gunsten Ausgaben auf anderen Gebieten einzuschränken. Mindestens sollten die erhofften Zuwachsraten der öffentlichen Haushalte in den kommenden Jahren vordringlich für das Bildungswesen verwendet werden.

Ist hier schon von Worten zu Taten ein großer Schritt, der bis jetzt jedenfalls längst nicht in allen Haushaltsberatungen getan wurde, so zeichnet sich dazu bereits heute deutlich ab, daß die Milliardensummen, die für das Bildungswesen nötig sind, so nicht aufgebracht werden können. Die zum Teil erheblichen relativen Zuwachsraten in den Etats der Kultusminister dürfen nicht über die Schwierigkeiten hinwegtäuschen. Angesichts des etwa vom Bildungsrat allein für das Schulwesen errechneten Bedarfs sind die bisherigen Steigerungsbeträge völlig unzureichend. Noch deutlicher wird das am Etat des Bundesministeriums für Bildung und Wissenschaft, der in den letzten beiden Jahren wohl jeweils um etwa 40 % angehoben wurde, insgesamt aber 1970 nur 2,8 Milliarden DM betrug.[51] Zudem wurden alle bisherigen Steigerungen im wesentlichen durch erhöhte Personalausgaben aufgezehrt, so daß kaum irgendwo die bewegliche Masse der Etats größer geworden ist. Berücksichtigt man außerdem, daß allen mittelfristigen Finanzierungsplänen, soweit überhaupt solche vorliegen, sehr optimistische, wie sich im Augenblick abzuzeichnen beginnt sogar zu optimistische Beurteilungen des Wirtschaftswachstums und damit der Steuereinnahmen der öffentlichen Hand zugrunde liegen, daß weiter auch andere Gebiete wie das Sozialwesen und der Umweltschutz, ja vielleicht sogar die Erhaltung einer gesunden Konjunktur künftig wesentlich höhere öffentliche Aufwendungen verlangen, dann gibt es nur ein einziges Mittel, um die Bildungskatastrophe abzuwenden: fühlbare Steuererhöhungen.

Noch wagt kaum ein Politiker, dieses unpopuläre Thema offen anzusprechen. Bestenfalls werden gewisse geringe Anhebungen in späteren Jahren als möglich angesehen.[52] In dieser Lage ist die Kirche gefordert. Sie sollte alle ihr zur Verfügung stehenden Möglichkeiten der Einflußnahme auf die öffentliche Meinung benutzen, hier eine Stunde der Wahrheit herbeizuführen. Das beste gesellschaftliche System nützt nichts, wenn es zwar alle Voraussetzungen für die Erfüllung des individuellen Strebens nach Wohlstand, Besitz und Glück bietet, nicht jedoch in der Lage ist, die großen gemeinsamen Bedürfnisse zu befriedigen. Bei der Not des Bildungswesens geht es um die elementaren Lebensbedingungen der nächsten Generation in unserem Land. Wir sind heute verpflichtet, die dringenden Aufgaben anzupacken und dafür selbst gewisse, vielleicht sogar recht spürbare Beschränkungen unserer individuellen Entfaltungsmöglichkeiten hinzunehmen. Die Kirche ist aufgerufen, mit Sorge zu tragen, daß keine zu kurzfristige Politik gemacht wird. Es darf sich bei künftigen Wahlen einfach nicht mehr auszahlen, daß Politiker, gleich welcher Richtung, als billiger Jakob auftreten. Vielmehr müssen sie daran gemessen werden, welche Antwort sie auf die Fragen der Zukunft haben, die heute zum Beispiel im Bildungswesen schon erkennbar sind.

Freilich ist es mit Steuererhöhungen allein nicht getan. Im Schul- und Bildungswesen muß hinzukommen eine zentrale und rationelle Planung, die eine möglichst ökonomische Anlage der Mittel sichert. Hier ist vielen Utopien zu wehren. Es muß zum Beispiel verhindert werden, daß aufgrund von ideologischen Festlegungen gewaltige Gesamtschulprogramme entwickelt werden, ohne daß festgestellt worden ist, ob nicht die angestrebten Ziele auf andere Weise besser und billiger zu erreichen sind. Gerade darum muß aber mehr Spielraum für gezielte Versuche geschaffen werden als heute vorhanden ist, wozu auch eine umfassende Kontrolle und Auswertung der Versuche gehört.

Zentrale Planung im Bildungswesen wird nicht ohne eine Verlagerung von Kompetenzen, besonders nicht ohne eine Ausweitung der Bundeskompetenzen zu erreichen sein. Auch hier kann die Kirche zu nüchterner Beurteilung beitragen und den Popanz der Gefahr einer staatlichen Einheitskulturpolitik zerstören. Die Bundesregierung hat für eine verstärkte Beteiligung des Bundes an den Bildungsausgaben durchaus maßvolle Bedingungen gestellt. Es ist an der Zeit, diese Bedingungen zu prüfen und entsprechende politische Folgerungen zu ziehen. Die finanzielle Not unseres Bildungswesens duldet keinen übertriebenen Partikularismus mehr. Soll es der Kirche gelingen, dies einer breiteren Öffentlichkeit ins Bewußtsein zu heben, wird sie freilich gut daran tun, ihr eigenes Verständnis von den Aufgaben der Zukunft und ihrer Bewältigung zu prüfen und ihren eigenen Partikularismus gebührend infrage zu stellen.

Mehr und besser ausgebildete Lehrer

Die Bundesregierung hat in ihrem Bildungsbericht deutlich gesagt, daß diese Frage nur zu lösen ist, wenn »der Lehrerberuf befriedigender, vielseitiger und attraktiver gestaltet wird als bisher«.[53] Sollen diese Bedingungen erfüllt werden, ist eine weitere erhebliche Änderung des öffentlichen Bewußtseins nötig, die zu erreichen die Kirche nach Kräften mithelfen kann. Dazu gehört einmal, daß berechtigte Besoldungsforderungen der Lehrer erfüllt werden. Hier bleibt auch nach den Verbesserungen der letzten Jahre noch einiges zu tun. Freilich läßt sich damit allein das Problem nicht lösen. In einem Massenberuf wie dem des Lehrers – mehr als 50 % aller Beamten des öffentlichen Dienstes sind Lehrer, ihre Gesamtzahl entspricht fast der Stärke der Bundeswehr – kann die Besoldung nicht beliebig erhöht werden, so daß etwa auf diesem Gebiet eine echte Konkurrenz mit optisch weit günstigeren Angeboten aus dem Raum der Wirtschaft zur Zeit einer Hochkonjunktur herzustellen wäre.

Desto mehr gilt es, auf andere Weise die Attraktivität des Lehrerberufes zu steigern, um genügend junge Menschen, die vor der Berufswahl stehen, zu gewinnen. Der weitaus wichtigste Faktor dürfte dabei sein, wie die im Beruf stehenden Lehrer ihre eigene Lage beurteilen und welches Bild sie der Öffentlichkeit davon vermitteln. Hier aber wirken sich die ungünstigsten, zum Teil unwürdigen Arbeitsbedingungen an den heutigen Schulen außerordentlich negativ aus: Es fehlt an Verwaltungs- und Hilfskräften, an Klassen- und Arbeitsräumen, an Bibliotheken und Lehrmitteln. Die Pflichtstundenzahl ist zu hoch, die Nervenbelastung groß, ausreichende Fortbildungsmöglichkeiten gibt es nicht. Das ist der Eindruck, den heute jeder bekommt, der mit Lehrern zu tun hat. Und wenn vielleicht manche individuelle Klage übertrieben erscheinen mag, insgesamt entspricht das Bild der Schulwirklichkeit. Hinzu kommen die wachsenden Schwierigkeiten mit einer neuen Schülergeneration, die jedem, der sich für sie zu engagieren bereit oder verpflichtet ist, wesentlich mehr abverlangt als Schüler in früheren Zeiten. Auf der anderen Seite gibt es kleinliche Auseinandersetzungen mit übergeordneten Behörden, deren Denk- und Arbeitsstil oft in krassem Mißverhältnis zu der sich immer rascher verändernden Situation steht.

An diesen Punkten muß der Hebel angesetzt werden, wenn der Beruf des Lehrers wieder »befriedigender, vielseitiger und attraktiver«

werden soll. Nur dann wird dieser Beruf in der öffentlichen Meinung wieder die Wertschätzung erlangen, die ihm um unser aller Zukunft willen gebührt. Dazu können freilich nicht globale Appelle helfen. Will die Kirche hier etwas tun, muß sie schonungslos den Finger auf schmerzende Wunden legen, Illusionen zerstören und konkrete politische Maßnahmen fordern, durch die allein die Arbeitsbedingungen der Lehrer schrittweise verbessert werden können.

Schule und Gesellschaft

Ob die Bildungsreform gelingt, hängt wesentlich davon ab, daß die Schule tatsächlich in das Zentrum des Interesses der Gesellschaft tritt. Zwar fehlt es nicht an Lippenbekenntnissen, in Wirklichkeit aber sind es ganz andere Dinge, um die die Gesellschaft sich intensiver bemüht. Nicht unlieb wäre es ihr, wenn es in der Schule nur endlich so ruhig und ordentlich zugehen wollte, daß man von ihr möglichst wenig zu hören und zu reden brauchte. Allenfalls kümmert man sich notgedrungen um die Schule, solange die eigenen Kinder sie besuchen, aber selbst dann kommt es kaum zu einem stärkeren Engagement als zu einer mehr oder minder regelmäßigen Teilnahme an Klassenelternversammlungen. Schon für die Wahlen zu Schulelternbeiräten gibt es zu wenige Kandidaten, ganz zu schweigen von der Vertretung schulischer Belange in anderen wichtigen öffentlichen Körperschaften. Daß eine nicht unerhebliche Zahl von Abgeordneten aus dem Lehrerstand zu kommen pflegt, wiegt dieses mangelnde Interesse einer breiteren Öffentlichkeit ebensowenig auf wie die Tatsache, daß die Lehrer mindestens die materielle Seite ihrer Anliegen durch straff organisierte Berufsverbände im allgemeinen lautstark genug zu Gehör bringen können. Die Verwandlung der Schule von der »Veranstaltung des Staates« in eine Institution der Gesellschaft, wie sie das Grundrecht auf Bildung gebietet, hat noch nicht stattgefunden. Für das, was in der Schule im Unterricht und über ihn hinaus geschieht, hat die Gesellschaft die Verantwortung noch nicht übernommen.

Gerade in dieser Frage kann die Kirche mehr tun als nur mahnen und auf Versäumnisse und Notwendigkeiten hinweisen. Mit kirchlicher Elternarbeit, Akademietagungen und Gemeindeseminaren sollte es möglich sein, eine zunehmend größere Zahl von verantwortungsbewußten Menschen über die Lage zu informieren und für eine aktive Mitwirkung an den Aufgaben der Schule zu motivieren. Dies wäre der wirksamste Beitrag zur Entideologisierung und Versachlichung der Bildungsdebatte. Darüber hinaus kann sich die Kirche in den von ihr unterhaltenen Forschungs- und Arbeitsstätten[54] solcher schulischen Probleme annehmen, die von den großen Bildungsforschungsinstituten der Öffentlichen Hand bisher nicht gesehen oder für unwichtig gehalten wurden oder einfach aus Mangel an Zeit, Geld und Mitarbeitern nicht angepackt werden konnten.[55] Die zahlreichen Veröffentlichungen des von der Kirche getragenen Comenius-Institutes[56] sind ein Beispiel für einen praktischen Dienst der Kirche im Bildungswesen, der allerdings in Zukunft durch sinnvolle Planung, durch Verstärkung und Kooperation der Kräfte sowie durch ihre Konzentration auf die wirklich vordringlichen Probleme noch intensiviert werden kann und muß.

Gleiche Chancen durch neue Strukturen

Bei oberflächlicher Betrachtung könnte es scheinen, als ob in diesem Punkte kaum mehr etwas zu tun sei. Wenn ein Problem des Bildungswesens in das öffentliche Bewußtsein gedrungen ist, dann jenes, daß die überkommenen Strukturen von Schule und Hochschule nicht geeignet sind, die vom Grundgesetz geforderte Chancengleichheit zu verwirklichen. Und es wird viel überlegt und geplant, um diesen Mißstand abzubauen. Gleichwohl gibt es gerade hier nach wie vor Gruppen, die in so eklatanter Weise benachteiligt werden, daß die Kirche sich zum Sachwalter ihrer Interessen machen muß. Da ist einmal die große Zahl der Kinder, die wegen körperlicher oder geistiger Behinderungen normale Schulen nicht besuchen können. Zwar ist in vielen offiziellen Erklärungen auch ein verstärkter Ausbau des Sonderschulwesens vorgesehen, aber angesichts der im allgemeinen besonders unzureichenden Verhältnisse in diesem Bereich müßte viel mehr geschehen.[57] Es ist ein ebenso typisches wie bedenkliches Zeichen, daß die Sonderschulen sogar im Strukturplan des Bildungsrates merkwürdig zu kurz kommen. Wenn irgendwo die Gleichheit der Chancen nur durch Gewährung überdurchschnittlicher Bedingungen zu erreichen ist, dann im Sonderschulwesen.

Zum anderen muß sich die Kirche zum Anwalt der Gastarbeiterkinder machen. Was unsere Gesellschaft hier bislang versäumt, ist im Prinzip nicht allzu weit von anderen Verbrechen gegen die Menschlichkeit entfernt, die das deutsche Volk in der Geschichte auf sich geladen hat. Es kann nicht genügen, die ausländischen Kinder, deren Zahl in die Hunderttausende geht[58], in Grund- und Hauptschulen einigermaßen zu betreuen, wobei selbst hier vieles im argen liegt. Daß fast überhaupt keine derartigen Kinder weiterführende Schulen besuchen, verletzt den Gleichheitsgrundsatz in so eklatanter Weise, daß eine freie Gesellschaft sich damit nicht abfinden darf. Um diesen Zustand zu bessern, muß allerdings tief genug angesetzt werden. Was den ausländischen Kindern und ihren Eltern fehlt, sind ja nicht so sehr die theoretischen Möglichkeiten zum Besuch deutscher weiterführender Schulen als vielmehr jegliche Motivation für einen solchen Schritt. In der Regel haben die Eltern selbst in ihrer Heimat eine zu schlechte Schulbildung erhalten, als daß sie den Nutzen einer besseren Ausbildung ihrer Kinder im Gastland richtig einschätzen könnten. Wie bei der deutschen Bevölkerung das Gewissen gegenüber dieser Notlage geschärft werden muß, so gilt es, bei den Gastarbeitern selbst zu werben und zu informieren, daß sie die ihren Kindern gebotenen Chancen auch ergreifen. Dabei muß zusätzlich bedacht werden, für solche Kinder unter Umständen auch die Voraussetzungen zu schaffen, daß sie bei einer Rückkehr der Eltern in das Heimatland wieder in das dortige Schulsystem übergehen können. Daß sich im Jahre 1970 in der Evangelischen Akademie in Arnoldshain eine »Arbeitsgemeinschaft für Schulfragen der Kinder ausländischer Arbeitnehmer in der Bundesrepublik« konstituiert hat, ist ein erster Anfang.[59] Die hier begonnene Arbeit verdient die Förderung der gesamten evangelischen Kirche über Hessen hinaus.

Normen und Werte

So verschiedene Verfahren bei der Entwicklung neuer Curricula, mit denen die traditionellen Lehrpläne abgelöst werden sollen, gegenwärtig und künftig angewandt werden mögen, die Entscheidung über Werte und Normen, die in der Gesellschaft gelten sollen, ist nicht auf diese Weise zu fällen. »Die Bestimmung allgemeiner Lernziele und der dazu notwendigen Kriterien setzen allgemein anerkannte Wertvorstellungen voraus.« Die Curriculum-Forschung hat vielmehr die Aufgabe,

»solche Wertvorstellungen zu fixieren und ihnen eindeutig Ausdruck zu geben«[60], und schon das ist schwierig genug. Abgesehen von dem spezifischen Beitrag, den die Kirche in diesem Zusammenhang in bezug auf den von ihr mit zu verantwortenden Inhalt des Religionsunterrichts zu leisten hat, sollte ihr der Ansatz der Curriculum-Forschung ein Anlaß sein zu überprüfen, ob die Werte und Normen der christlichen Überlieferung von ihr so vertreten werden, daß sie bei einer möglichst objektiven Fixierung der Wertvorstellungen der Gesellschaft noch als allgemein anerkannte Verhaltensmuster gelten können. Wenn nicht mehr aus der jeweiligen Fachwissenschaft entlehnte Systeme für den Aufbau des in der Schule zu Lernenden die entscheidende Rolle spielen, sondern Lehr- und Lerneinheiten von klar umrissenen Lernzielangaben her konzipiert werden, muß einsichtig gemacht werden, welche Funktion die christliche Botschaft heute hat bei dem Bemühen, den Schüler zur Mündigkeit zu führen. Daß dieser Prozeß, der von der Kirche für die Schule geleistet werden muß, zugleich für die Effizienz all ihrer übrigen Dienste von großer Bedeutung ist, bedarf keiner weiteren Ausführungen. Hier ist ein Aufgabenfeld, auf dem der bei kirchenleitenden Organen, Theologischen Fakultäten, Kirchlichen Hochschulen und Instituten versammelte Sachverstand zusammenwirken sollte, damit überzeugende Antworten gefunden werden. Ergebnisse werden dabei nie endgültig fixierbar sein, sondern immer für Revisionen offenbleiben müssen. Auf diese Weise könnte die Kirche nicht nur der Curriculum-Forschung ein unentbehrlicher Gesprächspartner werden.

VII. Kein »überflüssiges Relikt aus alter Zeit«

Die Mitverantwortung der evangelischen Kirche für den Religionsunterricht in der Schule von morgen

»Mir scheint, die Kirchen haben 1945 ihre Chance verpaßt, ein überflüssiges und unzeitgemäßes Relikt aus alter Zeit ohne Einschnitt und schmerzlos abzuschaffen.« So urteilt eine Oberprimanerin aus Pforzheim in einer Arbeit, mit der sie sich an dem im Jahre 1969 vom Baden-Württembergischen Landtag ausgeschriebenen bildungspolitischen Aufsatzwettbewerb beteiligt hat, über den Religionsunterricht.[1] Religionsunterricht in der Schule: ein überflüssiges und unzeitgemäßes Relikt aus jener vergangenen Epoche, in der die Kirchen noch legal und legitim einen Einfluß auf die Schule ausübten – daß viele Schüler, nicht wenige Lehrer und andere für die Schule Verantwortliche so denken, hat nicht nur dieser eine Aufsatzwettbewerb gezeigt.[2] Und wenn man die Situation des Religionsunterrichts in den deutschen Schulen nüchtern betrachtet, kann man durchaus zu dem Schluß kommen, daß das, was die Kirchen nach Meinung der Oberprimanerin 1945 versäumt haben, sich heute allmählich, aber unaufhaltsam von alleine vollzieht. Der Religionsunterricht in seiner jetzigen Form scheint keine Zukunft mehr zu haben, und die Kirchen scheinen daran nichts mehr ändern zu können oder ändern zu wollen.

Diese Entwicklung darf der evangelischen Kirche nicht gleichgültig sein, so groß angesichts der zunehmenden Schwierigkeiten auch manchmal die Versuchung sein mag, den Dingen einfach ihren Lauf zu lassen. Noch tragen die Kirchen nach den Bestimmungen des Grundgesetzes und der Länderverfassungen – ausgenommen in Berlin und Bremen – eine Mitverantwortung für den Religionsunterricht der öffentlichen Schule[3], und bei realistischer Einschätzung der politischen Lage ist nicht zu erwarten, daß die Verfassungen in diesem Punkt in absehbarer Zeit geändert werden. Für die evangelische Kirche kommt hinzu, daß fernab von jedem klerikalistischen Egoismus gerade die Mitverantwortung für den Religionsunterricht nach wie vor eine ganz besondere

Chance bietet, direkt und auf breiter Front der Schule einen freien Dienst zu leisten. Daher ist weder ein resignierendes Aufgeben bisheriger Positionen noch eine eilige Abkehr von überkommenen Regelungen das Gebot der Stunde. Wohl aber muß mit allem Ernst geprüft werden, wie künftig die kirchliche Mitverantwortung für den Religionsunterricht so verstanden und ausgeübt werden kann, daß sie für dieses Fach auch unter den Bedingungen der Schule von morgen eine Hilfe und Unterstützung bedeutet, nicht aber eine zusätzliche Belastung, die seine schulische Integration hemmt oder gar verhindert. Dazu ist auf seiten der Kirche in vieler Hinsicht ein radikales Umdenken nötig. Sind doch nicht zuletzt das traditionelle Verständnis der kirchlichen Mitverantwortung für den schulischen Religionsunterricht und die auf solchem Verständnis beruhende Praxis der Mitwirkung an ihm Hauptgründe für seine gegenwärtige Krise, wie eine genauere Betrachtung zu zeigen vermag.

Die Krise des Religionsunterrichts[4]

Die gegenwärtige Situation des schulischen Religionsunterrichts läßt sich schlagwortartig und treffend so charakterisieren, daß dieser Unterricht, der laut Verfassung ein »ordentliches Lehrfach« sein soll – eine Garantie, die es für kein anderes Fach gibt –, in Wahrheit alles andere ist als ein »ordentliches« Lehrfach. An nicht wenigen Schulen, vor allem in Großstädten und Ballungsgebieten, und hier wieder vornehmlich in den höheren Klassen besonders der Gymnasien, ist es so weit gekommen, daß der Religionsunterricht unter höchst fragwürdigen pädagogischen Bedingungen erteilt werden muß, die etwa eine geordnete Unterrichtsplanung oder eine sinnvolle Notengebung ungeheuer erschweren. Unter den zahlreichen Faktoren, die diese Krise ausgelöst haben, sind die wichtigsten der Mangel an qualifizierten Lehrkräften, die zu einseitige Ausrichtung der geltenden Lehrpläne auf biblisch-theologische Inhalte und ein weit verbreiteter Mißbrauch des den Schülern grundsätzlich zustehenden Rechtes auf Abmeldung vom Religionsunterricht.

Wegen des eklatanten Mangels an qualifizierten Religionslehrern gehört der Religionsunterricht in allen Bundesländern zu den Fächern, in denen die meisten Unterrichtsstunden ausfallen. Inoffizielle Erhebungen ergeben für die evangelische Seite einen Fehlbestand zwischen 15 und 40 %. Was diese nüchternen Zahlen jedoch wirklich bedeuten, wird erst klar, wenn man sich vergegenwärtigt, daß auch von den verbleibenden Religionsstunden ein unverhältnismäßig großer Teil durch – von der Schule aus gesehen – nebenamtliche Lehrkräfte erteilt wird. Mochte dies in der Schule von gestern, zumal in dörflichen, wenig gegliederten, kleinen Systemen, noch verhältnismäßig unproblematisch geschehen, so belastet es den Religionsunterricht in der Schule von heute und morgen angesichts ihrer zunehmenden Vergrößerung und Verwissenschaftlichung, die eine viel stärkere Kenntnis und Beachtung ihrer Eigengesetzlichkeit erfordern, immer stärker. Wo nicht der Religionslehrer voll in das Kollegium der jeweiligen Schule integriert ist, wird es ihm künftig nur schwer gelingen, den sachlichen Erfordernissen eines guten Unterrichts gerecht zu werden. Dies vor allem darum, weil die geltenden Lehrpläne weithin überholt sind, neue Wege aber sorgsam erprobt werden müssen, wozu der ständige Kontakt mit den Kollegen, die benachbarte Fächer vertreten, sowie eine genaue Kenntnis der übrigen Bedingungen der Unterrichtsreform unerläßlich sind.

Was die Lehrstoffe angeht, so zeigt eine Analyse der Religionslehrpläne aller Bundesländer, daß durchgehend die gleichen Probleme bestehen.[5] Wer boshaft sein wollte, könnte gerade von den Religionslehrplänen sagen, sie seien ein Musterbeispiel dafür, wie und nach welchen Kriterien Lehrpläne künftig nicht mehr gestaltet sein dürfen. Denn in ihnen hat die Systematik der theologischen Wissenschaft mit ihren Fragestellungen ein so starkes Übergewicht, daß die schulgemäßen Fach- und Sachgesichtspunkte der Pädagogik, Psychologie und Soziologie nur als Randerscheinungen, nicht aber als integrierendes Moment spürbar sind. So ist es kaum übertrieben zu behaupten, daß der, der vom ersten Schuljahr bis zum Abitur einen am gegenwärtigen Lehrplan ausgerichteten, guten Religionsunterricht genossen hat, in der Lage sein müßte, ein theologisches Fachexamen abzulegen. Theoretisch kommt jedenfalls alles, was dort wichtig wäre, in der Schule vor – ohne Rücksicht darauf, ob damit wirklich der Schüler von heute in der Schule von heute erreicht, engagiert und gefordert wird. An diesem Gesamturteil vermögen auch die wenigen vorhandenen Ansätze, den Religionsunterricht in erster Linie von der Schule aus zu konzipieren, wie das an den Bildungsstufen des Gymnasiums orientierte Programm der »Religionspädagogischen Projektentwicklung« in Baden-Württemberg oder die an Problemen oder Lernzielen orientierten Entwürfe der Pädagogisch-Theologischen Institute in Loccum und Kassel, um nur die bekanntesten zu nennen, vorerst nichts zu ändern.[6]

Schließlich leidet der Religionsunterricht immer stärker daran, daß die Schüler das Recht, sich von ihm abzumelden, vielfach in einer Weise praktizieren, die den eigentlichen Sinn dieses Rechtes, nämlich den Schutz der Glaubens- und Gewissensfreiheit des einzelnen, völlig in Vergessenheit geraten läßt.[7] Statt dessen benutzen sie dieses Recht weithin dazu, unbequemen Anforderungen zu entgehen und zusätzliche Freistunden zu erhalten, wobei ihre Motive und Begründungen sehr vielschichtig sind, angefangen von dem schlichten Verdruß über einen langweiligen und schlechten Unterricht bis hin zum bewußten Protest gegen die Institutionen Kirche und Schule. Genaue Zahlen über die Abmeldungen sind schwer zu erhalten.[8] Wohl gibt es noch Gegenden, in denen diese Frage überhaupt keine Rolle spielt. Andererseits liegt die Abmeldequote in den Mittel- und Oberstufen vieler großstädtischer Gymnasien bei 20—30 %, nimmt man die Oberstufe für sich, durchaus auch bei 40—50 %. Da die Abmeldung, gleich ob ernste Gewissensgründe tatsächlich vorliegen oder nur vorgeschützt werden, in der Regel zu jedem beliebigen Zeitpunkt, auch mitten im Schuljahr, erfolgen kann, dient sie nicht selten als wirksames Instrument willkürlicher Störungen auch eines guten Unterrichts. Dabei wird nicht nur der Religionsunterricht selbst erheblich belastet, sondern darüber hinaus der gesamte innere Schulbetrieb beeinträchtigt, und zwar nicht allein in organisatorischer Hinsicht. Hier muß für die Zukunft eine Lösung gefunden werden, die eine solche Zweckentfremdung des Rechtes auf Abmeldung vom Religionsunterricht mit ihren negativen Folgen verhindert, ohne daß damit auf der anderen Seite die Glaubens- und Gewissensfreiheit des einzelnen beschnitten wird.

Fragt man nach den tieferen Ursachen der hiermit knapp umrissenen kritischen Lage des schulischen Religionsunterrichts, so dürfte der entscheidende Grund sein, daß die Schule sich in den letzten fünfzig Jahren, vor allem aber nach 1945, zu wenig um den Religionsunterricht gekümmert und die Verantwortung für seine theoretische Konzeption und praktische Durchführung fast ausschließlich den in der Weimarer Verfassung und im Grundgesetz aufgeführten »Religionsgesellschaften« bzw. »Religionsgemeinschaften«, d. h. faktisch den beiden großen christlichen Kirchen überlassen hat. Religionsunterricht schien eher eine

Sache der Theologie als der Pädagogik zu sein. Die Kirchen ihrerseits waren des zufrieden und übernahmen die ihnen überlassene Aufgabe bereitwillig. Hatten sie so doch nach dem mit Artikel 144 der Weimarer Verfassung gesetzten Ende der geistlichen Schulaufsicht, womit sie »aufhörten, innerhalb der öffentlichen Schule eine anerkannte Bildungsmacht zu sein«[9], wenigstens hier noch eine Möglichkeit, legal und offiziell in den Raum der Schule hineinzuwirken und über die Bildung der Jugend mitzubestimmen.[10]

Dem entspricht es, daß auch die theoretische Diskussion um den Religionsunterricht fast ausschließlich vom Theologen geführt wird, gleich ob sie direkt in der kirchlichen Arbeit oder im Dienst der Schule oder Hochschule stehen. Pädagogen oder Schultheoretiker dagegen haben den Religionsunterricht bisher selten als ihre Sache betrachtet. So leidet die Debatte denn auch trotz der vor gut zehn Jahren durch Stallmann, Stock und Otto eingeleiteten Neubesinnung über die Aufgaben und Möglichkeiten des Religionsunterrichts[11] immer noch an der Engführung, daß zunächst nach seinem besonderen Auftrag gefragt und dann überlegt wird, wie sich dieser Auftrag unter den heutigen Bedingungen der Schule am besten realisieren läßt. Warum aber die Schule selbst einen Religionsunterricht braucht, wie von den anderen Fachbereichen her sein Ort und seine spezifische Funktion zu bestimmen sind und welche Konsequenzen sich daraus ergeben, das ist bislang zu wenig beachtet worden. So ist es nicht verwunderlich, daß man in vielen Überlegungen zur Schulreform über den Religionsunterricht fast schweigend hinweggeht. Höchstens als zusätzlichem Fach gibt man ihm noch eine Chance. Nicht mehr aber gilt er als integrierter Bestandteil der Schule von morgen.

Dies trifft z. B. zu für die einschlägigen Empfehlungen des Deutschen Bildungsrates, die freilich in diesem Punkt nur einen allgemeinen Trend widerspiegeln: Aus den »Anregungen für Lehrplanreformen in einzelnen Fächern« in der Empfehlung zur Einrichtung von Schulversuchen mit Gesamtschulen bleibt der Religionsunterricht ausgeklammert, ebenso aus dem dort vorgeschlagenen Curriculum der Oberstufe: »Die obligatorischen Fächer haben die Funktion, dem Schüler die Kenntnisse zu vermitteln, die für jegliches Verständnis von Wissenschaft, für eine rationale Erkenntnis der sozialen Welt, in der er später handeln wird, und für eine Kommunikation in dieser Welt notwendig sind. Diese obligatorischen Fächer sind Mathematik, Politik, deutsche Sprache, eine

Fremdsprache, eine Naturwissenschaft, Gesamtunterricht und Sport.«[12] Entsprechend ist der Religionsunterricht auch in den Vorschlägen des Strukturplans für das Bildungswesen weder in die Überlegungen zur Sekundarstufe I noch in die zur gymnasialen Oberstufe wirklich einbezogen. Der wiederholte Hinweis: »Religion nach den gesetzlichen Bestimmungen der Länder« macht hier nichts besser, sondern stempelt den Religionsunterricht nur noch deutlicher zur Randerscheinung.[13] Ebenso bestätigen die laufenden Gesamtschul- und Curriculumplanungen verschiedener Bundesländer den Eindruck: Der Religionsunterricht ist für die Schule eine quantité négligeable, wenn nicht gar eine lästige Verpflichtung, deren sie sich nicht ungern entledigte. Für das, was die Schule erreichen soll und will, hat er kaum mehr eine Bedeutung.

Religionsunterricht in der Schule von morgen

Freilich ist das nicht der ganze Befund. Es gibt daneben andere Stimmen, vor allem im Bereich der wissenschaftlichen Schultheorie, aber auch in den Planungen politischer Gremien. Für die erste Gruppe mögen hier einige knappe Hinweise genügen, etwa auf von Hentig, für den »die Einsicht, daß Religion nicht selbstverständlich, aber unersetzbar ist«, zu den für die Schule konstitutiven Lernzielen gehört[14], oder auf Heinrich Roth, in dessen Pädagogischer Anthropologie die religiösen Kategorien eine zentrale Bedeutung haben[15], woraus für die Schule folgt, daß sie den Bereich »Religion« behandeln muß, oder gar auf Theodor Wilhelm, in dessen »Theorie der Schule« der »Horizont des Glaubens« für die der Schule aufgegebene »Ordnung der Vorstellungswelt« unerläßlich ist.[16] Stellvertretend für die Äußerungen aus dem Raum der Schulplanung und Schulpolitik sei ein einschlägiger Abschnitt aus einer Vorlage der Hamburger Gesamtschulkommission angeführt: »Der Religionsunterricht ist unerläßlich als Ort, an dem die Frage nach der Zielvorstellung des Humanums zu stellen ist. Er leistet einen wichtigen Beitrag zur Ideologiekritik, indem er Voraussetzungen unseres Denkens und Handelns bewußt macht und über die Konsequenzen der möglichen Entscheidungen Rechenschaft ablegt. Der Religionsunterricht hilft mit, die Manipulierbarkeit des Menschen abzubauen zugunsten der Selbstbestimmung und gesellschaftlichen Verantwortung.«[17]

Religionsunterricht erscheint hier also sinnvoll und nötig, allerdings ein ganz anderer Religionsunterricht als der, der unter kirchlicher Mitverantwortung und Mithilfe heute in der Regel erteilt wird. Da geht es nicht mehr um »Kirche in der Schule« – und sei es in noch so abgeschwächter Form –, nicht mehr um die Sicherung eines kirchlichen Einflusses auf die Arbeit der Schule. Der hier gemeinte Religionsunterricht ist vielmehr wichtig und unentbehrlich bei dem Bemühen, den Schüler zur Mündigkeit zu führen, ihn zu »emanzipieren« (Klafki), ihm angesichts des allgewaltigen »Systemzwangs« zur Möglichkeit der »Selbstbestimmung« (von Hentig) zu verhelfen. Gerade dazu ist es unaufgebbar, daß die Fragen nach Werten und Normen, nach dem Sinn und Sein, nach dem, »was uns unbedingt angeht« (Tillich), in der Schule thematisiert und zum Gegenstand rationaler Arbeit gemacht werden können.[18]

Dies um so mehr, als die Schule künftig weit stärker als bisher spezifisch pädagogische Aufgaben wird wahrnehmen müssen. Angesichts der grundsätzlichen pädagogischen und anthropologischen Aporie unserer Zeit muß sie ihren Teil dazu beitragen, eine neue, den Bedingungen der gegenwärtigen und zukünftigen Welt angemessene Moral und neue, sinnvolle Normen des Verhaltens zu entwickeln und einzuüben.[19] Daß es gerade die deutsche Schule, zumal bei ihrer noch immer fast ausschließlich vorherrschenden Organisationsform als Halbtagsunterrichtsanstalt, außerordentlich schwer haben wird, solchen neuen Anforderungen gerecht zu werden, liegt auf der Hand. Zu lange hatte sie »zur Familie ein lediglich supplementäres Verhältnis. Die bürgerliche Familie war der primäre Raum nicht nur der Erziehung, sondern auch der Bildung. Die Schule diente lediglich den Lehr- und Unterrichtszusammenhängen, die systematisch dargeboten werden müssen und deshalb in der Familie nicht bewältigt werden. ... Der eigentliche Vorgang der Bildung, nämlich die Umsetzung des erlernten Wissens in gelebtes Dasein, war Sache der Familie, nicht der Schule. Und erst recht war die Schule von den Erziehungsaufgaben entlastet, die ausschließlich in die Domäne der Familie gehörten«.[20] Der Vollständigkeit halber muß man hinzufügen, daß es neben der Familie natürlich eine Reihe weiterer Erziehungsmächte von großem Einfluß gab, z. B. die Kirche, die gesellschaftliche Konvention und nicht zuletzt die Armee. Mit deren prägender Kraft konnte die Schule kaum wetteifern, und sie versuchte dies weithin auch gar nicht.[21] Heute aber ist die Situation grundsätzlich anders. Die genannten Mächte und Kräfte einschließlich der Familie fallen für Erziehung und Bildung weitgehend aus, und zwar so weit, daß sich, um noch einmal Picht zu zitieren, »die Majorität der Kinder in unserer Gesellschaft pädagogisch in einem Vakuum befindet.«[22] Gerade darum hat die Sinnfrage, hat das Problem der Werte und Normen für die Schule von morgen so sehr an Gewicht gewonnen.

Unter schulpolitischem Gesichtspunkt kommt noch hinzu jener neue Ansatz des Strukturplans des Deutschen Bildungsrates, nach dem das oberste politische Prinzip einer demokratischen Schule der Zukunft das Grundrecht des einzelnen auf Bildung sein muß: »Das umfassende Ziel der Bildung ist die Fähigkeit des einzelnen zu individuellem und gesellschaftlichem Leben, verstanden als seine Fähigkeit, die Freiheit und die Freiheiten zu verwirklichen, die ihm die Verfassung gewährt und auferlegt.«[23] Zu den vornehmsten Grundrechten des Menschen gehören aber – und der Strukturplan führt sie ausdrücklich an – »die Freiheit des Glaubens, des Gewissens und die Freiheit des religiösen und weltanschaulichen Bekenntnisses.«[24] Die Demokratie wird sich künftig nicht mehr damit begnügen dürfen, diese Rechte nur negativ ausgrenzend zu verstehen in dem Sinne, daß niemand daran gehindert werden darf, seinen Glauben und seine Gewissensüberzeugung zu bekennen. Vielmehr wird sie es der Schule wie allen anderen Bildungseinrichtungen auferlegen müssen, dieses Grundrecht positiv zu verstehen, d. h. so, daß der einzelne ausdrücklich angeleitet und befähigt werden muß, gegenüber der vielfältigen und dauernd zunehmenden Fremdbestimmung durch Ideologie und Reklame, durch Konsumzwang und Erfolgsdruck, durch Massenmedien und politische Heilslehren überhaupt imstande zu sein, selbst über sein Gewissen, seinen Glauben und seine Weltanschauung zu bestimmen.[25] Glaubens- und Gewissensfreiheit kann nur der praktizieren, der systematisch lernt, die Geister zu scheiden und sich mit jedem Anspruch, der auf diesem Gebiet an ihn gerichtet wird, kritisch auseinanderzusetzen. Darum und dafür braucht gerade die Schule von morgen Religionsunterricht.

Schließlich bleibt sie außerdem dort auf den Religionsunterricht angewiesen, wo bei den zum Teil turbulenten Reformen neue Schwierigkeiten auftreten, die man bisher nicht richtig hat erkennen, geschweige denn beheben können. Gedacht ist dabei vor allem an die Begleiterscheinungen, die die unaufhaltsame, notwendige und im Prinzip richtige Vergrößerung und Verwissenschaftlichung unserer Schulen mit sich bringt und die sich für manche Schüler, wie bereits Erfahrungen zeigen, sehr negativ auswirken können, wenn nicht rechtzeitig für Abhilfe gesorgt wird. Je mehr die Schule durchgeplant ist, je stärker sie von Technologie, Rationalität und Effektivität bestimmt wird, je weniger sie es zuläßt, daß in ihr »der Mensch sich selbst zum Gegenstand werden kann, nicht in seinem Verhältnis zur Quantität, zu dem, was er statistisch bedeutet, sondern zu dem, was er noch selbst als Mensch ist«[26], je weniger Raum sie Lehrern und Schülern für spontane Aktivitäten läßt, desto dringender wird es, diese Entwicklung im Unterricht ausdrücklich zu thematisieren. Mit anderen Worten: »Seelsorge«, wie säkularisiert sie immer verstanden werden mag, wird als bewußt wahrzunehmende Aufgabe in der Schule von morgen einen neuen Stellenwert erhalten. Natürlich wird der Religionsunterricht dafür nicht allein, aber doch in besonderem Maße zuständig sein. Dabei muß er von vornherein die Gefahr vermeiden, auf derartige Anforderungen mit einer erneuerten »Verkündigungstheorie« zu reagieren. Die Schwierigkeit liegt darin, auch diese Aufgabe im Rahmen eines strengen Fachunterrichts zu lösen, der von den Gesetzen der wissenschaftlichen Schule bestimmt sein muß, zu dem dann allerdings durchaus eine stärkere außerunterrichtliche Betreuung der Schüler, als sie heute üblich ist, hinzukommen kann.[27]

Die Mitverantwortung der Kirche

Demnach wird es also auch in der Schule von morgen noch Religionsunterricht geben. Je klarer sich jedoch diese Notwendigkeit abzeichnet, desto mehr wird die den Kirchen in den Verfassungen eingeräumte oder gar auferlegte Mitverantwortung für solchen Unterricht umstritten sein. Dabei zählen nicht nur die Argumente der großen Gruppe der erklärten Atheisten und aufgeklärten Programmhumanisten, der überzeugten Liberalen und verspäteten Kulturkämpfer, der militanten Linkssozialisten und utopischen Gesellschaftsreformer, die hier die Neutralität und Indifferenz des Staates in religiöser und weltanschaulicher Hinsicht bedroht sehen und mit ihrem Protest für eine radikale Trennung von Kirche und Staat, für das Recht der Kinder gegenüber elterlicher Bevormundung und damit für die Mündigkeit des Staatsbürgers, wie sie sie verstehen, eintreten. Mindestens ebenso wichtig sind die Einwände, die von Schülern, Eltern, Lehrern, von maßgebenden

Theologen und Religionspädagogen und anderen, denen es ernst ist um den schulischen Religionsunterricht, gegen seine starke rechtliche Absicherung erhoben werden.[28] Die inhaltliche und organisatorische Bindung des Religionsunterrichts an die Religionsgemeinschaften und die darauf beruhenden gesetzlichen Regelungen, die faktisch vor allem den beiden großen christlichen Kirchen eine entscheidende Mitwirkung an der Gestaltung und Erteilung des Religionsunterrichts einräumen, werden offenbar kaum mehr als Hilfe, sondern als eine zusätzliche Belastung dieses ohnehin schwierigen Faches angesehen.

Dies wiegt um so schwerer, als mit einer Novellierung der einschlägigen Bestimmungen in Verfassungen, Staatskirchenverträgen und Konkordaten, eine kontinuierliche politische Entwicklung in der Bundesrepublik vorausgesetzt, vorerst nicht zu rechnen ist. Allein um das Grundgesetz zu ändern, wären Zweidrittelmehrheiten in Bundestag und Bundesrat erforderlich, die nach Lage der Dinge in diesem Punkte nicht zu erreichen sein dürften. Keine der beiden großen Parteien würde sich mit einem Vorstoß gegen die jetzige Fassung des Grundgesetzartikels 7 den in der Öffentlichkeit sehr wirksamen Vorwürfen der anderen Partei aussetzen wollen, sie rüttele an den Grundfesten des christlichen Abendlandes. Noch weniger ist vorstellbar, daß eine Volksabstimmung, wie sie zur Änderung mancher Länderverfassungen nötig wäre, Erfolg haben könnte. Ganz abgesehen davon, daß sich zumindest die offizielle katholische Kirche aufgrund ihrer Schuldoktrin jedem derartigen Versuch widersetzen müßte, wäre hier auch für viele Evangelische, was immer sie sonst von der Kirche halten, ein status confessionis gegeben. Daher lohnt es nicht, weitere Überlegungen darauf zu verschwenden, welche andere verfassungsrechtliche Lage für den schulischen Religionsunterricht bessere Bedingungen böte. Vielmehr muß geprüft werden, wie es im Rahmen der geltenden gesetzlichen Bestimmungen auf dem Gebiet des Religionsunterrichts zu einer sinnvolleren, zukunftsweisenden Kooperation zwischen der Schule und den Religionsgemeinschaften kommen kann. Dabei wird sich deutlicher als bisher herausstellen, daß die den Religionsgemeinschaften eingeräumte Mitwirkung nicht nur negative Seiten hat.

Gerade ein Unterricht, der die Frage nach dem Sinn, nach Werten und Normen thematisieren und so der Befähigung des Schülers zur Ausübung seiner Glaubens- und Gewissensfreiheit dienen soll, kann ja nicht in dem Sinne »objektiv« erteilt werden, daß der Unterrichtende seinen eigenen Standpunkt systematisch verschweigt, nie persönlich Stellung nimmt und so tut, als gingen ihn selbst die behandelten Fragen nichts an. So könnte bestenfalls eine oberflächliche »Religionskunde« nach dem Prinzip des kleinsten gemeinsamen Nenners betrieben werden, nicht aber wäre eine kritische, konstruktive Auseinandersetzung mit den zentralen Problemen möglich. Auch würde der Schüler dabei nie erfahren, was Toleranz ist. Toleranz kann ja nicht als theoretische Idee gelehrt, sondern muß praktisch in der Konfrontation verschiedener Werthaltungen eingeübt werden. Wer das Gegenteil fordert und für richtig hält, hat weder die Schulwirklichkeit noch die Breite dessen, was Religionsunterricht leisten kann und soll, im Auge.

Ein charakteristisches Zitat zeigt das deutlich: »Der einzige Religionsunterricht, der an öffentlichen Schulen erteilt werden kann und soll, ist eine wissenschaftliche Religionskunde, die in alle Weltreligionen und ihre Kritik einführt. Dieser obligatorische Unterricht dient der Religionsfreiheit der Kinder. Er soll sie befähigen – unabhängig von den Schranken und Vorurteilen ihrer Eltern –, die Religion zu wählen, die sie überzeugt, oder auch religionslos zu bleiben.«[29] Von allen anderen Einwänden abgesehen: Hier ist höchstens an Schüler der oberen Mittelstufe und darüber gedacht. Was aber ist mit den existentiellen Fragen und Erfahrungen der Schüler, gar erst der Fünf- bis Fünfzehnjährigen? Bleiben Kinder etwa bis zu dem Zeitpunkt »religionslos«, an dem sie selbst ihre Konfession bestimmen? Daß Religion ein die Gesellschaft integrierendes Deutungs- und Wertsystem ist, welches jeder einzelne von klein auf übernimmt, daß also auch das kleinste Schulkind bereits bestimmte »religiöse« Vorstellungen hat, bleibt hier unberücksichtigt.[30]

Die Alternative zu dem von den Religionsgemeinschaften mitverantworteten wäre nicht ein »objektiver«, sondern ein vom Staat als dem Veranstalter der Schule inhaltlich reglementierter Religionsunterricht. Da es aber gerade das Kennzeichen des modernen demokratischen Rechtsstaates ist, daß er nicht selbst als Garant und Interpret der Werte und Normen der Gesellschaft fungieren will und soll, sondern deren Tradierung, Auslegung und Weiterentwicklung um der Mündigkeit seiner Bürger willen einem freien Spiel der Kräfte überläßt, kann er einer solchen Aufgabe gar nicht gerecht werden. Und freie Staatsbürger können auch nicht wollen, daß der Staat dies leistet, was er übrigens in allen totalitären Systemen bewußt und gezielt und nach unserem Verständnis eben nicht zum Besten seiner Bürger dennoch tut.

Für den demokratischen Rechtsstaat unserer Tradition gibt es demnach angesichts der geltenden Rechtslage keine andere Lösung, als daß sich die Religionsgemeinschaften und der die Schule tragende Staat gemeinsam und in guter Partnerschaft um den schulischen Religionsunterricht bemühen. Dabei ist es unerläßlich, und darauf wird künftig weit stärker als bisher zu achten sein, daß die Garantie des Grundgesetzes nicht nur den beiden großen christlichen Konfessionen zugute kommt, sondern wirklich allen ernstzunehmenden weltanschaulichen Gruppen. Sofern es aus zahlenmäßigen und schulorganisatorischen Gründen irgend zu vertreten ist, sollte für sie alle bei Bedarf ein Religionsunterricht in der öffentlichen Schule eingerichtet und von der Schule angeboten werden. Prinzipiell dürfte hier keine weltanschauliche Gruppe ausgeschlossen werden, sofern ihre Ziele nicht eindeutig gegen die Verfassung gerichtet sind, was gegebenenfalls in einem ordentlichen Verfahren geprüft werden müßte.

Für die einzelnen Religionsgemeinschaften stellt sich natürlich je nach ihrem eigenen Selbstverständnis das Problem einer partnerschaftlichen Zusammenarbeit mit dem Staat auf dem Gebiet des Religionsunterrichts der öffentlichen Schule verschieden dar. Die evangelische Kirche jedenfalls darf nicht länger den Verdacht aufkommen lassen, sie verfolge mit ihrem Engagement für den schulischen Religionsunterricht unmittelbar eigene Vorteile. Vielmehr sollte sie wirklich frei sein, in der Praxis die Lösungen anzustreben, die der Sache des Religionsunterrichts am besten dienen. Dies kann sie deshalb ganz unbefangen tun, weil sie auf den Religionsunterricht als Mittel zur Missionierung und Rechristianisierung der Jugend weniger denn je angewiesen ist: »Daß die Kirche auf den Religionsunterricht in den öffentlichen Schulen nicht angewiesen ist, sollte keine Frage sein. Die Kirche hat ihre eigenen Möglichkeiten der Bildungsarbeit an Jugendlichen und Erwachsenen. In vielfältigen Organisationsformen bietet sich ein breites Spektrum von Tagungen, Freizeiten, Seminaren, Diskussions- und Vortragsveranstaltungen, Arbeitsgemeinschaften, festen und offenen Kreisen an. Neben dem Dienst der Gemeinde mit ihrer Kinderkirche, der Unterweisung und Hinführung der Konfirmanden zur Konfirmation, dem Gottesdienst und den anderen Gemeindeveranstaltungen steht das Programm der Werke und Verbände mit ihrem spezialisierten Angebot. Dazu kommen die publizistischen Möglichkeiten in Presse, Rundfunk und Fernsehen und auf dem Büchermarkt, sowie die umfangreiche Bildungsarbeit im diakonischen Bereich.«[31]

In solchem Sinne ist dann die von der Verfassung vorgesehene Mitverantwortung der Religionsgemeinschaften für den schulischen Religionsunterricht mindestens von der evangelischen Kirche so zu verwirklichen, daß die Kirche durch sachliche Mitarbeit die Schule bei der Lösung der schwierigen Probleme dieses Faches uneigennützig unterstützt. Dazu bieten sich ihr viele Möglichkeiten: In ihren Religionspädagogischen Instituten und Katechetischen Ämtern kann sie mithelfen, gute und modernen Ansprüchen genügende Lernmittel, Arbeitsmaterialien und Lehrbücher zu entwickeln. Ebenso können die Institute in noch stärkerem Maß als bisher die Fort- und Weiterbildung der Lehrer auf dem Gebiet des Religionsunterrichts und angrenzender Bereiche übernehmen. Schließlich können hier Grundsatzfragen der religionspädagogischen Forschung bearbeitet werden. Ferner kann die Kirche die Schule weithin personell unterstützen. Solange die Schule selbst nicht genügend qualifizierte Religionslehrer hat, ist es durchaus sinnvoll, daß die Kirche hier einspringt und der Schule kirchliche Mitarbeiter zur Verfügung stellt. Wegen der zunehmenden Kompliziertheit organisatorischer und didaktischer Probleme verdient allerdings die völlige Freistellung kirchlicher Mitarbeiter zum hauptamtlichen Dienst in der Schule den Vorzug vor dem bisher überwiegend üblichen nebenamtlichen Einsatz.

Gelingen kann eine sachliche und uneigennützige Mithilfe der Kirche jedoch nur, wenn auch die Schule ihrerseits künftig den Religionsunterricht bewußt als Schulfach versteht, deutlicher als bisher von ihrem Curriculum aus sein Feld abgrenzt und klarmacht, was sie von ihm erwartet. Sie muß sich entschließen, ungerechtfertigte und der Sache nicht dienliche Ansprüche der Kirchen zurückzuweisen, ebenso aber auch solche der erklärten oder versteckten Gegner der Kirchen, die unter dem Banner der Objektivität und Neutralität möglichst unkontrolliert neue Ideologien in die Schule einführen wollen. Schließlich darf die Schule nicht dauernd mit der Bereitstellung kirchlicher Lehrkräfte rechnen. Sie muß, soweit es irgend geht, die Erteilung des Religionsunterrichts durch ihre eigenen Lehrkräfte selbst in die Hand nehmen. Sie muß ein Interesse daran haben und dieses Interesse artikulieren und vertreten, daß mehr Lehrer als bisher die Religionsfakultas erwerben und bereit sind, Religionsunterricht zu erteilen. Darum muß die Schule versuchen, auf die Pädagogischen Hochschulen und Theologischen Fakultäten einzuwirken. Sie darf sich nicht damit abfinden, daß die Theologie ein esoterisches Geschäft bleibt und hauptsächlich die von ihr selbst geschaffenen Probleme in immer neuen Variationen reflektiert. Auch hier gilt es, daß die Schule deutlich sagt, welche Anforderungen sie um des Unterrichts willen stellen muß.

Was ein so von Schule und Kirche gemeinsam verantworteter Religionsunterricht dann auch in der Schule von heute und morgen im einzelnen leisten kann, geht etwa, um nur ein Beispiel zu bringen, aus den neuen Richtlinien hervor, die der Gesamtkirchliche Ausschuß für den Religionsunterricht der Evangelischen Kirche in Hessen und Nassau im Sommer 1970 beschlossen hat.[32] Hier heißt es unter anderem: «In allen Altersstufen soll der Religionsunterricht dem Schüler die Möglichkeit bieten, Fragen und Vorstellungen, die sich auf Religion beziehen, zu formulieren und auszusprechen. Diese Fragen und Vorstellungen sind zu entfalten, in ihren Voraussetzungen und Konsequenzen bewußt zu machen und kritisch zu durchdenken.« Dabei wird konkret gedacht an »Fragen und Vorstellungen, die sich beziehen

auf Kirche, Christentum und ihre wissenschaftliche Selbstdarstellung;
auf allgemein-religiöse Inhalte, die das Bewußtsein der Menschen bestimmen;
auf Sinndeutungen, auf Werte und Normen, die in der Gesellschaft Geltung beanspruchen;
auf Darstellungen von Religion in allen Wissenschaften, die sich mit ihr auseinandersetzen.«

»Religiöse und speziell christliche Traditionen und ihr Wahrheitsanspruch« spielen dabei insofern eine entscheidende Rolle, als »gegenwärtige Fragen und Vorstellungen der Schüler (stets) durch den historischen Prozeß individuellen und gesellschaftlichen Lebens vermittelt sind.« Darum haben sie ihren Platz im Unterricht genau wie die Religionskritik als »Gegenstand von Information, Interpretation und kritischer Auseinandersetzung«.

Auf diese Weise soll der Religionsunterricht »dazu beitragen, daß Mensch und Gesellschaft ihr gegenwärtiges Sein und Bewußtsein überschreiten können«. Das Ziel ist nicht, die Fragen und Vorstellungen der Schüler zu negieren oder den Traditionen anzupassen. Vielmehr soll so den Schülern die Möglichkeit geboten werden, ihre »eigenen Fragen und Vorstellungen selber kritisch zu verändern«. Dabei soll die Vermittlung der angeführten Inhalte mithelfen, »notwendige Fragen, die heute vergessen oder noch nicht bewußt sind, ins Bewußtsein zu heben oder neu entstehen zu lassen, und damit in die Zukunft weisen«. Ebenso soll sie auch »die Erinnerung an solche Traditionen wachhalten, deren bloßes Vergessen ein Rückschritt wäre, wodurch notwendige Änderungen nicht gefördert, sondern verhindert würden«.

Soweit die Auszüge aus den neuen Richtlinien, mit denen das für den Religionsunterricht maßgebende Organ einer Evangelischen Kirche viel alten Ballast abgeworfen und den Blick entschlossen in die Zukunft gerichtet hat. Es dürfte einleuchten, daß es ungleich schwieriger ist, einen Religionsunterricht nach solchen Richtlinien zu planen und durchzuführen als in den gewohnten Bahnen bis zum bitteren Ende weiterzufahren. Gleichwohl muß diese Richtung eingeschlagen werden. Die Schule, die im Sinne eines neuen Verständnisses von Bildung den jungen Menschen für ein eigenverantwortliches Leben in Gegenwart und Zukunft ausrüsten will, kann und darf es nicht zulassen, daß der Fachbereich Religion immer weiter an den Rand und schließlich aus ihr hinausgedrängt wird. Und die Kirche, die der Schule einen freien Dienst leisten will, muß die ihr auferlegte Mitverantwortung für den Religionsunterricht so wahrnehmen, daß es der Schule möglich wird, ihn als ihre eigene Sache zu betrachten. Hier eröffnet sich beiden Partnern ein weites Feld der Zusammenarbeit.

Probleme und Aufgaben

1. Die konfessionelle Gliederung des Religionsunterrichts

Die von den Verfassungen vorgeschriebene inhaltliche Bindung des Religionsunterrichts an die »Grundsätze der Religionsgemeinschaften« wird herkömmlich so verstanden, daß es verschiedene Unterrichtsangebote geben muß, die sich je an den Grundsätzen einer der Religionsgemeinschaften orientieren. Demgemäß wird an den deutschen Schulen in der Regel »Evangelischer« und »Katholischer« Religionsunterricht erteilt, wobei normalerweise evangelische Schüler am Evangelischen und katholische Schüler am Katholischen Religionsunterricht teilnehmen. Jedoch steht dieser konfessionell gebundene Unterricht theoretisch auch Schülern offen, die der anderen oder gar keiner der beiden Konfessionen angehören. Von außen betrachtet, spielt die Konfessionszugehörigkeit des Schülers sowieso keine Rolle. So heißt das Fach etwa in den Zeugnissen nur »Religion« oder »Religionslehre« ohne Zusatz der konfessionellen Ausrichtung.

Schien diese Praxis noch bis vor wenigen Jahren selbstverständlich zu sein, so begann sich in der letzten Zeit mehr und mehr Protest dagegen zu regen. An einer Reihe von weiterführenden Schulen, allgemeinbildenden und berufsbildenden, äußerten Schüler, Eltern und Lehrer den Wunsch, die konfessionelle Gliederung des Religionsunterrichts aufzuheben und die Klassen gemeinsam, unter Umständen im halb- oder vierteljährlichen Wechsel zwischen den Religionslehrern der verschiedenen Konfessionen, unterrichten zu lassen, Versuche, die nicht selten von den Kirchen gebilligt wurden.[33] Darüber hinaus wurde die Notwendigkeit, ja, die Berechtigung einer konfessionellen Gliederung des Religionsunterrichts von maßgebenden Religionspädagogen grundsätzlich infrage gestellt[34], weil diese Gliederung »unvermeidlich zu einer didaktischen Verkürzung in Verständnis und Aufgabenstellung« des Religionsunterrichts führe[35], die seine Integration in die Schule verhindere. Als Lösung wurde und wird vorgeschlagen, entweder den Religionsunterricht »bikonfessionell« zu gestalten[36] oder die Verfassungsbestimmungen zu ändern bzw. ersatzlos zu streichen.[37]

Da mit einer Verfassungsänderung in diesem Punkte, wie oben ausgeführt wurde, in absehbarer Zeit ernsthaft nicht zu rechnen ist, müssen in der Schulpraxis andere Wege eingeschlagen werden, die sowohl den geltenden Bestimmungen der Verfassungen als auch den sachlichen Notwendigkeiten des Religionsunterrichts unter den Bedingungen der Schule von heute und morgen gerecht werden. Ob der von Gert Otto zur Diskussion gestellte bikonfessionelle Religionsunterricht die endgültige Lösung sein kann, ist derzeit nicht abzusehen. Vorerst sind weder die damit zusammenhängenden juristischen Fragen hinreichend geklärt[38], noch ist zu erkennen, wie ein solcher Unterricht im einzelnen und konkret aussehen soll. Realisierbar ist hingegen heute schon eine umfassende Kooperation mindestens der beiden großen christlichen Konfessionen in allen praktischen Fragen des schulischen Religionsunterrichts, angefangen von der Erarbeitung einer gemeinsamen Linie in Stellungnahmen zu Grundsatzfragen gegenüber dem Staat und der Öffentlichkeit über die Bereitstellung geeigneten Lehr- und Lernmaterials, auch der zunehmend wichtiger werdenden audiovisuellen Hilfsmittel, bis hin zur gemeinsamen Planung und Durchführung des Religionsunterrichts selbst. Bewährt hat sich bereits das Kurssystem nach dem sogenannten »Rüsselsheimer Modell«, bei dem der von beiden Konfessionen anzubietende Lehrstoff und darüber hinaus weitere Stoffe aus dem allgemein-religionskundlichen und philosophischen Bereich in thematisch klar gegliederte, zeitlich begrenzte Kurse aufgeteilt werden, die von den Schülern ohne Rücksicht auf Klassenverbände und Konfessionen frei gewählt werden können. Von besonderem Wert ist es, wenn dabei die Schüler aktiv an der Vorbereitung und Themenfindung der Kurse beteiligt werden.[39] Dieses Modell, das zunächst für die gymnasiale Oberstufe (Sekundarstufe II) entwickelt wurde, inzwischen aber an manchen Orten auch in beruflichen Schulen und auf der Mittelstufe (Sekundarstufe I) eingeführt ist, dürfte ein Weg sein, die durch die herkömmliche konfessionelle Gliederung des Religionsunterrichts bedingten Schwierigkeiten in der Praxis zu überwinden.

2. Das Recht auf Abmeldung

Angesichts des offenkundigen Mißbrauchs, den viele Schüler mit dem Recht auf Abmeldung vom Religionsunterricht treiben, vertreten vor allem Religionslehrer nicht selten die Meinung, dieses Recht müsse grundsätzlich aufgehoben werden, da es durch die jüngere didaktische Entwicklung des Religionsunterrichts, nach der dieser Unterricht immer stärker als Sache der Schule verstanden werde und nicht mehr zum Ziel habe, Schüler kirchlich zu vereinnahmen, gegenstandslos geworden sei. Zumindest müßten Schüler, die das Recht auf Abmeldung in Anspruch nehmen, verpflichtet werden, an einem Ersatzunterricht teilzunehmen, den die Schule neben dem an die Religionsgemeinschaften gebundenen Religionsunterricht anzubieten habe.[40]

So verständlich solche Forderungen sind, so wenig wäre jedoch ihre Erfüllung geeignet, dem Religionsunterricht aus seinen Schwierigkeiten zu helfen: Solange nämlich die Religionsgemeinschaften den Religionsunterricht in der öffentlichen Schule mitzuverantworten haben, darf aufgrund der in Artikel 4 des Grundgesetzes garantierten Glaubens- und Gewissensfreiheit des einzelnen weder der Staat noch die Religionsgemeinschaft einen Schüler verpflichten, tatsächlich an dem von seiner Religionsgemeinschaft mitgetragenen Religionsunterricht teilzunehmen, oder ihn hindern, den von einer anderen Religionsgemeinschaft mitverantworteten Unterricht zu besuchen. Auch muß der Schüler das Recht behalten, sich der engagierten Auseinandersetzung mit religiösen Fragen im weitesten Sinne, wie sie jeder modern konzipierte Religionsunterricht anstreben wird, bewußt und ausdrücklich zu entziehen. Eine Nachprüfung vorgebrachter Gewissensgründe ist dabei ebenso unzulässig wie die Bindung der Abmeldung an bestimmte Termine, etwa an das Ende der Schulhalbjahre.[41]

Danach scheint es also keinen Ausweg aus dem Dilemma zu geben. In der Tat vermag keiner der bisher vorgeschlagenen Lösungsversuche zu überzeugen, auch nicht die jüngst in Schleswig-Holstein eingeführte Lösung, daß religionsmündigen Schülern vom 1. Februar 1971 an die Pflichtfächer »Evangelischer Religionsunterricht«, »Katholischer Religionsunterricht« und »Philosophische Propädeutik« angeboten werden, von denen sie eins wählen müssen, wobei die Entscheidung mindestens jeweils für ein Schulhalbjahr gilt.[42] Hier wird entweder Unvergleichbares miteinander verglichen oder keins von beiden ernst genommen. Nichts gegen »Philosophische Propädeutik«! Aber abgesehen davon, daß es didaktisch außerordentlich problematisch sein dürfte, vierzehnjährigen Schülern dieses Fach zu erteilen, kann sie nicht das ersetzen, was Religionsunterricht für den Schüler in der Schule von heute und morgen leisten kann und soll. Im Grunde wird auch mit einer solchen Regelung nur ein neuer Flicken auf ein altes, zerschlissenes Kleid gesetzt.

Eine vernünftige Lösung wird sich erst ergeben, wenn unser Schulsystem nach den Vorschlägen des Deutschen Bildungsrates verändert wird. Danach soll in der Schule wenigstens vom 5. Schuljahr an nur mehr ein begrenzter Kern obligatorischer Fächer und Stoffe angeboten werden. Gleichzeitig soll der Schüler in einem von Jahr zu Jahr breiter werdenden Angebot von Wahlfächern nach Neigung und Begabung Schwerpunkte seines individuellen Lehr- und Lernplans setzen können. Nach allem, was bisher an Überlegungen zur Konkretisierung dieser Pläne bekannt geworden ist, wäre es unrealistisch, damit zu rechnen, daß für den Religionsunterricht im Bereich der obligatorischen Inhalte Raum sein wird. Vielmehr wird er eins von vielen wählbaren Gebieten des Wahlbereiches sein. Das wird einerseits zur Folge haben, daß nur noch ein verhältnismäßig kleiner Teil der Schüler überhaupt am Religionsunterricht teilnehmen wird. Andererseits aber werden diejenigen Schüler, die Religionsunterricht belegen, damit – wie bei allen anderen

Wahlgebieten auch – eine positive Wahl vollziehen, sich also bewußt für den Religionsunterricht entscheiden müssen. Da gleichzeitig in beiden Sekundarstufen eine Punktwertung eingeführt werden soll, die in der Form eines Kreditsystems von Anfang an das Sammeln möglichst vieler für das Abitur I und Abitur II maßgebender Punkte erfordert, wird kein Schüler leichtfertig ein einmal gewähltes Fach aufgeben, jedenfalls nicht mitten im Schuljahr, was für ihn den Nachteil eines Punktverlustes mit sich brächte. Natürlich wird das Recht auf jederzeitige Abmeldung vom Religionsunterricht trotzdem weiterbestehen. Faktisch aber wird es auf diese Weise gegenstandslos werden, abgesehen vielleicht von den wenigen Fällen, wo für Schüler tatsächlich ernste Gewissenskonflikte entstehen. Eigentlich ist aber, einen vernünftigen Unterricht vorausgesetzt, kaum eine Situation denkbar, in der es so weit kommen müßte.

Schon um der anders nicht zu lösenden Probleme willen, die das Recht auf Abmeldung für den Religionsunterricht mit sich bringt, sollten also die Kirchen nach Kräften die vom Deutschen Bildungsrat vorgeschlagene Reform unseres Bildungswesens fördern. Dabei sollten sie von vornherein gemeinsam anstreben, daß der Religionsunterricht als »ordentliches Lehrfach« in den breiten Wahlbereich aufgenommen wird. Nur auf diese Weise kann er wieder aus dem Getto herauskommen, in das er heute aufgrund seiner in der Verfassung verankerten Sonderstellung geraten ist. Allerdings wird er sich in der freien Konkurrenz zahlreicher attraktiver Fächer zu bewähren haben, so daß seine Chance lediglich in der Qualität des Angebots liegen wird.

Gleichwohl zeichnet sich ab, daß infolge der verschiedenen Wahlmöglichkeiten die Zahl der am Religionsunterricht teilnehmenden Schüler erheblich zurückgehen wird. Die überwiegende Mehrzahl der Jugendlichen, die künftig unsere Schulen verlassen werden, wird, abgesehen vielleicht von der Grundschule, nirgendwo mehr systematisch mit religiösen Fragestellungen, nicht einmal mehr mit den grundlegenden biblisch-theologischen Inhalten konfrontiert werden. Von allen didaktischen Veränderungen abgesehen, kann darum auch aus diesem Grunde der schulische Religionsunterricht nicht länger als tragende Säule einer Volkskirche angesehen werden. Gleichwohl wäre es verhängnisvoll, wenn die Kirchen sich deswegen gegen die neue Entwicklung sperren wollten. Mindestens die evangelische Kirche, die gerade auch mit ihrer Mitverantwortung für den Religionsunterricht der Schule einen freien

Dienst leisten kann, muß andere Konsequenzen ziehen: Das Defizit an religiöser Bewußtseinsbildung und an biblisch-theologischem Grundwissen, das so bei künftigen Generationen entstehen wird, muß auf andere Weise, etwa durch die Intensivierung einer qualifizierten theologischen Erwachsenenbildung ausgeglichen werden, nicht aber dadurch, daß für den schulischen Religionsunterricht erneut Bedingungen erkämpft werden, die seine sich endlich abzeichnende Integration in die Schule verhindern.

3. Die kirchliche Bevollmächtigung der Religionslehrer

Nach geltendem Recht darf seit der Weimarer Zeit kein Lehrer in der öffentlichen Schule Religionsunterricht erteilen, der dazu nicht ausdrücklich von seiner Kirche bevollmächtigt worden ist.[43] Die einschlägigen Bestimmungen folgen unmittelbar aus der in den Verfassungen festgelegten kirchlichen Mitverantwortung für den schulischen Religionsunterricht. Der Staat als Veranstalter der Schule »ist also an die kirchliche Bevollmächtigung gebunden. Er braucht nicht jeden Lehrer mit entsprechender Vollmacht mit der Erteilung des Religionsunterrichts zu beauftragen, aber es ist ihm nicht gestattet, den Lehrer ohne eine solche Bevollmächtigung damit zu beauftragen«. Damit wiederum steht juristisch ganz einwandfrei fest: »Der Religionslehrer ist in der Schule der Repräsentant der hinter ihm stehenden Kirche.«[44]

Man muß sich diese Konsequenzen vergegenwärtigen, um zu verstehen, daß keine andere institutionelle Sicherung des kirchlichen Einflusses auf den schulischen Religionsunterricht so problematisch ist, wie gerade diese, die von vornherein jedes Bemühen, diesen Unterricht in die Schule zu integrieren, zu vereiteln scheint. Dementsprechend fehlt es nicht an Stimmen, die die Bevollmächtigung schleunigst abschaffen wollen.[45] Daran vermögen auch gut gemeinte Versuche, die Bevollmächtigung nicht als Ausdruck klerikaler Reglementierung, sondern vielmehr als Aufforderung zu einem »verpflichtenden Dialog zwischen Schule und Kirche oder Lehrer- und Pfarrerschaft« und als Hinweis auf das »antiideologische Gesamtanliegen der biblischen Botschaft« zu werten, nichts zu ändern.[46] Die Mehrzahl der jüngeren Lehrer jedenfalls dürfte kaum bereit sein, eine solche Deutung zu akzeptieren. Dementsprechend kommt aus ihrem Kreise ein zunehmend stärkerer Widerspruch gegen den Zwang der kirchlichen Bevollmächtigung, und wenn nicht alle Zeichen trügen, werden die Kirchen, sofern sie nicht auf das Institut selbst verzichten wollen, zumindest bei den Modalitäten der Zuerkennung der Bevollmächtigung so weit nachgeben müssen, daß in der Regel nicht mehr als ein formaler Akt übrigbleibt.

Daß dies eine ebenso vorläufige wie unbefriedigende Lösung des Problems wäre, braucht nicht weiter ausgeführt zu werden. Welche anderen Möglichkeiten aber gibt es dann, um aus den Schwierigkeiten herauszukommen? Mit einer Änderung der zum Teil in Verfassungen, zum Teil in Staatskirchenverträgen enthaltenen Bestimmungen ist auch in dieser Frage nicht zu rechnen, zumal die katholische Kirche gerade hier unnachgiebig sein müßte: Nach kanonischem Recht ist der schulische Religionsunterricht ein Teil des kirchlichen Lehramtes, das niemand öffentlich ausüben darf, dem dazu nicht von einem zuständigen kirchlichen Amtsträger eine »missio« übertragen worden ist.[47] Diese missio ist das wirksamste Instrument einer Kontrolle des Unterrichts: »Der Religionslehrer garantiert die Konfessionalität des Unterrichts, da er durch seine missio canonica verpflichtet ist, die Lehre der katholischen Kirche zu vertreten. Er hat deshalb seine Themen nach dem Lehrplan zu wählen und ihnen eine entsprechende Prägung zu geben.«[48]

So verlockend der Gedanke sein mag, auf evangelischer Seite der kirchlichen Bevollmächtigung ähnliche Qualitäten beizumessen und gerade darum angesichts der unausweichlichen didaktischen Integration des Religionsunterrichts in die Schule an ihr festzuhalten – in einer Kirche, die keinen qualitativen Unterschied zwischen Priestern und Laien kennt, deren Grundprinzip vielmehr das Priestertum aller Gläubigen ist, ist ein solches Verständnis der Bevollmächtigung theologisch unmöglich. Erst recht widerspricht es der erklärten Absicht, auch über die Mitverantwortung am Religionsunterricht der Schule einen freien Dienst zu leisten. Die kirchliche Bevollmächtigung des Religionslehrers kann danach nur den Sinn haben, ihm von seiten der verfaßten Kirche zu bescheinigen, daß er für die Aufgaben des Religionsunterrichts an der öffentlichen Schule befähigt und ausgewiesen ist: Mit der Bevollmächtigung wird »ausgesprochen, daß die betreffende Person das Wissen und die inneren Voraussetzungen für die Erteilung des Religionsunterrichts mitbringt.«[49] Nicht aber wird dadurch ein für allemal die theologische und kirchliche Rechtmäßigkeit des Unterrichts dieses betreffenden Lehrers gewährleistet.

Darum werden in dieser Frage die beiden großen christlichen Konfessionen auf die Dauer wohl nicht gemeinsam handeln können. Die katholische Kirche wird ihre eigenen Wege finden müssen, sowohl den klaren Bestimmungen des kirchlichen Rechts zu genügen als auch dem Unbehagen der Lehrerschaft zu begegnen. Für die evangelische Kirche hingegen scheint sich die Lösung anzubieten, die beispielsweise in Niedersachsen und Schleswig-Holstein seit langem praktiziert wird. Dort sehen die evangelischen Kirchen die Bedingungen der Bevollmächtigung als erfüllt an, wenn ein Lehrer seine staatliche Prüfung im Fach Religion unter Beteiligung eines kirchlichen Beauftragten, der kein kirchlicher Amtsträger sein muß, ordnungsgemäß ablegt. Freilich behalten sie sich theoretisch das Recht vor, ihre Zustimmung im Einzelfall zu verweigern bzw. später wieder zu entziehen, wenn gewichtige Gründe vorliegen.[50] Ein besonderer zusätzlicher Akt der Bevollmächtigung ist jedoch nicht vorgesehen.

Da die evangelischen Kirchen in allen Bundesländern direkt oder indirekt an den staatlichen Prüfungen beteiligt sind – sei es personell, sei es über ihre Mitwirkung bei der Gestaltung der Prüfungsordnungen, was eine Mitbestimmung über die Prüfungsanforderungen bedeutet –, sollten sie erwägen, ob sie nicht mit einer ähnlichen Regelung einverstanden sein könnten. Dies zu bejahen sollte ihnen nicht schwerfallen, zumal die heutige Form der Lehrerausbildung mit der Notwendigkeit eines vertieften Studiums weniger Unterrichtsfächer dem entgegenkommt. War Religion für den Volksschullehrer alten Typs ein Lehrfach unter vielen, dem er praktisch kaum ausweichen konnte, so setzt die Wahl dieses Faches heute – wie bei den angehenden Gymnasiallehrern schon immer – bei dem Studenten eine bewußte und positive Entscheidung voraus. Die evangelischen Kirchen sollten annehmen, daß der, der sich unter den gegenwärtigen erschwerten Bedingungen gerade des Religionsunterrichts trotzdem für dieses Fach entscheidet, die »inneren Voraussetzungen für die Erteilung des Religionsunterrichts mitbringt«, so daß sich eine zusätzliche obligatorische formale Bestätigung der verfaßten Kirche erübrigt. Das heißt nicht, daß Lehrern, die ausdrücklich eine derartige kirchliche Bestätigung wünschen, eine besondere Bevollmächtigung verweigert werden sollte. Als Zeichen der Verbundenheit der Kirche mit dem Lehrer kann sie weiterhin ihren guten Sinn haben, sofern der Lehrer Wert auf ein solches Zeichen legt. Für die Mehrzahl der Lehrer aber wird es wichtiger sein, daß die Kirche ihre Verbundenheit mit ihnen durch ständige und vielfältige uneigennützige Hilfen bei der Bewältigung der akuten Probleme des Religionsunterrichts bezeugt, Hilfen, die von der Zustimmung zu zeitgemäßen und brauchbaren Lehrplänen über die Bereitstellung geeigneten Unterrichtsmaterials bis hin zu einem qualifizierten Angebot von Fortbildungsmöglichkeiten reichen.

VIII. »Randerscheinung oder Teil der Mitte«?

Die Frage nach der Zukunft kirchlicher Schulen

Konrad Müller, bis 1966 Staatssekretär im Niedersächsischen Kultusministerium, schließt einen Vortrag über das Thema »Kulturpolitik und freie Schule« mit dem Satz: »Ist die freie Schule im restaurativen Abschnitt unserer Bildungspolitik allenfalls eine respektable Randerscheinung unseres Bildungswesens gewesen, so könnte sie in der neuen Phase vielleicht mehr zur Mitte rücken, Teil der Mitte werden.«[1] Während jeder, der die Geschichte der deutschen Schule überblickt, Müllers Urteil über den bisherigen Stellenwert des freien Schulwesens in Deutschland teilen wird, dürften dessen Zukunftsmöglichkeiten nicht überall als so günstig angesehen werden.[2] Freilich ist auch Müller selbst von Optimismus weit entfernt, wenn er zurückblickt und feststellt, daß sich die freien Schulen insgesamt trotz einzelner Ausnahmen nicht mit genügendem Erfolg bemüht haben, dem öffentlichen Schulwesen neue Impulse zu geben: »Im ganzen komme ich für die zurückliegende Zeit zum Ergebnis, daß sie bei den freien Schulen eher eine Zeit der Anpassung gewesen ist als eine Zeit, in der die freie Schule der restaurativen Stagnation in der öffentlichen Schule ihren lebendigen Reformismus entgegengestellt hätte. Ich kann daher unseren freien Schulen schwerlich attestieren, daß sie sich im jüngsten Abschnitt unserer Bildungsgeschichte genügend legitimiert hätten, Experimentierfeld für das ganze Bildungswesen zu sein.« Umgekehrt folgt daraus, daß Müller die künftigen Chancen der freien Schulen darin sieht, »Experimentierfeld der Schulreform« zu sein und ihre Freiheit von den »Bleikugeln des zentralistischen Dirigismus« dafür zu nutzen, wegweisende Lösungen drängender pädagogischer und bildungspolitischer Probleme zu entwickeln, vor allem im Rahmen des vom Deutschen Bildungsrat angeregten Programms zur Erprobung von Schulversuchen mit Ganztags- und Gesamtschulen sowie mit neuen Formen der Mitwirkung und Mitbestimmung aller an der Schule unmittelbar Beteiligten, angefangen von den maßgebenden Kräften der pluralistischen Gesellschaft bis hin zu Eltern, Schülern und Lehrern.[3]

Andere sehen die Aufgaben der freien Schulen genauso, halten aber ihren Spielraum für viel geringer. So hat nach der Meinung von Alfons Schorb, dem Leiter des Bayerischen Staatsinstituts für Bildungsforschung und Bildungsplanung, die vorherrschende »pragmatische Auffassung von Bildung in unserer Gesellschaft« mit der Konsequenz eines allgemeinen Strebens nach gleichartigen Abschlüssen und Berechtigungen dazu geführt, daß es in der Eltern- und Schülerschaft keine genügend breite Basis mehr gibt, auf die sich ein zukunftsträchtiges freies Schulwesen gründen könnte. Vielmehr hat dieses Streben der Gesellschaft die freien Schulen bereits dazu genötigt, »die Gleichartigkeit dessen, was (bei ihnen) geschieht, so sehr zu betonen, daß es faktisch zu einem Gleichziel mit wenigen Differenzen ... vom öffentlichen Schulwesen gekommen ist und eine charakteristische Unterschiedsspanne kaum mehr besteht.«[4] Den freien Schulen blieb im wesentlichen nur die Aufgabe, »Reparatureinrichtung für Kehrseitenphänomene des öffentlichen Schulsystems« zu sein und »an seinem Rande abzugrasen, was dort noch stehen bleibt.« Kaum mehr aber konnten sie sich darstellen und verstehen als »aktive Zellen einer neuen Pädagogik«.[5]

Dies ist nach Schorb für ihre Zukunft deshalb so bedeutsam, weil sich aus dem Strukturplan des Deutschen Bildungsrates keine »konstitutiven Aufgaben für Privatschulen« mehr ergeben: Für das dort entworfene Schulwesen gibt es »kein ›außer‹ mehr, sondern nur noch dieses System. Alle Aufgaben, die zur richtigen Bewegung und Lebendigkeit des Systems notwendig sind, auch die Aufgabe des Experiments, sind in das System hinein zu verlagern und können nicht mehr außerhalb begonnen und angepackt werden. Auch die traditionellen Aufgaben der Privatschulen werden jetzt zur staatlichen Aufgabe erklärt.«[6] Natürlich wird es auch weiterhin »Kehrseitenphänomene« geben. Es kann aber nicht länger die Aufgabe eines freien Schulwesens sein, sich auf »Reparaturleistungen« zu beschränken. Wollen die freien Schulen auf die Dauer überleben, müssen sie aktiv an der Bildungsreform mitarbeiten, etwa dadurch, daß sie »in einem zeitlichen Vorlauf Sonderaufgaben rechtzeitig abtasten« und Entscheidungshilfen für den großen Apparat des öffentlichen Schulwesens bereitstellen. Besonders im Hinblick auf die ungelösten Fragen der Curriculumentwicklung müßten sie sich als »pädagogisches Experimentierfeld« anbieten. Freilich setzt das eine radikale »Umorientierung voraus: Weg von den Randzonen, von der Reparaturfunktion im gegebenen Schulsystem. In dem öffentlichen Bildungssystem selbst müssen die künftigen Aufgaben entwickelt werden.«[7]

Es erscheint sinnvoll, die Frage nach der Zukunft der von der evangelischen Kirche mittelbar oder unmittelbar getragenen freien Schulen von hier aus anzugeben. Natürlich ist der schulpolitische Aspekt nur einer von vielen[8], angesichts der kritischen Lage, in der sich die Mehrzahl dieser Schulen derzeit befindet, aber ohne Zweifel der wichtigste. Es wird eine Existenzfrage für viele evangelische Schulen sein, ob sie sich der angedeuteten schulpolitischen Herausforderung stellen und die den freien Schulen verbleibenden Aufgaben angemessen erfüllen. Wie alle anderen kirchlichen Einrichtungen auch wird keine Schule auf die Dauer nur deshalb weiterbestehen, weil sie nun einmal vorhanden ist. Die Zeit der »totalen Volkskirche« geht zu Ende.[9] Die Kirche wird nicht mehr lange alle bisherigen Aktivitäten fortführen können. Vielmehr wird sie klare Prioritäten setzen und sich auf die wirklich wichtigsten Aufgaben konzentrieren müssen.

Es könnte eine solche wichtige Aufgabe der Kirche sein, auch in Zukunft eigene Schulen zu unterhalten. Freilich wäre das nur dann zu vertreten, wenn diese Schulen nicht länger zu den »Randerscheinungen« des Bildungswesens gehörten, sondern – unabhängig von ihrer Anzahl – ein »Teil der Mitte« würden. Daran müßte der Kirche sogar viel liegen, weil sich ihr hier eine besondere Chance böte, direkt und konkret der Schule den versprochenen freien Dienst zu leisten. Soll das gelingen, darf jedoch bei den kirchlichen Schulen nicht weiter alles so bleiben, wie es schon immer war. Es ist wahrscheinlich, daß manche der vorhandenen Schulen gar nicht die Voraussetzungen dafür bieten, jemals »Teil der Mitte« zu werden, und umgekehrt, daß die bereits eingeleiteten Reformen des öffentlichen Schulwesens in der Zukunft auf ganz anderen Gebieten einen freien Dienst freier Schulen erforderlich machen als bisher. Darum erscheint eine nüchterne Bestandsaufnahme des evangelischen freien Schulwesens ebenso geboten wie ein vernünftiges Abwägen seiner zukünftigen Aufgaben und Möglichkeiten.

Die schwierige Lage der kirchlichen Schulen

Obwohl die evangelischen Schulen nach den katholischen die größte Gruppe freier Schulen in Deutschland darstellen, sind bislang von ihnen keine nennenswerten Anstöße für das öffentliche Schulwesen ausgegangen.[10] Nicht als ob sich einzelne Schulen nicht um Reformmaßnahmen und Anregungen bemüht hätten. In ihrer Gesamtheit jedoch haben die evangelischen Schulen sich so wenig wie die sie tragenden Kirchen an der pädagogischen und schulpolitischen Diskussion beteiligt. In den führenden Fachzeitschriften sucht man vergebens nach Veröffentlichungen aus ihrem Bereich, und die entscheidenden bildungspolitischen Planungen sind in Bund und Ländern ohne die evangelischen Schulen erarbeitet worden. Mag dies in der zurückliegenden expansiven Phase des Neuaufbaus kirchlicher Arbeit nach 1945 weder den Kirchen noch den kirchlichen Schulen selbst als Mangel bewußt gewesen sein, so hat es inzwischen angesichts der Notwendigkeit einer Konzentration kirchlicher Aktivitäten bei den Schulen zu einer offenkundigen Krise ihres Selbstverständnisses und bei kirchenleitenden Organen zu drängenden Fragen nach der Notwendigkeit einer weiteren Unterhaltung der kirchlichen Schulen geführt.

Nichts kennzeichnet die Krise des Selbstverständnisses der evangelischen Schulen deutlicher als die jüngste einschlägige gezielte Veröffentlichung aus ihrem Raum zu eben dieser Frage.[11] Die Argumentation der verschiedenen hier gesammelten Beiträge ist durchweg gebrochen. Einerseits scheint es so, als akzeptiere man die Frage nach der besonderen schulpolitischen Wirkung freier Schulen gar nicht, sondern begnüge sich damit, »Bedarfslücken« des öffentlichen Schulwesens auszufüllen: »Die einzelnen Schulen und Internate haben sich so sehr mit den konkreten Alltagsnöten beschäftigt, daß sie sich meistens damit begnügt haben, für bestimmte Schülergruppen einfach dazusein. So haben unsere Schulen eine Lücke im öffentlichen Schulwesen gefüllt und den diakonischen Auftrag der Kirche wahrgenommen.«[12] Oder: »Die primäre Motivation evangelischer Schulen geschieht durch das Evangelium. Es erschließt uns die Lage, wie sie in Wahrheit und am jeweiligen Standort historischer Entwicklung ist. Wir haben deshalb angesichts der ... paradoxen Lage auf dem Schul- und Bildungssektor zuverlässig einfach dazusein, was eigentlich immer schon eine spezifisch evangelische Tugend war. Dieser evangelische Ansatz führt uns öffentlich in die

Partnerschaft mit dem staatlichen Schulwesen. Wir verstehen uns als Partner, welcher zunächst nichts anderes tut, als was man in einem öffentlichen Schulwesen normalerweise tut. Er wird aber durch sein bloßes Vorhandensein als freie gesellschaftliche Gruppe Hilfestellung leisten.«[13]

Auf der anderen Seite jedoch versucht man durchaus nachzuweisen, daß darüber hinaus etwas geleistet wurde. Was dann allerdings aufgezählt wird, läuft doch wieder auf die Funktion des Ausfüllens von »Bedarfs- und Marktlücken der öffentlichen Hand« hinaus und vermag grundsätzlichen kritischen Fragen kaum standzuhalten: »Im letzten Jahrzehnt lag die pädagogische Leistung dieser Internate und Heime mehr in der verläßlichen unterrichtlichen und erzieherischen Alltagsarbeit. Die Hervorbringung großspuriger und auffälliger Breitenwirkung ist hier sowieso nicht möglich. Im Sinne der evangelischen Begründung in der biblischen Rede vom ›Salz der Erde‹ und vom ›Licht der Welt‹ sind viele Leuchtfeuer zu erkennen. Es ist manches mindestens Geschmackvolle, letztlich aber Lebensnotwendige zu nennen. Die evangelischen Schulen und Internate leisteten nach dem Krieg der wiederaufstrebenden Gesellschaft in Westdeutschland einen wichtigen Dienst für Flüchtlingsschüler und sozial benachteiligte Jugendliche. Man kultivierte schulfreie Räume auf dem Lande. Man stieß aber auch in einige neue Ballungszentren vor, wo ein »Bildungsnotstand« früh erkannt wurde. Dabei kam es zu interessanten Schulversuchen. Die nach Bonhoeffer genannten Schulen in Oldenburg und im Rheinland zeigen beispielsweise die Spannweite von der Tagesheimschule in Ahlhorn zur sehr differenzierten Internatsschule in Hilden, die sich ständig neue Aufgaben setzt. Eine für mehrere Landkreise zuständige, als staatliches Realschulmodell geltende Ganztagsschule entstand in Gefrees in Oberfranken. In der westfälischen Sennestadt und im hessischen Rimbach wurden gymnasiale Oberstufenreformen früh staatlich anerkannt. Formen additiver Gesamtschulen gibt es unter anderem in Hamburg, Nürnberg, Augsburg und Berlin. Ein Schulzentrum mit zwölf differenzierten allgemeinbildenden und Fachschulen entstand in Neuendettelsau. Ein besonderes Bildungsprogramm versuchen die evangelische Landesschule zur Pforte in Westfalen, das evangelische Gymnasium Zum Grauen Kloster in Berlin und das Gymnasium mit Sportzug in Meisenheim/Glan zu realisieren. Im hessischen Steinatal hat die Internatsarbeit stets große Anpassung an konkrete Nöte erwiesen. In Königsfeld im Schwarzwald und in Korntal verantworten bruderschaftlich orientierte evangelische Gruppen auch pädagogisch ein bruderschaftliches Verhältnis zwischen alt und jung. Die württembergischen evangelischen Schulen wollen sich überörtlich zu größeren Organismen zusammenschließen und beseitigen dabei das Mißverständnis, welches kirchlichen Schulen oft anhaftet, als bereite die Kirche in der evangelischen Schule ihr eigenes Gärtlein zur Züchtigung kirchlichen Betriebsnachwuchses. In Reutti bei Neu-Ulm sind evangelische Heimerziehung, Realschulbildung und Lehrwerkstätten für Maschinenbau, Gartenbau und Holzverarbeitung verbunden und bieten auch Jugendlichen aus der Fürsorgeerziehung die nötigen Aufstiegschancen. In Uffenheim wird intensiv die gymnasiale und mittlere Bildung ländlicher Begabungsreserven betrieben. Institute des Zweiten Bildungsweges wie im hessischen Laubach, im niedersächsischen Hermannsburg/Celle und im nordrhein-westfälischen Espelkamp/Mittwald stehen neben einer unübersehbaren Zahl berufsbezogener und fachspezifischer Ausbildungsgänge im Bereich der Diakonischen Werke (z. B. in Bayern allein fast 60 Einrichtungen). Dies alles zeigt, auf welche Weise das evangelische Schulengagement Bedarfs- und Marktlücken der öffentlichen Hand ausfüllt.«[14]

Angesichts solchen Widerspruchs bleiben dann viele Fragen offen, wenn die evangelischen Schulen für die Zukunft von sich aus neue Aufgaben ins Auge fassen, die in der Auseinandersetzung mit dem Strukturplan des Deutschen Bildungsrates formuliert werden, etwa die Mitarbeit bei der Curriculumentwicklung: »Gegenüber dem Erziehungs- und Bildungsoptimismus des Sturkturplanes wird der ›eschatologische Vorbehalt‹ einzubringen sein. Darum muß die Kirche bei der Entwicklung der Curricula mitsprechen und eigene Vorstellungen entwickeln. Die kirchlichen Schulen sind bereit, bei der notwendigen spezifischen Füllung der Curricula mitzuwirken. Denn in den kirchlichen Schulen kann aufgrund der wissenschaftlichen Struktur ihres Unterrichts das Evangelium ›als die einzige Wahrheit, die tiefer reicht als die Wissenschaft, auf der das Atomzeitalter beruht‹ (C. F. von Weizsäcker) mitten in der Gesellschaft Gestalt gewinnen.«[15] Was dazu grundsätzlich ausgeführt wird, klingt kaum so, als ob schon konkrete Vorstellungen und Pläne bestünden: »Es wird ... sicher zu einer Zielorientierung kommen, die auch im künftigen curricularen Prozeß eine große Rolle spielen kann. Die um des Evangeliums willen nötige Humanorientierung gegenüber der Schülerschaft wird den evangelischen Erzieher noch immer und wieder einmal solidarisch erklären mit technokratisch bedrohten jungen Menschen. Im Namen des Menschen wird der evangelische Lehrer mit aufstehen gegen eine von uns selbst geschaffene und zu vertretende Welt des bloßen Funktionierens. Die Weckung einer verantwortbaren Leistungsfähigkeit der Starken ebenso wie der Schutzraum für schulisch bedrohte, erzieherisch gefährdete oder sozial benachteiligte Jugendliche sind unsers Amtes.«[16]

Wie also wirklich ein zukunftsweisender Beitrag geleistet werden soll und welche Voraussetzungen vorher bei den kirchlichen Schulen selbst erfüllt sein müssen, bleibt vorerst unklar. Demgemäß wird auch die Notwendigkeit der weiteren Existenz freier evangelischer Schulen weniger zwingend begründet als beharrlich postuliert: »Obwohl das Evangelium für eine institutionelle Verfolgung eigener Zwecke ziemlich unbrauchbar zu sein scheint, weil es an allen öffentlichen Orten verkündigt werden muß, setzt sich die Meinung durch, daß die Kirche nicht nur verbal in den Bereich der Bildung hineinwirken sollte, sondern eine eigene umgrenzte Erfahrungsbasis auch in Zukunft im Schulbereich nötig hat. Die mannigfachen gewollten oder ungewollten Erziehungserfolge bewußt evangelischer und kirchlicher Leute dürfen nicht verkannt werden. Der in der Tat heute oft übersehene Ansatz der religiösen Komponente in der Erziehung, nämlich das Angelegtsein des Menschen auf Glauben hin, wird über kurz oder lang wieder gefragt sein. ... Bisher ist die Kirche mit ihrem Evangelium nirgends, wo sie Schule hält, im Sinne dieser Denkanstöße überflüssig geworden.«[17] Oder: »Gerade in unserer sich wandelnden Welt von Bildung und Erziehung braucht die Kirche Schulen, an denen sie ihre pädagogische Substanz erproben kann. Wenn es keine kirchlichen Schulen gäbe, müßten sie errichtet werden. ... In dieser Situation kann sich die Kirche ihrem Auftrag auch im Raum der Bildung nicht entziehen. Sie darf weder ihre Glieder noch die Gesellschaft sich selbst überlassen. Wenn sie den Dialog über Bildung und Erziehung mit den verschiedenen Gruppen und Schichten der Gesellschaft sachgemäß führen will, braucht sie kirchliche Schulen, die das Evangelium in der veränderten Welt von Bildung und Erziehung zu leben versuchen. ... Wie es keine Kirche ohne Diakonie gibt, so darf es auch keine Kirche ohne kircheneigene Schulen geben. Für beides muß die große und kleine Gemeinde sich verantwortlich wissen und bereit sein, auch finanzielle Opfer zu bringen.«[18] Und: »Wir bedauern, daß in den letzten Jahren das Bewußtsein von der Relevanz unserer Schulen in den kirchlichen Gremien nachgelassen hat. ... Angesichts des Auftrages, den kirchliche Schulen bis heute wahrnehmen, können wir Lehrer an kirchlichen Schulen uns heute besonders eine Kirche der Reformation ohne eigene Schulen nicht vorstellen. Wir halten einen Rückzug der Kirchen aus der Bildungsgesellschaft für indiskutabel.«[19]

Daß Synoden und Kirchenleitungen sich damit zufriedengeben, ist unwahrscheinlich. Die Lage der Kirche zwingt zur Konzentration der Kräfte. Welche kirchlichen Aktivitäten weitergeführt oder gar intensiviert werden können, wird nach rationalen Kriterien zu entscheiden sein. Dabei wird der Kostenfaktor ein zunehmend wichtigerer Gesichtspunkt werden. Gerade die Schulen erfordern aber als besonders personalintensive Dienstleistungsbetriebe wegen der überproportional steigenden Personalkosten von Jahr zu Jahr höhere Zuschüsse, auch wenn in einigen Bundesländern, vor allem in Rheinland-Pfalz und in Nordrhein-Westfalen, der Staat aufgrund günstiger Privatschulfinanzierungsgesetze den größten Teil der Unkosten erstattet.[20] Sollten also in den kommenden Jahren die Einnahmen der Kirchen, die zum allergrößten Teil aus Kirchensteuern stammen, absolut und relativ im Verhältnis zur allgemeinen Kosten- und Preisentwicklung erheblich zurückgehen, woran kaum zu zweifeln ist, werden die kirchenleitenden Organe allein von daher genötigt sein, die Trägerschaft mindestens einiger kirchlicher Schulen aufzugeben. Ein derartiger Beschluß muß freilich nicht zugleich das Ende der betreffenden Schule und ihrer Arbeit bedeuten. Vielmehr wird es in vielen Fällen möglich sein, daß die örtlich zuständigen öffentlichen Schulträger solche Schulen übernehmen und weiterführen. Dies liegt um so näher, als in allen Bundesländern inzwischen eine umfassende Schulplanung begonnen hat, deren Ziel es ist, überall größere und leistungsfähigere Schuleinheiten zu schaffen, bei der vorhandene Privatschulen sowieso von vornherein mitberücksichtigt werden. Hier muß nüchtern geprüft werden, ob wirklich mit dem Wechsel der Schulträgerschaft Wesentliches an der Substanz verlorengeht. Wo das nicht der Fall ist, sollte die Kirche die Trägerschaft vorhandener Schulen sogar bereitwillig aufgeben, um die bisher dafür verwendeten Mittel freizubekommen für andere Aufgaben, deren Dringlichkeit von der öffentlichen Hand noch nicht in demselben Maße erkannt ist wie die Notwendigkeit der Bildungsreform. Übrigens wird gerade dieser Gedanke auch bei evangelischen Schulen selbst durchaus geteilt, etwa wenn H. Bauer in dem mehrfach zitierten Aufsatz von den Schulen eine entsprechende innere Einstellung verlangt: Für die evangelischen Schulen gehören dazu »auch Wille und Phantasie, gesellschaftliche Positionen zu räumen, sobald die breite Öffentlichkeit die Wahrheit der zu leistenden Bildungs- und Erziehungsarbeit erkannt hat, um sich um so intensiver solchen Aufgaben zur Hilfe am Menschen widmen zu können, welche die Öffentlichkeit innerhalb ihres Bildungssystems vernachlässigt.«[21]

Genau unter diesem Aspekt sollten Überlegungen und Entscheidungen über die kirchlichen Schulen gesehen werden, sei es die angelaufene Bestandsaufnahme durch den Strukturausschuß der Synode der Evangelischen Kirche in Deutschland, seien es die Planungen der württembergischen Kirche zur Schaffung eines evangelischen Schulwerkes[22] oder auch der bereits im Frühjahr 1970 von der Synode der Evangelischen Kirche in Hessen und Nassau gefaßte Beschluß, die Trägerschaft ihrer Schulen aufzugeben.[23] Die schwierige Lage der evangelischen Schulen erfordert bald klare Entscheidungen: »Es ist ... an der Zeit, nicht nur ein deutliches Ja zu evangelischen privaten und kirchlichen Schulen zu sagen, sondern auch dieses Ja durch besondere Anstrengungen zu bekräftigen. Es kann also ein solches Ja nicht einfach die Zustimmung zu den bestehenden Schulen und ihre Weiterführung sein. Vielmehr gilt es in Würdigung der ehrwürdigen Traditionen bestehender evangelischer privater und kirchlicher Schulen und in der Anerkennung ihrer großen Leistungen in der Vergangenheit nun ein Neues zu beginnen.«[24] Für die Entscheidungen, die damit anstehen, kann es hilfreich sein, einige wesentliche Gründe und Ursachen der Schwierigkeiten darzustellen und von da aus nach Aussichten und künftigen Möglichkeiten evangelischer Schulen zu fragen.

Gründe und Ursachen

Der wichtigste Grund dafür, daß die kirchlichen Schulen in die Krise geraten sind, die sich zuerst in ihren eigenen bohrenden Fragen nach einem zeitgemäßen Selbstverständnis manifestiert, ist die mangelnde theoretische Fundierung evangelischer Schularbeit. Es gibt kein allgemein anerkanntes, überzeugendes Konzept über den Sinn und die Notwendigkeit der Existenz evangelischer freier Schulen. Viele Schulen sind Zufallsgründungen, meist Reaktionen auf akute und konkrete Notstände im Gefolge des letzten Krieges, deren Eröffnung und Unterhaltung im wesentlichen dadurch gerechtfertigt erschien, daß sie offenkundige »Marktlücken« ausfüllten, indem sie die damals mangelhafte schulische Versorgung der ländlichen Gebiete verbessern halfen und zudem in ihren Heimen Kinder aufnahmen, die unter dem Krieg und seinen Folgen besonders gelitten hatten, vor allem Kriegswaisen und Flüchtlinge.[25] In dem Maße, wie dann überall die Landschulreform voranschritt und die Zahl der Waisen und Flüchtlingskinder abnahm, verloren die Schulen *diese* Rechtfertigung ihrer Existenz, so daß die Frage einer eigenen inhaltlichen Konzeption vor allem der Schularbeit selbst immer dringender wurde. Während nämlich den Schülerheimen gleichsam von allein neue Aufgaben zuwuchsen, weil die schwindende Zahl kriegsgeschädigter Kinder durch eine ständige Zunahme des Anteils von Kindern aus gestörten Ehen und mit psychischen und sonstigen zivilisatorischen Schäden mehr als aufgewogen wurde, erwies es sich für die Schulen als schwieriger, eine neue Zielsetzung ihrer Arbeit zu finden.

Leider boten aber auch Stiftungen und ältere Gründungsurkunden, auf die sich andere evangelische Schulen stützen konnten, keine zureichende Hilfe. D. von Heymann hat nachgewiesen, daß die darin enthaltenen Begründungen kirchlicher Schularbeit im wesentlichen dem Gedankengut der Erweckungsbewegung des 19. Jahrhunderts entstammen[26], die nach 1945 wiederaufgenommen wurden, ohne daß aus ihnen eine den veränderten Verhältnissen angemessene, zukunftsweisende Schulkonzeption entwickelt wurde: »Allerdings blieb die große gesellschaftliche und politische Wirkung dieser Schulkonzeption, wie sie in der Erweckungsbewegung noch zutage trat, nach 1945 aus. ... Die Durchdringung der Gesellschaft mit christlichem Gedankengut in größerem Ausmaß blieb von seiten der evangelischen Schulen aus. Das erwartete intensive Gespräch mit dem staatlichen Schulwesen kam nicht zustande. Statt dessen wandten sich die evangelischen Schulen diakonischen und regional begrenzten Aufgaben zu. Recht bald schlossen sich die evangelischen Schulen den staatlichen Bildungsplänen an und trachteten nach Anerkennung. Das von der Erweckungsbewegung entwickelte Programm wurde zwar teilweise übernommen, verblaßte aber in zunehmendem Maße, ohne daß die bildungs- und kulturpolitischen Aufgaben erkannt wurden. ... Unterstützt wurde diese Entwicklung dadurch, daß sich auch Theologie und Kirchen nicht den gesellschaftlichen und politischen Fragen, sondern in stärkerem Maße der Lösung individueller Verstehens- und Sprachprobleme zuwandten. ... So ging wertvolles Terrain in der Gesellschaft verloren.«[27]

Mit dem Hinweis auf Theologie und Kirche ist bereits angedeutet, daß man das Fehlen eines Konzeptes keineswegs den Schulen allein anlasten darf. Sie waren wohl wirklich »so sehr mit den konkreten Alltagsnöten beschäftigt, daß sie sich meistens damit begnügt haben, für bestimmte Schülergruppen einfach dazusein.«[28] In der Tat wäre es unbillig, von den Praktikern in den Schulen die Lösung jener Fragen zu verlangen, um die sich die Theoretiker bisher nicht hinreichend bemüht, die sie jedenfalls nicht gelöst haben. Den Schulen kann man allenfalls vorhalten, daß sie die Verantwortlichen in Theologie und Kirche nicht genügend auf ihre Schwierigkeiten hingewiesen und gedrängt haben, sich ihrer Fragen anzunehmen. Immerhin liegt hier jedoch das größere Versäumnis auf seiten der Kirchen selbst, bei denen die Schulen offenbar gerade in dieser Grundfrage nicht den Rückhalt und die Unterstützung gehabt haben, die sie gebraucht hätten. Ganz freilich kann man die kirchlichen Schulen nicht entlasten, zumal sie seit vielen Jahren miteinander in Schulbünden zusammengeschlossen sind und zusammenarbeiten.[29] Obwohl hier immer wieder Grundsatzfragen diskutiert wurden und werden, insbesondere auf den großen Tagungen 1960 in Berlin, 1963 in Nürnberg, 1966 in Stuttgart und 1969 in Hamburg[30], hätte nachdrücklicher und radikaler gefragt werden müssen, hätte man intensiver versuchen müssen, stichhaltige Antworten auf die Frage nach der Konzeption zu finden. So aber bleibt, unabhängig von der Frage nach der Schuld an den Versäumnissen, nur die Feststellung, daß weithin »die Übernahme traditioneller, älterer Vorstellungen und Grundsätze für eine evangelische Privatschularbeit die Entwicklung neuer Zielsetzungen verhindert hat.«[31]

Als weiterer großer Nachteil erweist sich beim Rückblick die geographische Lage der meisten evangelischen Schulen, die abseits von Großstädten und Ballungsgebieten gegründet wurden.[32] Das Lebensgefühl der heutigen Zeit wird mehr und mehr von den Städten und Industriegegenden aus geprägt, und die drängenden Fragen der Zeit, insbesondere die der jungen Generation, sind nun einmal auf dem Lande noch immer nicht so hautnah zu spüren wie in den Großstädten. Vielleicht hätten Fehlentwicklungen in manchen kirchlichen Schulen verhindert werden, hätte sich eher ein neues Bewußtsein bilden können, wenn es die Lehrer mehr mit Schülern aus Großstädten und nicht vorwiegend mit solchen aus bäuerlichen und kleinstädtischen Verhältnissen zu tun gehabt hätten. Allein von daher stellt sich die Frage, ob Schulen auf dem Lande überhaupt die Möglichkeit bieten, wirklich neue pädagogische und schulpolitische Vorstellungen zu entwickeln und Modelle zu erproben, wie es mindestens künftig von Privatschulen erwartet werden muß.

Hinzu kommt, daß es einer freien Schule auf dem Lande immer schwerfallen wird, die beiden wichtigsten Prinzipien von Privatschulen durchzuhalten, nämlich auf seiten der Eltern oder Schüler die freie Wahl der Schule und auf seiten der Schule die freie Schülerwahl. Im Gegenteil, sie wird stets damit rechnen müssen, daß eine große Zahl von Eltern und Schülern nicht an irgendeinem besonderen Charakter z. B. einer kirchlichen Schule interessiert ist, sondern allein daran, daß hier eine Möglichkeit besteht, eine weiterführende Schule zu besuchen, zu der man sonst umständlich fahren müßte. Dafür werden dann durchaus mehr oder minder gutwillig, jedenfalls aber ohne innere Überzeugung, einige besondere Bedingungen solcher Schulen akzeptiert. Die Schulen andererseits drohen jedesmal in ein Dilemma zu geraten, wenn sie einen Schüler eigentlich abgeben müßten. Ist hier doch in jedem Falle mit zu berücksichtigen, daß sie ihm damit über die Schwierigkeiten eines normalen Schulwechsels hinaus sehr erschwerte äußerliche Bedingungen für den weiteren Schulbesuch aufzubürden hätten. Unter solchen Umständen kann es dann viel weniger gelingen, Schulen eine besondere Prägung zu geben, wie das etwa in Großstädten der Fall ist, wo Eltern und Schüler tatsächlich zwischen verschiedenen Schulen eine echte Auswahl haben und sich bewußter für den Besuch einer freien Schule entscheiden müssen. Es leuchtet jedenfalls sofort ein, daß die Arbeitsbedingungen einer freien Schule viel günstiger sind, wenn sie tatsächlich von ihrem Recht der freien Schülerwahl Gebrauch machen kann, wie dies z. B. für die evangelischen Schulen in Berlin zutrifft, wo »z. T. nur 20–25 % der Angemeldeten in einer evangelischen Schule aufgenommen werden können.«[33]

Schließlich dürfte die geographische Lage vieler kirchlicher Schulen auch eine Ursache dafür sein, daß sie bislang nicht genügend ins Bewußtsein einer breiteren kirchlichen Öffentlichkeit gerückt sind. Wer genau weiß, daß die wichtigsten Entscheidungen heute unter den psychologischen und sozialen Bedingungen der Städte und industriellen

Ballungsräume fallen, ist von vornherein wenig geneigt, große Erwartungen auf Institutionen in peripherer Lage zu richten. Sicher hat es auch darum insgesamt keine ausreichende Rückkoppelung zwischen der Kirche und ihren Schulen gegeben.[34] In der Regel ist von ihnen nur bei den Haushaltsdebatten der Synoden die Rede, und auch da nur am Rande. Umgekehrt gaben sich viele Schulen zu leicht damit zufrieden. Weder haben sie genügend Wert auf Anregungen von außen gelegt noch darauf, daß ihre Arbeit ständig wissenschaftlich begleitet und publizistisch ausgewertet wurde. Nicht selten ist bei ihnen sogar eine regelrechte Scheu vor der Öffentlichkeit festzustellen.[35]

Damit dürfte eine dritte wesentliche Ursache für die schwierige Situation kirchlicher Schulen eng zusammenhängen, nämlich der Mangel an qualifizierten Lehrern, unter dem viele dieser Schulen offenbar zu leiden haben. Junge Lehrer erfahren im allgemeinen zu wenig von den besonderen Aufgaben und Möglichkeiten kirchlicher freier Schulen. Dabei scheint der Mangel bei rein quantitativer Betrachtung, von Ausnahmefällen abgesehen, gar nicht so schlimm zu sein.[36] Nicht aber scheinen die evangelischen Schulen personell so gut ausgestattet zu sein, daß sie ihren Lehrern einen spürbaren Nachlaß der an öffentlichen Schulen üblichen Pflichtstundenzahlen gewähren könnten. Dies aber ist eine unerläßliche Vorbedingung, wenn Lehrer mit Erfolg wirklich neue Ideen entwickeln, neue Wege erproben und vor allem solche Versuche auch so auswerten sollen, daß sie als weithin sichtbare Beispiele die schulpolitische und pädagogische Diskussion beeinflussen. Vermutlich hat sogar die bildungspolitische Wirkungslosigkeit, die die evangelischen Schulen mit der Mehrzahl der übrigen deutschen Privatschulen teilen, ihren entscheidenden Grund darin, daß ihre Lehrer genauso überlastet sind wie die der öffentlichen Schulen. Andererseits kann solche Wirkungslosigkeit natürlich auch an der Qualität der Lehrerschaft liegen. Darüber ist jedoch noch weniger ein halbwegs zuverlässiges Urteil möglich.[37] Immerhin könnte es sein, daß hier und da gerade an kirchlichen Schulen aus falsch verstandener Barmherzigkeit Lehrer angestellt worden sind, die sonst kein rechtes Unterkommen gefunden hätten, ohne daß dabei berücksichtigt worden wäre, daß gerade die besonderen Aufgaben von freien Schulen voll leistungsfähige Lehrkräfte verlangen, bei denen fachliche und menschliche Schwächen nicht etwa durch eine sogenannte gut christliche Einstellung aufgewogen werden können.

Natürlich sind damit längst nicht alle Gründe auch nur angedeutet, die die derzeitige Krise der evangelischen Schulen verursacht haben. Gleichwohl zeichnen sich einige Antworten auf die Frage nach den weiteren Aussichten und Möglichkeiten kirchlicher Schulen ab.

Aussichten und Möglichkeiten

Will und soll die Evangelische Kirche überhaupt weiterhin eigene Schulen unterhalten, ist die Grundfrage, ob es gelingt, ein überzeugendes Konzept evangelischer freier Schulen zu entwickeln, das sowohl theologisch wie auch pädagogisch und schulpolitisch stimmig und stichhaltig ist und von vornherein die materielle und ideelle Leistungskraft der Kirche in der kommenden Phase der Konzentration ihrer Aktivitäten nicht überfordert. Die gegenwärtige Krise der kirchlichen Schulen zeigt deutlich, daß es auf die Dauer keine evangelischen Schulen mehr geben wird, wenn nicht die Frage, was solche Schulen Besonderes leisten, ohne Leidenschaft, dafür aber klar und einleuchtend beantwortet werden kann.[38] Soweit in kirchlichen Schulen nur das getan wird, was im öffentlichen Schulwesen ohnehin geschieht, und nicht wenigstens ansatzweise in Theorie und Praxis eigene Antworten auf die bildungspolitischen und pädagogischen Herausforderungen der Zeit versucht werden, ist vorauszusehen, daß die Kirchen angesichts der knapper werdenden Mittel ihre Schulen aufgeben müssen.

Die Aufgabe, ein derartiges Konzept zu entwickeln, darf man freilich nicht den Schulen allein aufbürden. Hier müssen sich alle Verantwortlichen aus den Bereichen der Theologie, der Kirche und der Schulpraxis gemeinsam bemühen. Dabei darf es keinen Partikularismus geben. Angesichts der immer stärker werdenden zentralistischen Tendenzen der öffentlichen Schulplanung und Bildungspolitik muß auch im Raum der evangelischen Schulen in größeren Maßstäben als bisher gedacht und geplant werden. Von daher empfiehlt es sich, auf der Ebene der Evangelischen Kirche in Deutschland ein Schwerpunktprogramm kirchlicher Schularbeit zu entwickeln. Daran könnten die Schulen selbst entscheidend mitwirken, wenn sie die lose Arbeitsgemeinschaft ihrer regional organisierten Schulbünde festigten und zu einer Plattform wirksamer Kooperation ausbauten. Es sollte ernsthaft geprüft werden, ob nicht aus den Schulbünden in absehbarer Zeit ein handlungsfähiges

»Evangelisches Schulwerk« mit echten Entscheidungskompetenzen entstehen kann. Die mittelbare Trägerschaft evangelischer Schulen und Heime durch ein derartiges »Schulwerk« sollte der unmittelbaren Trägerschaft durch einzelne Kirchen selbst vorgezogen werden, da sie bessere Bedingungen für eine allein an sachlichen Gesichtspunkten orientierte Arbeit und Entwicklung bietet.

Ein gesamtkirchliches Schwerpunktprogramm für die evangelischen Schulen müßte zunächst zuverlässige statistische Angaben enthalten, dazu eine Bestandsaufnahme der geographischen, baulichen und personellen Bedingungen der einzelnen Schulen und der von ihnen geleisteten Arbeit, soweit diese über das bloße Aufrechterhalten eines normalen Unterrichtsbetriebes hinausgeht; denn dafür, daß freie Schulen überhaupt einen spezifischen konstruktiven Beitrag zur Lösung pädagogischer und schulpolitischer Probleme leisten können, ist es eine unabdingbare Voraussetzung, daß ihre materielle und personelle Ausstattung nicht an der unteren Grenze des Notwendigen liegt, sondern mindestens dem guten Durchschnitt entspricht. Auf beiden Gebieten scheinen aber nicht wenige der evangelischen Schulen bereits heute einen erheblichen Nachholbedarf zu haben.

Berücksichtigt man ferner, daß auch künftig die Personal- und Baukosten aller Wahrscheinlichkeit nach überproportional steigen werden, während es den Kirchen angesichts des Zwanges zur Konzentration kaum möglich sein dürfte, für ihre Schulen insgesamt wesentlich höhere Mittel bereitzustellen als heute, wird als zweiter Schritt in dem Schwerpunktprogramm die Frage zu prüfen sein, ob nicht sehr bald eine drastische Beschränkung der Zahl kirchlicher Schulen geboten ist, damit die dann noch verbleibenden um so eher in den Stand gesetzt werden können, ihren genuinen Auftrag zu erfüllen. Die Kräfte sollten auf wenige gute und leistungsfähige Schulen konzentriert werden. Die hier anstehenden Entscheidungen werden aus den verschiedensten Gründen nicht leicht sein. Sie sind aber unausweichlich, wenn die Kirche mit ihren Schulen dem allgemeinen Schulwesen einen freien Dienst leisten will. Ein besonderes Kriterium muß dabei die geographische Lage der Schulen sein. Es hat auf die Dauer keinen Sinn, freie Schulen außerhalb der Großstädte und Ballungsräume zu unterhalten, wo ihr Recht auf freie Schülerwahl faktisch erheblich eingeschränkt ist. Nur dann dürfte es möglich sein, freien Schulen den gebotenen besonderen Charakter zu geben, wenn sie für Eltern und Schüler echte Angebotsschulen sind, die als solche in enger Fühlung und ständiger Konkurrenz zu anderen leistungsfähigen Schulen stehen.

Schließlich muß in dem Schwerpunktprogramm die Frage der »Marktlücken« geklärt werden. In der Tat haben evangelische Schulen etwa für die Geschichte der Mädchenbildung und für die schulische Versorgung ländlicher Gebiete einige Bedeutung gehabt.[39] Im Zuge der neueren Schulentwicklung, insbesondere der Landschulreform, gibt es diese traditionellen »Marktlücken« auf die Dauer nicht mehr, und es wäre nur folgerichtig, daß die Kirche sich, wie auf anderen Gebieten auch, in dem Augenblick von bisher wahrgenommenen Aufgaben löst, wo diese von anderen genauso gut oder gar besser erfüllt werden können. Andererseits wird es aber auf bildungspolitischem Gebiet hier und da auch in Zukunft noch besondere Notstände geben, woraus sich eine Rechtfertigung der Arbeit freier Schulen ableiten läßt, so im Augenblick beispielsweise die steigenden Zahlen psychisch gefährdeter oder gestörter und körperlich behinderter Kinder. Allerdings wird auch eine solche Schularbeit nicht ohne klare Konzepte und genaue Planung zu leisten sein. Zudem müßte in diesem Zusammenhang überlegt werden, ob es richtig ist, daß die evangelischen Schulen überwiegend weiterführende Schulen sind. Möglicherweise wäre es für die Zukunft wichtiger, eine exemplarische kirchliche Schularbeit im Bereich der Vorschulerziehung und der Grundschule zu leisten.

Alle diese Überlegungen werden aber ohne Erfolg bleiben, wenn es nicht gelingt, die kirchliche Öffentlichkeit über den engen Kreis der unmittelbar Verantwortlichen hinaus mehr für die kirchlichen Schulen zu interessieren. Es genügt nicht länger, daß Kirchenleitungen und Synoden mehr oder minder großzügig die notwendigen Gelder für ihre Schulen bewilligen, sich dann aber weiter nicht um sie kümmern, sondern sie bestenfalls noch auf kritische Fragen nach einem pädagogischen Beitrag der evangelischen Kirche als Alibi vorweisen. Die Schulen selbst müssen dafür sorgen, daß den Kirchen deutlich wird, welchen Nutzen sie von ihren Schulen haben können. Dies ist freilich nicht nur mit Worten und Erklärungen zu erreichen. Die kirchliche Relevanz der evangelischen Schulen muß konkret aufweisbar sein. Das kann beispielsweise dadurch geschehen, daß die Schulen sich als Übungsfeld der praktischen kirchlichen Theologie anbieten, in denen die Kirche wichtige Erkenntnisse für einen vernünftigen Umgang mit der heutigen Jugend gewinnt. Hier könnten neue Formen der Jugendarbeit, des Gottesdienstes und neue Modelle des Religionsunterrichts erprobt und eingeübt werden. Hier könnten Vikare und andere kirchliche Mitarbeiter im Umgang mit der Jugend geschult werden und Unterrichtserfahrungen gewinnen. Dazu müßten die Schulen gezielt in die Aus- und Fortbildung kirchlicher Mitarbeiter einbezogen werden. Solchen und anderen Aufgaben müssen sie sich öffnen und eine intensive Rückkoppelung zwischen Theorie und Praxis, zwischen sich und ihren Schulträgern, zwischen Theologie und Kirche anstreben. Voraussetzung dafür ist allerdings ihre Zustimmung zu einer ständigen wissenschaftlichen Begleitung und publizistisch wirksamen Auswertung ihrer Arbeit.[40]

Natürlich bedeutet die Forderung, daß die kirchlichen Schulen mehr »Öffentlichkeit« ihrer Arbeit anstreben sollen, aber auch, daß sie sich bewußt in eine echte Konkurrenz zu anderen kirchlichen Aktivitäten im Bildungsbereich begeben. Gerade wenn allgemein ein stärkeres pädagogisches und bildungspolitisches Engagement der evangelischen Kirche gefordert werden muß, das über die Unterhaltung eigener Schulen hinausgeht, muß mit Ernst geprüft und sorgfältig geplant werden, ob die knapper werdenden Mittel eher etwa für die Vorschulerziehung, die Gründung kirchlicher Fachhochschulen, die Erwachsenenbildung oder die Unterstützung des Religionsunterrichts an öffentlichen Schulen einzusetzen sind. Die Konkurrenz mit diesen Aufgaben kann also die weitere Existenz der kirchlichen Schulen durchaus zusätzlich gefährden. Gleichwohl dürfen die Schulen die Augen nicht davor verschließen, daß es notwendig ist, für die künftige kirchliche Arbeit solche klaren Entscheidungen zu treffen und eindeutige Prioritäten festzusetzen. Vielmehr sollten sie ausdrücklich bejahen, daß es dabei in keinem Falle darum gehen kann, Bestehendes nur um seiner selbst willen zu erhalten. Wie auf allen anderen Gebieten kirchlicher Arbeit muß auch hier nüchtern überlegt, sachlich beurteilt und rational entschieden werden, an welcher Stelle die Kirche den effektivsten Beitrag zur Überwindung der Schwierigkeiten des Bildungswesens leisten kann, wenn denn ihre Bereitschaft zu einem »freien Dienst an einer freien Schule« noch gelten soll.

Weiter, sicher aber nicht zuletzt, ist dringend erforderlich, daß die evangelischen Schulen mit mehr qualifizierten Lehrern ausgestattet werden. Wenn Sonderaufgaben übernommen und modellhafte Lösungen entwickelt und erprobt werden sollen, müssen die Lehrer zu einem erheblichen Teil ausdrücklich dafür freigestellt werden. Ihre Pflichtstundenzahl muß dann deutlich geringer sein als die der Lehrer an öffentlichen Schulen. Soll dies erreicht werden, dürfte es für die meisten kirchlichen Schulen eine nicht unbeträchtliche Ausweitung ihrer Stellenpläne bedeuten. Allerdings wäre allein mit der Bewilligung von mehr Planstellen nichts gewonnen, solange es nicht gelingt, genügend viele, voll leistungsfähige und an den besonderen Aufgaben einer freien Schule interessierte Lehrer zu finden, was bei dem allgemeinen Lehrermangel nicht leicht sein dürfte. Es wäre zu überlegen, für alle kirchlichen Schulen eine zentrale Stelle einzurichten, die versucht, geeignete Lehrer zu registrieren, zu gewinnen und im Rahmen des zu erarbeitenden Schwerpunktprogramms gezielt an bestimmte Schulen zu vermitteln. Ebenfalls könnte bei einer solchen Stelle ein Verzeichnis aller freien oder freiwerdenden Beförderungsstellen der evangelischen Schulen angelegt und geführt werden, das vor allem engagierten Lehrern aus dem Raum der kirchlichen Schulen selbst zur Verfügung gestellt wird, die Interesse an einer Führungsposition in diesem Bereich haben. Es muß verhindert werden, daß besonders qualifizierte Lehrer nach einigen Jahren erfolgreicher Tätigkeit nur deshalb von einer evangelischen Schule in den öffentlichen Schuldienst überwechseln, weil sich ihnen an der eigenen oder einer anderen Schule ihre Landeskirche keine Aufstiegsmöglichkeit bietet. Viele dieser Lehrer könnten sicher den kirchlichen Schulen insgesamt erhalten bleiben, wenn sie die Auswahl unter den Beförderungsstellen aller evangelischen Schulen hätten.

Freilich ist die Frage der Lehrerbeschaffung nicht allein ein technisches Problem. D. von Heymann hat in seinen Null-Hypothesen angedeutet, wie heterogen die Lehrerschaft kirchlicher Schulen im allgemeinen zusammengesetzt ist, und gefordert, es müsse eine »Theorie des Lehrerkollegiums« kirchlicher Schulen entwickelt werden.[41] In der Tat muß deutlich werden, welche spezifischen Anforderungen eine kirchliche Schule um ihrer besonderen Aufgaben willen an Lehrer stellt, die in ihr arbeiten wollen. Das wiederum aber ist nicht zu erreichen ohne eine klare Konzeption für die Arbeit der kirchlichen Schulen selbst, womit hier der Kreis der Anregungen zu der Frage nach den künftigen Aussichten und Möglichkeiten evangelischer Schulen geschlossen sein mag.

Probleme der Schülerheimarbeit

Ein Kapitel über kirchliche Schulen wäre unvollständig, wenn nicht die Tatsache berücksichtigt würde, daß dem weitaus überwiegenden Teil der Schulen eigene Schülerheime angeschlossen, ja, daß viele der Schulen fast reine Internatsschulen sind.[42] Nicht selten wird die Existenz dieser Schulen sogar vorwiegend damit gerechtfertigt, daß sie als Schulen für die in ihren Heimen untergebrachten Schüler »einfach dazusein« hätten, womit dann der Forderung nach größerer schulpolitischer und pädagogischer Effizienz der Schularbeit selbst die Spitze genommen zu sein scheint.[43] Auch wenn man dies nicht akzeptiert, sondern durchaus weiter nach dem spezifischen Beitrag der Schulen als Schulen fragt, muß man jedoch beachten, daß die Möglichkeiten der Schulen unter Umständen durch ihre enge Bindung an Schülerheime zusätzlich eingeschränkt werden, und dies um so mehr, je größer die Schwierigkeiten in der Heimerziehung sind. Bei allen Planungen über die Zukunft der evangelischen Schulen müssen darum die besonderen Probleme der Schülerheimarbeit mit in den Blick genommen werden. Vielleicht wird es nötig sein, daß Schulen, die als solche gar keine besonderen Qualitäten aufzuweisen haben, um der Schülerheime willen gehalten werden müssen, während andere, die an sich bessere Entfaltungsmöglichkeiten hätten, aufzugeben sind, weil bei ihnen die Aufgaben der Schülerheimarbeit nicht mehr bewältigt werden können.

Fast alle Schülerheime scheinen sich zur Zeit in einer schweren Krise zu befinden.[44] Die herkömmliche, in früheren Zeiten durchaus bewährte bauliche und personelle Ausstattung samt der ihr zugrunde liegenden pädagogischen Konzeption genügt offenbar den Anforderungen nicht mehr, die heute gestellt werden müssen. Dazu fehlt es weithin an einer praktikablen Theorie der Schülerheimarbeit: »Überall gibt es Schwierigkeiten: Hausordnungen und Tagesablauf sind in Frage gestellt; die Schülermitverantwortung hat sich kaum überall einbürgern können und zu wirklicher Mitarbeit der Schüler geführt; das Freizeitleben ist für die Erzieher meist ein noch größerer Alpdruck als für die Schüler selbst; die Formen des tradierten gemeinsamen geistlichen Lebens wie Andachten, Morgen-, Abend- und Tischgebete, sonntäglicher Gottesdienstbesuch sind ebenso wenig selbstverständlich wie ihr theologischer Gehalt. Neuerdings dringt noch die Unruhe der Jugend von draußen in die Heime ein.«[45]

Der Hauptgrund für diese Misere ist wohl, daß sich die Belegschaft der Schülerheime, zumindest soweit diese den kirchlichen Schulen angeschlossen sind, in den letzten zehn Jahren entscheidend verändert hat. Nach dem Krieg waren vor allem drei große Gruppen von Schülern dort vertreten, nämlich die Kinder von Kriegerwitwen, von Ostflüchtlingen, insbesondere auch von Flüchtlingen aus der DDR, und schließlich Kinder aus schulisch noch nicht erschlossenen ländlichen Gebieten. Hinzu kamen wenige Kinder aus zerbrochenen Ehen. Daß heute Kinder aus den ersten beiden Gruppen nicht mehr da sind, liegt auf der Hand. Ebenso hat die Landschulreform und der allgemeine Ausbau der Verkehrsverbindungen in den Schülerheimen zu einer erheblichen Verminderung der Kinder aus der dritten Gruppe geführt. Gleichwohl hat sich die Nachfrage nach Heimplätzen insgesamt kaum verringert; denn das Schwinden der Kinder aus den angeführten Gruppen wurde beinahe mehr als wettgemacht durch die ständig zunehmende Zahl von solchen aus gestörten Familien, von schwierigen bis schwer erziehbaren, ja, von psychisch gefährdeten oder geschädigten Kindern, worauf oben schon kurz hingewiesen wurde.[46] Heute gilt: »Ein nicht geringer Teil der Heimschüler ist psychisch anfällig, neurotisch gefährdet oder bereits neurotisch. Jeder Leiter eines Schülerheims wird bestätigen: Unter seinen Schülern sind solche mit Sprechstörungen, mit Eßschwierigkeiten, mit Kontaktschwierigkeiten, sind Nägelkauer und Bettnässer, sind Legastheniker und Kinder mit anderen Verhaltensauffälligkeiten.«[47]

Damit haben sich die Erwartungen und Anforderungen, die heute an Schülerheime gestellt werden, völlig gewandelt. Früher war es zunächst wichtig, den Kindern eine einigermaßen gepflegte Wohnmöglichkeit, einen geregelten Tagesablauf mit festen Mahlzeiten, ergänzt durch eine Beaufsichtigung und gelegentliche Mithilfe bei ihren Schulaufgaben zu bieten, wobei in der Regel alles auf ihr Vorankommen in der Schule ausgerichtet war. Als besonderes »Erziehungsprogramm« pflegten Spiel und Sport dazuzukommen und als oberstes Ziel die Hinführung der Jugend »zu wahrer Gottseligkeit und christlicher Klugheit«, wie es August Hermann Francke, einer der Väter christlicher Heimerziehung, formuliert hat. Dementsprechend konnten Heime geleitet werden von Pfarrern oder Lehrern, wurden die Schüler betreut von Inspektoren, Präfekten, anderen Lehrern, Referendaren oder Kandidaten, die diese Aufgabe neben ihrer Arbeit in der Schule oder als Übergangstätigkeit vor dem Eintritt in ihren eigentlichen Beruf versahen. Bei straffer Organisation durften die Schülergruppen groß sein, so daß man auch vorwiegend große Arbeits-, Aufenthalts- und Schlafräume benötigte.

Für all dies gilt heute: »Diese alte Konzeption mit ihren Ordnungen, die Gebäude und Lehrer vorsehen, wie sie zu ihr paßten, hindert die Schülerheime, die ihnen heute gestellten Aufgaben zu erfüllen.«[48] Die veränderte Zusammensetzung der Schülerschaft in den Heimen erfordert fast in allen Punkten eine genau entgegengesetzte Lösung. Es geht in erster Linie nicht mehr um Versorgung und Betreuung der Kinder, sondern um gezielte und wirksame Erziehungsmaßnahmen, mit denen drohende Schäden verhütet oder bereits eingetretene möglichst gebessert werden sollen. Dementsprechend braucht man viele qualifizierte, speziell vorgebildete Heimerzieher beiderlei Geschlechts, braucht man statt weniger großer viele kleine Räume, kommt es anstelle von Inspektion aller auf individuelle Beratung und Förderung einzelner an. Die dauernde Zusammenarbeit mit Psychologen oder Psychagogen, nicht selten sogar mit Psychotherapeuten erscheint unerläßlich.[49]

Wollen die Kirchen weiter Schülerheime unterhalten, werden sie diese Notwendigkeiten beachten müssen. Freilich wird es dann nicht ohne erhebliche bauliche Investitionen abgehen, und erst recht wird der laufende Zuschußbedarf der Heime wegen der vermehrten Personalkosten gewaltig steigen. Diese Kosten werden übrigens nicht zuletzt deshalb höher sein, weil die künftig zu gewinnenden Erzieher ausnahmslos fachlich vorgebildet und höher qualifiziert, d. h. aber ebenfalls höher bezahlt sein müssen als viele der heute in den Heimen beschäftigten Kräfte.[50] Es wird also kaum etwas anderes übrig bleiben, als ebenfalls in bezug auf die Schülerheime ein Schwerpunktprogramm zu entwickeln, mit dem geklärt wird, ob es möglich ist, alle vorhandenen Heime so auszustatten und weiterzuführen, daß sie heutigen und künftigen Anforderungen genügen, oder aber ob auch auf diesem Gebiet eine deutliche Konzentration der Kräfte auf wenige entwicklungsfähige Projekte ins Auge gefaßt werden muß. Eine realistische Betrachtung wird nur mit der zweiten Lösung rechnen. Daß die Kirche sich gerade aus den Aufgaben der Heimarbeit nicht völlig zurückziehen kann, bedarf keiner besonderen Begründung. Eben darum ist sie aber gehalten, hier eine wenn nicht in jedem Punkte vorbildliche, so doch auf jeden Fall mit gutem Gewissen vertretbare Arbeit zu leisten. Eine Beschränkung der Zahl bestehender Heime ist leichter zu verantworten als die Fortführung aller Einrichtungen mit unzulänglichen Mitteln.

Demgemäß ist es eine dringende Aufgabe, rationale Kriterien für die Entscheidung der Frage zu erarbeiten, welche Schülerheime aufgegeben und welche weiter in kirchlicher Trägerschaft gehalten werden sollen. Soweit Heime mit Schulen verbunden sind – und um solche geht es an dieser Stelle in erster Linie –, müssen dazu natürlich die Gesichtspunkte der Entscheidung über das künftige Schicksal der jeweils zugehörigen Schule herangezogen werden. Ferner dürfte die vorhandene bauliche Substanz der Heime ein wesentlicher Faktor sein ebenso wie die geographische Lage. Hier ist übrigens wichtig, daß man nicht nur für die Schulen von der Forderung nach Ruhe und Abgeschiedenheit in ländlicher Umgebung abrücken sollte: Wie für freie Schulen angenommen werden kann, daß sie sich besser in Städten und Ballungsgebieten bewähren, wo sie in ständiger Konkurrenz zu anderen Schulen stehen, dafür aber das Recht auf freie Schülerwahl zu praktizieren in der Lage sind, kann man auch für die Heimerziehung zumindest bezweifeln, ob sie heute in der Isolierung einer »pädagogischen Provinz« unbedingt günstigere Bedingungen vorfindet als in der Stadt oder am Stadtrand.[51] Außerdem wird man, wo Schulen und Heime eng verbunden sind, einen weiteren Gesichtspunkt nicht vernachlässigen dürfen: D. von Heymann hat festgestellt, daß die kirchlichen Schulen im Durchschnitt nicht wesentlich dazu beitragen, die ungleichen Bildungschancen der einzelnen Bevölkerungsgruppen zu verbessern: »Sehr stark vertreten sind die höchsten und höheren Berufsgruppen unter den Vätern der Schüler in den befragten evangelischen Gymnasien. Verschwindend gering ist der Anteil der untersten Gruppe.«[52] Wenn man ferner weiß, daß der gesamten kirchlichen Arbeit an der Jugend nicht zu Unrecht vorgeworfen wird, sie diene »im allgemeinen schichtenspezifischen Sozialisationsprozessen«[53], dann wird man von der Schülerheimarbeit verstärkt fordern müssen, um der vom Grundgesetz gebotenen Chancengleichheit willen besondere Anstrengungen zu unternehmen, hier einiges gutzumachen. Heime, die für diese Aufgabe gute Voraussetzungen bieten, sollten vorrangig eingestuft werden.

Unter den übrigen Fragen, die im Blick auf die Probleme der Schülerheimarbeit einer raschen Klärung bedürfen, ist wohl die nach der Gewinnung einer ausreichenden Zahl gut qualifizierter Erzieher am dringlichsten. Wenn die Kirchen den Heimen wirksam helfen wollen, müssen sie dafür sorgen, daß die derzeit entstehenden kirchlichen Fachhochschulen sich von Anfang an besonders der damit gestellten Aufgabe annehmen. Dabei hat die Fortbildung und höhere Qualifizierung der bereits in den Heimen tätigen Erzieher mindestens eine ebenso große Bedeutung wie die Ausbildung jüngerer Nachwuchskräfte. Die Kirchen ihrerseits werden die fortzubildenden Erzieher großzügig dafür freizustellen haben. Darüber hinaus muß durch andere Maßnahmen wie Umschulungskurse für Angehörige anderer Berufe, die in die Arbeit der Schülerheime überwechseln wollen, und Wiedereinführungskurse für ehemalige Sozialpädagogen, die derzeit einer anderen Tätigkeit nachgehen, versucht werden, dem Personalmangel der Heime abzuhelfen.[54] Was die Vermittlung von qualifiziertem Personal für die Heimerziehung angeht, müßte schließlich erwogen werden, ob die oben für die Vermittlung von Lehrern vorgeschlagene zentrale Stelle diese Aufgabe mit übernehmen kann. Was immer aber im einzelnen getan werden muß, wie für die kirchlichen Schulen sind auch für die evangelischen Schülerheime schnelle und gut überlegte Entscheidungen unumgänglich. Die Verpflichtung, mit den evangelischen Schulen dem Schulwesen einen freien Dienst zu leisten, schließt die Verpflichtung zu einer den heutigen Anforderungen entsprechenden Schülerheimarbeit ein, auch wenn diese künftig quantitativ einen geringeren Umfang haben mag als bisher.

DOKUMENTE

I.

Wort der Synode der Evangelischen Kirche in Deutschland zur Schulfrage. Vom 30. April 1958

Weil der Mensch von Gott geschaffen und durch Jesus Christus erlöst und befreit ist, ist die Kirche verpflichtet, die damit begründete Würde des Menschen zu bezeugen. Das gilt besonders für das Gebiet der Erziehung, deren der heranwachsende Mensch bedarf.

Erziehung kann nur in Freiheit und Wahrhaftigkeit geschehen. Deshalb erklärt die Synode der Evangelischen Kirche in Deutschland, daß über Schule und Lehrer keinerlei kirchliche Bevormundung ausgeübt werden darf. Die sittliche und wissenschaftliche Verantwortung der Erzieher für alle Lehrgehalte und das gesamte Schulleben duldet keine weltanschauliche Bevormundung, gleich welcher Art.

Die Kirche will unvoreingenommen dazu mithelfen, daß eine solche freie Schule den jungen Menschen leiblich, geistig und seelisch in den Stand setzt, die Aufgaben des heutigen Daseins menschlich zu bewältigen.

Entscheidend ist für den Weg der Jugend, welche Gehalte die Schule durch ihren Unterricht und ihre Lehrfächer vermittelt. Sie werden nach Auswahl und Schwergewicht dadurch bestimmt, welches geistige Erbe die Gegenwart geprägt hat und welche künftigen Aufgaben vermutlich vor ihr liegen. Diese weltlichen Fragen müssen sachgerecht, ohne weltanschauliche Überhöhung, aber auch ohne konfessionelle Enge und ohne ideologischen Zwang gelöst werden. Die Kirche kann hier um des Menschen willen, dessen Werden und Sein ihr vornehmste Sorge ist, nur warnen, über der Sache nicht den Menschen, über der Leistung nicht die Erziehung, über der Masse des Stoffes nicht die Bildung zu vergessen. Sie mahnt, diese Aufgaben so wahrzunehmen, daß nicht Menschen verschiedener Gesinnung an dem Kinde zerren, sondern daß sie in Achtung voreinander und vor dem heranwachsenden Menschen sich zu gemeinsamem Dienst an ihm miteinander verbinden.

In dieser Freiheit ist Raum für die evangelische Unterweisung, für Lehrer und Schüler, die als Christen in der Gemeinschaft der Schule leben möchten. Um derselben Freiheit willen tritt die Evangelische Kirche dafür ein, daß kein Lehrer Vorteil oder Nachteil haben darf, wenn er Religionsunterricht erteilt oder nicht erteilt.

Es gehört zu den hohen Aufgaben der Staatsführung, diese Freiheit der Erziehung innerhalb und außerhalb der Schule zu gewährleisten. Erfüllt der Staat diesen Auftrag, so werden ihm dankbare Bürger heranwachsen, die ihn in Freiheit bejahen und zu verantwortlicher Mitarbeit im gesellschaftlichen und politischen Leben bereit sind. Wo immer der Staat diese Freiheit verletzt und die Schule zu einem Instrument einer Weltanschauung macht, die mit Zwang durchgesetzt werden soll, untergräbt er seine eigene Autorität. Dann wird der Lehrer zum Funktionär und Techniker, der nicht mehr glaubwürdig erziehen kann. Die Kinder aber werden verführt, nicht mehr nach der Wahrheit zu fragen, sondern immer die zweckmäßige Antwort zu suchen, die ihnen das Fortkommen sichert und die Existenz ihrer Eltern nicht gefährdet. So wird der Mensch nicht erzogen, sondern zerstört; die Eltern aber sehen sich in ihrem Erziehungsauftrag bedrängt und können nicht zu einer vertrauensvollen Zusammenarbeit mit der Schule gelangen.

Die Kirche erinnert in der Freiheit, zu der allein Christus befreit, an die hohen Aufgaben auf dem Gebiet der Erziehung. Wird sie nicht gehört, so wird sie sich nicht erbittern lassen, sondern dennoch dazu helfen, daß Menschen heranwachsen, die im Ganzen der Gesellschaft dienen, ohne ihren Glauben zu verleugnen. Gottes Wort ist nicht gebunden.

Die Kirche ist zu einem freien Dienst an einer freien Schule bereit. Im einzelnen geben wir folgendes zu bedenken:

Die Schule hat in unserer technisierten und versachlichten Welt eine unvergleichlich größere Erziehungsaufgabe als früher. Dies darf aber nicht dazu führen, daß die Schule an die Stelle des Elternhauses tritt. Die christliche Gemeinde wird dafür sorgen müssen, daß die Gemeinsamkeit dieser erzieherischen Verantwortung gestärkt wird:

Die evangelische Christenheit soll weltoffen alle Schul- und Unterrichtsversuche bejahen, die die erzieherische Kraft der Schule stärken und ihre bildende Wirkung mehren. Manches Alte kann fallen, manches Neuerprobte soll gefördert werden.

So sind weithin Kindergärten und Tagesheimschulen Maßnahmen der Barmherzigkeit für die in der modernen Industriegesellschaft besonders bedrohten Kinder.

Die Vierzehnjährigen sind heute für die moderne Arbeitswelt körperlich, seelisch und geistig nicht reif genug. Darum sollten die Bestrebungen gefördert werden, den Übergang der Jugendlichen in die Berufswelt zu erleichtern, sei es durch Schulzeitverlängerung oder andere pädagogische Maßnahmen. Sonst droht sich das Unrecht der Kinderarbeit in unserem Jahrhundert zu wiederholen.

Der gesamte Aufbau des mittleren und höheren Schulwesens sollte erneut durchdacht werden. Dabei, sowie bei der Auslese für alle weiterführenden Schulen müssen standespolitische und soziale Vorurteile als überwunden gelten. Deshalb ist die Mitarbeit der Christen dort besonders wichtig, wo es gilt, begabten Jugendlichen von der Volks- und Berufsschule ab Ausbildungswege zu erschließen, um ihnen den Zugang zu Berufsstellungen zu öffnen, in denen sie ihre Gaben entfalten können.

Die Stellung und Bedeutung der Schule als Erziehungs- und Bildungsstätte ist abhängig von den Lehrern, die in ihr wirken.

An dem katastrophalen Mangel an Lehrern und Katecheten für alle Schularten ist die christliche Gemeinde mitschuldig; denn sie sollte alle erzieherischen und pflegerischen Berufe mit besonderer Sorgfalt und Achtung fördern.

Die Lehrerbildung muß den heute an die Schule zu stellenden Anforderungen entsprechen und den jungen Lehrer geistig mündig machen. Wir halten es für notwendig, daß die Lehrerbildung statt in ängstlicher Sorge um konfessionelle Prägung bestimmter Fächer in der evangelischen Freiheit geschieht.

Die Volksschule und die Bildung ihrer Lehrer darf sich nicht länger an vergangenen Vorstellungen und Formen ausrichten. Der Volksschule und ihren Lehrern ist nur nach vorwärts zu helfen.

Der Schule und den Lehrern müssen für ihre Arbeit geistig und wirtschaftlich die bestmöglichen Grundlagen und Voraussetzungen, auch im Hinblick auf die Studienförderung, gegeben werden. Von der Errichtung der notwendigen Schulbauten und der Senkung der Klassenfrequenzen hängt es ab, ob die Schule ihre Aufgabe erfüllen kann.

Die evangelische Kirche unterhält vielfach eigene Schulen und Heime, um damit eine Erziehung aus evangelischer Glaubenshaltung heraus zu verwirklichen und zugleich Notständen abzuhelfen. Alles Gesagte hinsichtlich der Freiheit, Wissenschaftlichkeit und Weltoffenheit gilt in besonderem Maße für diese Schulen. Sie helfen, junge Glieder unserer Gemeinden für menschenführende Berufe zu gewinnen. Die Landeskirchen sind dankbar, wenn der Staat dafür aufgeschlossen ist, diese Schulen zu schützen und zu unterstützen.

2.

Aus der Enzyklika »Divini illius magistri« vom 31. 12. 1929

Deutscher Text nach der kritischen Ausgabe von R. Peil, Freiburg [2]1963
(Auszug)

I. Die Erziehungsberechtigten

A. Im allgemeinen

11. Die Erziehung ist notwendig eine Arbeit der Gemeinschaft, nicht des einzelnen. Nun gibt es drei notwendige Gemeinschaften, verschieden voneinander und doch wieder von Gott harmonisch miteinander verbunden, in deren Schoß der Mensch hineingeboren wird: zwei Gesellschaften der natürlichen

Ordnung, die Familie nämlich und der Staat; die dritte, die Kirche, gehört der übernatürlichen Ordnung an. Zunächst die Familie, unmittelbar von Gott geschaffen zu dem ihr eigenen Zweck, der in der Erzeugung und Erziehung der Nachkommenschaft besteht.[1] Die Familie hat daher den natürlichen und darum auch einen rechtlichen Vorrang vor dem Staat. Nichtsdestoweniger ist die Familie eine unvollkommene Gesellschaft, weil sie nicht alle Mittel zur eigenen Vervollkommnung in sich enthält, während der Staat eine vollkommene Gesellschaft ist, da er alle Mittel zur Erreichung des eigenen Zwecks in sich schließt. Sein Ziel ist das diesseitige Gemeinwohl, weshalb er unter diesem Gesichtspunkt, dem des Gemeinwohls, den Vorzug hat vor der Familie, die gerade in der staatlichen Gesellschaft die ihr geziemende diesseitige Vollendung erlangt.

12. Die dritte Gesellschaft, in welche der Mensch durch die Taufe für das göttliche Gnadenleben geboren wird, ist die Kirche, eine Gesellschaft übernatürlicher und allumfassender Ordnung, eine vollkommene Gesellschaft, da sie in sich alle Mittel enthält zur Erreichung ihres Zieles, das da ist das ewige Heil der Menschen. Sie ist darum die höchste in ihrer Ordnung.

13. Folglich ist die Erziehung, die den ganzen Menschen als Einzel- und als Gesellschaftswesen in der Ordnung der Natur und der Gnade erfassen soll, Sache all der drei notwendigen Gesellschaften, und zwar in dem Maße und dem Verhältnis, wie es nach der gegenwärtigen von Gott gesetzten Ordnung der Vorsehung der gegenseitigen Hinordnung ihrer Ziele entspricht.

B. Im besonderen

1. Die Kirche

14. Zunächst steht die Erziehung in ganz überragendem Sinne der Kirche zu auf Grund zweier Rechtsansprüche übernatürlicher Ordnung, die Gott selber ihr ausschließlich verliehen hat und die darum jedem andern Rechtsanspruch natürlicher Ordnung unbedingt vorangehen.

a) Ihre überzeugende Vorzugsstellung

15. Der erste Rechtsgrund liegt in dem ausdrücklichen Auftrag und in der höchsten Lehrgewalt, die der göttliche Stifter seiner Kirche verliehen hat mit den Worten: »Mir ist alle Gewalt gegeben im Himmel und auf Erden. Darum gehet hin und lehret alle Völker und taufet sie im Namen des Vaters und des Sohnes und des Heiligen Geistes, und lehret sie alles halten, was immer ich euch geboten habe. Sehet, ich bin bei euch alle Tage bis ans Ende der Welt.«[2] Diesem Lehramt wurde von Christus zugleich mit dem Auftrag, seine Lehre zu übermitteln, die Unfehlbarkeit verliehen. Damit wurde die Kirche »von ihrem göttlichen Urheber zur Säule und Grundfeste der Wahrheit gesetzt, damit sie die Menschen den göttlichen Glauben lehre, den ihr anvertrauten Glaubensschatz rein und unversehrt bewahre und die Menschen, ihre Verbände

1 Vgl. Kirchl. Gesetzbuch can. 1013
2 Matth. 28, 18—20.

und ihr Tun zur Ehrbarkeit der Sitten und Reinheit des Lebens nach Maßgabe der geoffenbarten Lehre anleite und bilde«[3].

b) Ihre übernatürliche Mutterschaft

16. Der zweite Rechtstitel ist die übernatürliche Mutterschaft, durch welche die Kirche, die unbefleckte Braut Christi, mit ihren Sakramenten und ihrer Lehre die Seelen zum göttlichen Gnadenleben gebiert, ernährt und erzieht. Mit Recht behauptet darum der hl. Augustinus: »Der kann Gott nicht zum Vater haben, der die Kirche nicht zur Mutter haben will.«

17. Darum hat in dem eigentlichen Gegenstand ihrer Erziehungsaufgabe, nämlich »in der Glaubens- und Sittenlehre, Gott selber die Kirche des göttlichen Lehramtes teilhaftig und kraft göttlichen Privilegs unfehlbar gemacht, weshalb sie die höchste und sicherste Lehrerin der Menschheit ist und ihr das unverletzliche Recht auf freie Ausübung des Lehramts innewohnt«[4]. Daraus folgt mit Notwendigkeit, daß die Kirche wie im Ursprung, so auch in der Ausübung ihrer Erziehungsmission unabhängig ist von jedweder irdischen Macht nicht allein hinsichtlich ihres eigentlichen Gegenstandes, sondern auch hinsichtlich der notwendigen und angemessenen Mittel zu deren Erreichung. Hinsichtlich jeder weiteren Erziehung und menschlichen Schulung, die, in sich betrachtet, Erbgut aller, der einzelnen wie der Gesellschaft, sind, hat darum die Kirche das unabhängige Recht, von ihnen Gebrauch zu machen und besonders darüber zu urteilen, inwieweit sie der christlichen Erziehung nützlich oder schädlich sind. Dies deshalb, weil die Kirche als vollkommene Gesellschaft ein vollkommenes Recht auf die Mittel zu ihrem Ziele hat und weil jede Lehrtätigkeit gleichwie alles menschliche Tun in einem notwendigen Abhängigkeitsverhältnis zum letzten Ziel des Menschen steht und sich darum den Normen des göttlichen Gesetzes nicht entziehen darf, dessen Hüterin, Auslegerin und unfehlbare Lehrerin die Kirche ist.

c) Umfang der Erziehungsrechte der Kirche

20. Mit vollem Recht fördert daher die Kirche außer ihrem ganzen Wirken für das Heil der Seelen die Literatur, die Wissenschaft und die Künste, sofern sie für die christliche Erziehung notwendig oder dienlich sind, indem sie für alle Fächer und für alle Kulturgrade eigene Schulen und Institute gründet und unterhält[5]. Selbst die sogenannte körperliche Erziehung darf nicht als ihrem mütterlichen Lehramt fremd erachtet werden, gerade weil auch ihr der Begriff des Mittels anhaftet, das der christlichen Erziehung entweder nützen oder schaden kann. Diese Tätigkeit der Kirche auf allen Kulturgebieten ist von unermeßlichem Wert für alle Familien und alle Nationen, die ohne Christus zugrunde gehen, wie der hl. Hilarius trefflich bemerkt: »Was gibt es Gefährlicheres für die Welt, als Christus nicht aufzunehmen?« Dabei verursacht sie den Staatsgesetzen nicht die geringste Unzuträglichkeit, da die Kirche

3 Pius IX., Rundschreiben »Quum non sine« vom 14. 7. 1864.
4 Leo XIII., Rundschreiben »Libertas« vom 20. 6. 1888.
5 Kirchl. Gesetzbuch can. 1375.

in ihrer mütterlichen Klugheit sich nicht dagegen sträubt, daß ihre Schulen und Erziehungsinstitute für die Laien sich in jedem Lande den gesetzlichen Bestimmungen der Staatsgewalt anpassen, und da sie in jeder Weise bereit ist, sich mit derselben zu verständigen und in gemeinsamem Einvernehmen Abhilfe zu treffen, wo sich Schwierigkeiten ergeben sollten.

21. Überdies ist es ein unveräußerliches Recht und zugleich eine unerläßliche Pflicht der Kirche, über die Gesamterziehung ihrer Kinder, der Gläubigen, zu wachen in jedwedem Institut, ob öffentlich oder privat, nicht allein hinsichtlich des dort erteilten Religionsunterrichtes, sondern auch in allen andern Fächern und allen Anordnungen, die zu Religion und Moral in Beziehung stehen [6].

22. Auch ist die Ausübung dieses Rechtes nicht als eine ungebührliche Einmischung aufzufassen, sondern als eine wertvolle mütterliche Fürsorge der Kirche, die ihre Kinder vor den schweren Gefahren jeglichen Giftes in Lehre oder Moral schützt. Wie diese Wachsamkeit der Kirche keinerlei Unzuträglichkeit verursachen kann, so kann sie auch die Ordnung und das Wohlergehen der Familie und der staatlichen Gesellschaft nur wirksam unterstützen, denn sie hält von der Jugend jenes Sittengift fern, das in diesem unerfahrenen und unbeständigen Alter leichter zu verfangen pflegt und, wenn einmal in die Tat umgesetzt, rasend schnell um sich greift. Denn ohne den rechten religiösen und sittlichen Unterricht wird, wie Leo XII. weise bemerkt, »alle Geisteskultur ungesund sein. Die Jünglinge, die an keine Ehrfurcht vor Gott gewöhnt sind, werden die Zucht zu einem ehrbaren Leben nicht ertragen lernen, und da sie ihren Begierden nie etwas zu versagen gewohnt sind, werden sie sich leicht zu Störungen der staatlichen Ordnung verführen lassen.«

d) Harmonie zwischen dem Rechte der Kirche und dem der Familie und des Staates

26. Mit diesem Vorrang der Kirche stehen keineswegs in Widerspruch, vielmehr in vollem Einklang die Rechte der Familie, des Staates und der Einzelpersonen hinsichtlich der berechtigten Freiheit der Wissenschaft, der wissenschaftlichen Methoden und der gesamten Profankultur im allgemeinen. Denn, um gleich die Grundursache dieser Harmonie anzudeuten, die übernatürliche Ordnung, welcher die Rechte der Kirche angehören, zerstört und beschränkt nicht die natürliche Ordnung, zu der die andern erwähnten Rechte gehören, erhebt sie vielmehr und vervollkommnet sie, und beide Ordnungsbereiche leisten sich gegenseitige Hilfe und geben der Natur und Würde einer jeden die entsprechende Ergänzung, eben darum, weil beide von Gott ausgehen, der sich nicht widersprechen kann. »Gottes Werke sind vollkommen, alle seine Wege Gerechtigkeit.«[7]

6 Kirchl. Gesetzbuch cann. 1381, 1382.

7 5 Mos. 32, 4.

2. Die Familie

a) Ursprünglicheres Recht im Vergleich zu dem des Staates

29. Die Familie hat somit unmittelbar vom Schöpfer den Auftrag und daher auch das Recht, ihre Nachkommenschaft zu erziehen, ein unveräußerliches Recht, weil unzertrennlich verbunden mit der strengen Verpflichtung, ein Recht, das jedwedem Recht der Volksgemeinschaft und des Staates vorausgeht, und darum ein unverletzbares Recht gegenüber jeglicher irdischen Macht.

3. Der Staat

a) Unter dem Gesichtspunkt des Gemeinwohls

39. Dieses Recht ist vom Urheber der Natur selber der staatlichen Gesellschaft nicht wie der Kirche und Familie auf Grund einer Vaterschaft verliehen worden, sondern kraft der ihr zustehenden Gewalt zur Förderung des diesseitigen Gemeinwohles, das ja gerade ihr Endziel darstellt. Folglich kann der staatlichen Gemeinschaft die Erziehung nicht in derselben Weise wie der Kirche und Familie zustehen, sondern in anderer, ihrem Eigenzweck entsprechender Art.

41. Deswegen hat der Staat im Bereich der Erziehung das Recht oder besser die Pflicht, in seiner Gesetzgebung das dargetane ältere Recht der Familie auf die christliche Erziehung der Nachkommenschaft zu schützen und folgerichtig das übernatürliche Recht der Kirche auf eine solche christliche Erziehung zu achten.

43. Ganz allgemein ist es sodann Recht und Pflicht des Staates, nach den Normen der gesunden Vernunft und des Glaubens die sittliche und religiöse Erziehung der Jugend zu schützen durch Entfernung aller in der Öffentlichkeit auftretenden schädlichen Einflüsse.

45. Außerdem kann der Staat fordern und darum dafür sorgen, daß alle Staatsbürger die notwendige Kenntnis ihrer staatsbürgerlichen und nationalen Pflichten und einen gewissen Grad geistiger, sittlicher und körperlicher Kultur besitzen, wie sie unter den heutigen Verhältnissen vom Gemeinwohl tatsächlich gefordert wird.

e) Notwendigkeit und Vorteile des Einvernehmens mit der Kirche

53. »Je mehr die weltliche Regierung mit der geistlichen zusammenwirkt, je mehr sie dieselbe begünstigt und fördert, desto mehr trägt sie zur Erhaltung des Staates bei. Indem der geistliche Führer seiner Aufgabe entsprechend mit geistlicher Autorität und geistlichen Mitteln dahin arbeitet, einen guten Christen heranzubilden, arbeitet er gleichzeitig notwendig darauf hin, einen guten Bürger heranzubilden, wie er als Staatsangehöriger sein soll. Das muß so sein, weil in der heiligen römisch-katholischen Kirche, dem Gottesstaat, der gute Bürger und der rechtschaffene Mensch vollständig zusammenfallen. Schwer ist darum der Irrtum jener, die so eng verknüpfte Dinge trennen, in dem Glauben, gute Staatsangehörige gewinnen zu können mit anderen Gesetzen und auf andern Wegen als auf den Wegen, die zur Bildung des guten Christen führen.

Mag menschliche Klugheit sagen und reden, was sie will, es ist unmöglich, daß wahren Frieden und wahre Ruhe hienieden irgend etwas schaffen kann, was dem Frieden und der ewigen Glückseligkeit widerspricht und davon abweicht.«[8]

54. Wie der Staat, so haben auch Wissenschaft, wissenschaftliche Methode und Forschung nichts zu fürchten von dem voll erfaßten und voll durchgeführten Erziehungsauftrag der Kirche. Die katholischen Institute, durch alle Grade des Unterrichts und der Wissenschaft hindurch, bedürfen keiner Apologie. Die Gunst, deren sie sich erfreuen, das Lob, das sie ernten, die wissenschaftlichen Leistungen, die sie fördern und mehren, und über alles das die vollständig und vorzüglich ausgebildeten Männer, die sie der Verwaltung, dem Lehrfach, den praktischen Berufen, kurz dem Leben in allen seinen Verzweigungen geben, legen mehr als genügend Zeugnis zu ihren Gunsten ab.

55. Diese Tatsachen sind übrigens nur eine glänzende Bestätigung der vom Vatikanischen Konzil definierten katholischen Lehre: »Glaube und Vernunft können einander nicht nur nicht widersprechen, sondern leisten sich sogar gegenseitig Hilfe, indem die gesunde Vernunft die Grundlagen des Glaubens beweist und, von seinem Lichte erleuchtet, die Wissenschaft der göttlichen Dinge pflegt, während der Glaube seinerseits die Vernunft von Irrtümern befreit und davor schützt und sie mit vielfacher Erkenntnis bereichert. Deshalb ist die Kirche weit davon entfernt, sich der Pflege der weltlichen Künste und Wissenschaften zu widersetzen, vielmehr unterstützt und fördert sie dieselben auf vielfache Weise. Denn sie verkennt und verachtet nicht die Vorteile, die aus ihnen für das Leben der Menschheit entspringen; sie bekennt vielmehr, daß sie, weil von Gott, dem Herrn aller Wissenschaft, stammend, bei rechter Handhabung auch zu Gott mit seiner Gnade hinführen. Sie verbietet durchaus nicht, daß jene Wissenszweige, ein jeder in seinem Bereich, sich der ihnen eigentümlichen Erkenntnisprinzipien und Methoden bedienen. Aber unter voller Anerkennung dieser berechtigten Freiheit wacht sie sorgfältig darüber, daß sie nicht etwa zur göttlichen Lehre in Widerspruch geraten und in Irrtum fallen oder mit Überschreiten der eigenen Grenzen in das Gebiet des Glaubens eindringen und dort Verwirrung anrichten.«[9]

56. Diese Regel für die berechtigte Freiheit der Wissenschaft ist zugleich unverletzliche Norm für die wohlverstandene berechtigte Lehr- oder Unterrichtsfreiheit und muß bei aller Lehrtätigkeit beobachtet werden. Den Jugendunterricht belastet diese Verpflichtung noch ungleich schwerer, weil hier der Lehrer, ob öffentlicher oder Privatlehrer, kein unbeschränktes, sondern nur ein übertragenes Erziehungsrecht hat. Sodann weil jedes christliche Kind oder jeder christliche Jugendliche ein strenges Recht auf einen Unterricht hat, welcher der Lehre der Kirche, der Säule und Grundfeste der Wahrheit, entspricht. Schweres Unrecht täte ihm, wer seinen Glauben störte unter Mißbrauch des Vertrauens der Jugend zu ihren Lehrern und ihrer natürlichen Unerfahren-

8 Kardinal Silvio Antoniano, Über die christliche Kindererziehung, 1. B. Kap. 43.

9 Vatikanisches Konzil 3. Sitzung kap. 4; Denz. 1799.

heit und ihres ungeordneten Hanges zu einer unbeschränkten, trügerischen und falschen Freiheit.

II. Gegenstand und Erziehung

b) Falschheit und Schädlichkeit des pädagogischen Naturalismus

59. Falsch ist daher jeder pädagogische Naturalismus, der die übernatürliche christliche Bildung beim Jugendunterricht ausschließt oder irgendwie einschränkt. Irrig ist auch jede Erziehungsmethode, die sich ganz oder zum Teil auf die Leugnung oder Außerachtlassung der Erbsünde und Gnade und somit einzig auf die Kräfte der menschlichen Natur stützt. Das geschieht allgemein in jenen modernen Systemen verschiedener Benennung, die sich auf eine vorgebliche Autonomie und unbegrenzte Freiheit des Kindes berufen, welche die Autorität und das Wirken des Erziehers einengen oder gar unterdrücken, indem sie dem Kinde bei dem Erziehungswerk den ausschließlichen Primat der Initiative und eine von jedem höheren natürlichen und göttlichen Gesetz unabhängige Tätigkeit zuweisen.

III. Erziehungsumwelt

3. Die Schule

79. Daraus gerade folgt, daß die sog. neutrale oder weltliche Schule, aus der die Religion ausgeschlossen ist, sich zu fundamentalsten Erziehungsgrundsätzen in Widerspruch setzt. Übrigens ist eine derartige Schule praktisch gar nicht möglich, da sie sich in Wirklichkeit zur religionsfeindlichen Schule entwickelt. Es braucht nicht wiederholt zu werden, was Unsere Vorgänger über sie erklärt haben, besonders Pius IX. und Leo XII., zu deren Zeit gerade die Verweltlichung in der öffentlichen Schule ihr Unwesen zu treiben begann. Wir erneuern und bekräftigen ihre Erklärungen und gleichzeitig die Vorschriften der heiligen Kanones, wonach der Besuch der nichtkatholischen Schulen, ob weltliche oder Simultanschulen, also der Schulen, die ganz gleichförmig und ohne irgendwelche Sonderung den Katholiken und Nichtkatholiken offenstehen, den katholischen Kindern verboten ist und daß der Besuch dieser Schulen nur mit Rücksicht auf bestimmte örtliche und zeitliche Verhältnisse unter besonderen Sicherungen geduldet werden kann, wobei einzig die Entscheidung des Oberhirten maßgebend ist.

b) Die Simultanschule die »Einheitsschule«
Für die Katholiken kann auch jene Simultanschule nicht als normal anerkannt werden (um so schlimmer, wenn sie »Einheits-« und Pflichtschule für alle ist), in der den Katholiken zwar getrennt Religionsunterricht erteilt wird, in der sie aber den übrigen Unterricht von nichtkatholischen Lehrern zusammen mit nichtkatholischen Schülern erhalten.

c) Die katholische Schule

80. Denn die bloße Tatsache, daß an einer Schule (oft noch mit allzu großer Einschränkung) Religionsunterricht erteilt wird, bringt sie noch nicht in Übereinstimmung mit den Rechten der Kirche und der christlichen Familie und gibt ihr noch nicht die nötige Eignung für den Besuch der katholischen Kinder. Dafür ist notwendig, daß der ganze Unterricht und Aufbau der Schule: Lehrer, Schulordnung und Schulbücher, in allen Fächern unter Leitung und mütterlicher Aufsicht der Kirche von christlichem Geiste beherrscht sind, so daß die Religion in Wahrheit die Grundlage und Krönung des ganzen Erziehungswerkes in allen seinen Abstufungen darstellt, nicht bloß in den Elementar-, sondern auch in den Mittel- und Hochschulen. »Es ist nicht bloß notwendig«, um ein Wort Leos XIII. zu gebrauchen, »daß der Jugend zu bestimmten Stunden Religionsunterricht erteilt, sondern daß auch der ganze übrige Unterricht vom Wohlgeruch religiösen christlichen Sinnes durchflutet wird. Wenn das fehlt, wenn dieser heilige Atem das Innere der Lehrer und Schüler nicht durchzieht und erwärmt, dann wird man aus der ganzen Schulung recht wenig Nutzen ziehen. Oft wird daraus sogar nicht geringer Schaden erwachsen.«[10]

81. Man sage nicht, in einem in verschiedene Bekenntnisse gespaltenen Volke sei es dem Staat unmöglich, die Frage des öffentlichen Unterrichts anders als mit der weltlichen oder der Simultanschule zu lösen. Der Staat muß und kann sie vernunftgemäßer und auch leichter dadurch lösen, daß er der Initiative der Familie und der Kirche Freiheit läßt und durch entsprechende finanzielle Beisteuern nachhilft. Daß sich dies zur Zufriedenheit der Familien und zum Besten des Unterrichts und der öffentlichen Ruhe und Ordnung verwirklichen läßt, dafür sind ein Beweis jene Nationen mit gemischtem Bekenntnis, in denen das Schulwesen dem Erziehungsrecht der Familie entspricht, nicht bloß auf dem gesamten Gebiet des Unterrichts — hier besonders durch rein katholische Schulen für die Katholiken —, sondern ebenso unter dem Gesichtspunkt der ausgleichenden Gerechtigkeit durch staatliche finanzielle Beihilfe an die von den Familien gewählten Schulen.

d) Katholische Aktion für die Schule

84. Alles, was die Gläubigen in der Förderung und dem Schutze der katholischen Schule für ihre Kinder tun, ist ausgesprochen religiöse Tätigkeit und deshalb allererste Aufgabe der »Katholischen Aktion«. Daher sind alle jene Sonderorganisationen, die in den einzelnen Nationen mit großem Eifer einem so notwendigen Werke obliegen, Unserem väterlichen Herzen besonders teuer und hohen Lobes würdig.

85. Es sei in diesem Zusammenhang laut verkündet, und es möge von allen wohl verstanden und als richtig anerkannt werden: In keinem Volk der Welt treiben die Katholiken dadurch, daß sie ihren Kindern die katholische Schule zu erwirken suchen, Parteipolitik: vielmehr leisten sie damit religiöse, von ihrem Gewissen als unerläßlich geforderte Arbeit. Sie wollen ihre Kinder damit nicht etwa vom Körper und Geist des Volkes lostrennen, sondern sie auf

10 Leo XIII., Rundschreiben »Militantis Ecclesiae« vom 1. Aug. 1897.

die vollkommenste und dem Wohl der Nation dienlichste Art dafür erziehen. Denn der gute Katholik ist gerade kraft der katholischen Glaubenslehre auch der beste Staatsbürger, der sein Vaterland liebt und sich der in irgendeine gesetzliche Staatsform gekleideten Staatsgewalt aufrichtig unterordnet.

3.

Der Gesamtkirchliche Ausschuß für den Evangelischen Religionsunterricht der Evangelischen Kirche in Hessen und Nassau

Richtlinien für den Religionsunterricht (Beschluß vom 22. 6. 1970)

Angesichts der heutigen gesellschaftlichen und bildungspolitischen Lage und beim derzeitigen Stand der theologischen und religionspädagogischen Diskussion, insbesondere der Debatte über Sinn und Begründung des Religionsunterrichts in der öffentlichen Schule erweist sich der geltende Bildungsplan für das Fach Evangelische Religion mit der ihm zugrunde liegenden Konzeption als erneuerungsbedürftig.

Obwohl es derzeit nicht möglich erscheint, Ziele und Inhalte des evangelischen Religionsunterrichts in der öffentlichen Schule so geschlossen darzustellen, wie dies bei der Abfassung des bisherigen Bildungsplans im Jahre 1957 der Fall war, lassen sich Aufgaben und Möglichkeiten für den evangelischen Religionsunterricht an öffentlichen Schulen folgendermaßen umreißen:

1. In allen Altersstufen soll der Religionsunterricht dem Schüler die Möglichkeit bieten, Fragen und Vorstellungen, die sich auf Religion beziehen, zu formulieren und auszusprechen. Diese Fragen und Vorstellungen sind zu entfalten, in ihren Voraussetzungen und Konsequenzen bewußt zu machen und kritisch zu durchdenken.

In einer nach Fächern gegliederten Schule wird der Religionsunterricht als einzelnes Fach Fragen und Vorstellungen aufnehmen, die sich beziehen

a) auf Kirche, Christentum und ihre wissenschaftliche Selbstdarstellung;
b) auf nichtchristliche Religionen und deren wissenschaftliche Selbstdarstellung;
c) auf allgemein religiöse Inhalte, die das Bewußtsein der Menschen bestimmen;
d) auf Sinndeutungen, auf Werte und Normen, die in der Gesellschaft Geltung beanspruchen;

e) auf Darstellungen von Religion in allen Wissenschaften, die sich mit ihr auseinandersetzen.

2. Gegenwärtige Fragen und Vorstellungen der Schüler sind durch den historischen Prozeß individuellen und gesellschaftlichen Lebens vermittelt. Deshalb gehört die Erkenntnis des Gegenwärtigen als des historisch Gewordenen und damit die Vermittlung bestimmter Inhalte in den Religionsunterricht.

Religiöse und speziell christliche Traditionen und ihr Wahrheitsanspruch sind demnach Gegenstand von Information, Interpretation und kritischer Auseinandersetzung. Im gleichen Sinne ist auch die Religionskritik Gegenstand des Unterrichts.

Maßgebend für Auswahl und Umfang der Unterrichtsstoffe ist *nicht* eine fachwissenschaftliche *Systematik*. Im Eingehen auf die jeweilige Situation der Schüler muß vielmehr bestimmt werden, welche Stoffe angesichts der Zielsetzung notwendig und geeignet sind. Dabei ist zu bedenken, daß die Rolle der Wissenschaft in der Gegenwart zur Situation des Schülers hinzugehört. Insofern ist die *fachwissenschaftliche Relevanz* eines Gegenstandes *ein* Faktor, der bei der Auswahl der Stoffe zu berücksichtigen ist.

3. Die so gewonnene Erkenntnis soll dazu beitragen, daß Mensch und Gesellschaft ihr gegenwärtiges Sein und Bewußtsein überschreiten können.

Das bedeutet im einzelnen:

a) Die Vermittlung von Inhalten soll die Fragen und Vorstellungen der Schüler weder negieren noch der Anpassung an Traditionen dienen. Vielmehr soll die Auseinandersetzung mit Inhalten dem Schüler die Möglichkeit geben, seine eigenen Fragen und Vorstellungen selber kritisch zu verändern.
b) Die Vermittlung von Inhalten kann notwendige Fragen, die heute vergessen oder noch nicht bewußt sind, ins Bewußtsein heben oder neu entstehen lassen und damit in die Zukunft weisen.
c) Die Vermittlung von Inhalten vermag die Erinnerung an solche Traditionen wachzuhalten, deren bloßes Vergessen ein Rückschritt wäre, wodurch notwendige Änderungen nicht gefördert, sondern verhindert würden.

4. Die Frage nach dem Glauben stellt sich heute vornehmlich als die Frage nach einer begründeten Hoffnung des Menschen auf ein individuelles und gesellschaftliches Heil in der Gegenwart und in der Zukunft. In diesem Sinne soll im Religionsunterricht nach Möglichkeiten für ein Denken und Handeln gefragt werden, das nicht vergeblich und sinnlos ist.

4.

Der Hessische Landesschulsprecher

605 Offenbach, den 19. April 1969

An die Schulreferate der Kirchen
An den Hessischen Kultusminister
An die Lehrerverbände in Hessen
An den Hess. Landeselternbeirat
An die Stadt/Kreisschulsprecher
An die Presse

Betr.: Vorschlag zur Änderung des Religionsunterrichts an den Oberstufen der hessischen Schulen

Sehr geehrte Damen und Herren!

Der Hessische Landesschülerrat beauftragte im November 1968 den Landesschulsprecher, mit Vertretern der Kirchen, des Kultusministeriums, der Lehrerverbände und des Elternbeirates die Frage einer inhaltlichen und methodischen Änderung des zur Zeit an den hessischen Schulen praktizierten Religionsunterrichts zu erörtern.

Ich erlaube mir, Ihnen beiliegend ein Arbeitspapier zu übersenden, das von der »Arbeitsgruppe Religionsunterricht«, die sich ausschließlich aus Schülern zusammensetzt, zum Problem der inhaltlichen und methodischen Gestaltung des Religionsunterrichts erarbeitet wurde.

Unser Vorschlag soll einen Impuls zur Koordination der Arbeit der verschiedenen Gruppen, die sich mit derselben Problematik befassen, geben; er ist als Diskussionsgrundlage für Gespräche und eine Tagung mit Vertretern der verschiedenen Gremien gedacht. Das Arbeitspapier erhebt keinen Anspruch auf Vollständigkeit! Es ist der ständigen Ergänzung und Überarbeitung unterworfen.

Wir bitten Sie, uns Material, das von Ihnen erarbeitet wurde, zuzuleiten, sowie uns mitzuteilen, ob Sie an weiteren Informationen unserer Gruppe interessiert sind.

Hochachtungsvoll!
(Unterschrift)

Anlage
Arbeitspapier der »Arbeitsgruppe Religionsunterricht« zum Thema
»Religionsunterricht an der Oberstufe der Gymnasien

I. Aufgabe, Ziel und Form des Unterrichts

Der Religionsunterricht hat die Aufgabe, im Sinne der Toleranz den jungen Menschen mit religiösen und weltanschaulichen Strömungen bekannt zu machen und ihm zum Verständnis der verschiedenen ›Bilder vom Menschen‹ zu verhelfen. Er soll den Schüler befähigen, sich mit den Aussagen des Religiösen in Zusammenhang mit philosophischen, psychologischen, soziologischen und historischen Elementen kritisch auseinanderzusetzen. Sein Ziel ist, neben der Information und der Interpretation dem Schüler den Weg zu einer eigenen sittlich-religiösen Wertung zu weisen.

Das Unterrichtsziel erfordert, daß der Unterricht nicht isoliert von anderen Fächern gesehen wird, sondern daß das Prinzip der Unterrichts-Koordination mit anderen Fakultäten intensivst gepflegt wird.

Organisatorisch gesehen könnte folgende Form den Aufgaben des Unterrichts gerecht werden:

1. Die Klassen- bzw. Konfessionsgemeinschaften werden aufgelöst.
2. Es werden Seminare eingerichtet.
3. Die Dauer eines Seminars ist gleich der eines halben Schuljahres.
4. Bei x Klassen einer Klassenstufe werden x Seminare parallel angeboten.
5. Der Schüler kann nach Ablauf eines Seminars in ein anderes wechseln.
6. Die Seminare werden von Lehrern geleitet, die zu Beginn eines Seminars den Schülern einen ›Unterrichtsplan‹ vorlegen und ihnen somit die Wahl ermöglichen.
7. Alle Seminare sollen die Grundgedanken des Aufgabenkomplexes berücksichtigen und sich in Schwerpunkten und Betrachtungsweise unterscheiden.
8. Zu den Seminaren sollen je nach Thema Berater hinzugezogen werden. (Als Berater können Lehrer mit speziellem Fachwissen ... oder nicht am Schulleben beteiligte Fachleute ... fungieren.)

In diesem Fach kann eine nahezu optimale Beteiligung der Schüler an der inhaltlichen und methodischen Gestaltung praktiziert werden. Innerhalb der Seminare soll die Gruppenarbeit eingeführt werden. Aufgabe des ›Seminar-Leiters‹ bzw. der ›Fachleute‹ sollte sein, die Schüler zu informieren und zu beraten.

II. Themen

Notwendigkeit des Glaubens für den Menschen

In dieser Unterrichtseinheit soll die Notwendigkeit eines Glaubens für den Menschen in Vergangenheit und Gegenwart demonstriert werden. (Der Mensch kann verschiedene Phänomene nicht erklären [Naturereignisse ...], er sucht Deutungen für den Sinn des Lebens und schafft sich einen Glauben.)

Die religiöse Verehrung
In dieser Unterrichtseinheit soll die religiöse Verehrung in
a) den Naturreligionen (Animismus, Fetischismus, Totemismus, Magie),

b) den Volksreligionen (babylonisch, assyrisch, ägyptisch, griechisch, römisch, germanisch, Hinduismus, Shintoismus),
c) den Weltreligionen (Buddhismus, Judentum, Islam, Christentum)
dargestellt werden.

Nach der Vermittlung der Fakten soll das Problem des Kultes erörtert werden. (Wem nutzt Kult?)

Ferner ist die Wandlung der religiösen Verehrung im Laufe der Geschichte darzulegen, zu interpretieren und zu analysieren.

Das Christentum

In dieser Unterrichtseinheit soll das Christentum im Hinblick auf seine Erscheinung und seinen Einfluß auf Gesellschaft und Staat erörtert werden.

Themenbereich

Christliche Tradition (Entstehung, Entwicklung).
Spaltung der christlichen Kirchen (Ostkirche, Anglikanische Kirche).
Das Verhältnis der christlichen Kirchen zueinander.
Das Verhältnis der christlichen Kirchen zu nichtchristlichen Konfessionen.
Das Verhältnis von Staat und Kirche (früher – heute).
Die Veränderung der christlichen Theologie in der Geschichte (Neudeutung der Glaubensinhalte).
Der Einfluß des christlichen Gedankengutes auf die abendländische Gesellschaft und deren Kultur (Kunst, Wissenschaft, Literatur, Musik, Lebensform, Gesetzgebung, Staatsform).
Der Absolutheitsanspruch der Kirche (Mission).
Der weltliche Machtanspruch der Kirche (früher – heute).
Die innerkirchliche Organisation (Autoritätsanspruch [Papst]).
Glück, Heil und Erlösung in christlicher Sicht.
Die Möglichkeit der kirchlichen Manipulation durch deren Organisationen.
Die Gottesbeweise.
Die Propheten.
Offenbarung und Wunder.
Bibel und Wissenschaft.

Religion und Sittlichkeit

In dieser Unterrichtseinheit sollen anhand von konkreten und sittlichen Fragen und Problemkreisen (Tötungsverbot, Sexualität vor der Ehe u. ä.) die Auffassungen der verschiedenen Religionen und Weltanschauungen zur Sittlichkeit dargelegt und erörtert werden. Hierbei ist neben dem Individuum die Gemeinschaft bzw. Gesellschaft in Betracht zu ziehen (persönliche Sittlichkeit — soziale Sittlichkeit).

Niederschlag der christlichen Ethik in der abendländischen Gesetzgebung und Gesellschaftsform.

Einzelthemen

Das Gewissen (Entfaltungsstufen, Herkunft, Bildung und Gewissen),
Gewissen und Mündigkeit,
Gewissen und Gesetz.
Das Friedensproblem.
Das Rassenproblem.
Das Kriegsproblem.
Existenz, Philosophie.
Dualismus von a) Geist und Materie,
b) Seele und Leib,
c) Sinnlichkeit und Verstand,
d) Naturwissenschaft und Geisteswissenschaft.
Weltentstehungsmythen.
Religion und Pluralismus.
Religion und Nihilismus.
Aberglaube (früher — jetzt).

5.

Resolution

des Evangelischen Schulbundes in Nordwestdeutschland und Berlin vom 30. 10. 1970

In Synoden und Finanzausschüssen, Kuratorien und Ämtern, kirchlichen Werken und Gemeinden wird zunehmend gefragt, ob sie ihre Schulen in freier Trägerschaft materiell noch halten sollten. Es wird gesagt, die Kirchen könnten in einer Phase der Konzentration ihrer Arbeit eigene Schulen nur verantworten, wenn diese ein pädagogisches und theologisches Konzept entwickeln, wenn also diese Schulen noch einen komplementären Beitrag zum öffentlichen Schulwesen angesichts der umfassenden Organisationsänderungen leisten. Auch solle deutlich werden, welchen Nutzen die Kirchen von ihren Schulen haben.

Die Mitgliederversammlung des Evangelischen Schulbundes in Nordwestdeutschland und Berlin hat sich aus Anlaß der Jahrestagung 1970 in Espelkamp vom 28. 10. bis 31. 10. mit solchen Fragen ausführlich beschäftigt und folgende Resolution gefaßt:

Wir bedauern, daß in den letzten Jahren das Bewußtsein von der Relevanz unserer Schulen in den kirchlichen Gremien nachgelassen hat.

1. Die einzelnen Schulen und Internate haben sich so sehr mit den konkreten Alltagsnöten beschäftigt, daß sie sich meistens damit begnügt haben, für bestimmte Schülergruppen einfach dazusein. So haben unsere Schulen eine Lücke im öffentlichen Schulwesen gefüllt und den diakonischen Auftrag der Kirche wahrgenommen.

2. Dadurch, daß die Kirche durch Schulen in nahezu allen Bereichen von Bildung und Ausbildung eigene Aufgaben übernahm, wurde sie zum Gesprächspartner für Staat und Gesellschaft. Hinter diese Möglichkeit sollten wir nicht zurückfallen.

3. Aus der Praxis wurden neue Formen im Bereich der Fachschulen entwickelt, Institute des zweiten Bildungsweges gegründet, eigene Entwürfe der Zuordnung von Volks-, Mittel- und Oberschulen, sowie Reformmodelle gymnasialer Oberstufen erprobt und frühe Experimente mit der Ganztagsschule unternommen. Damit sind die kirchlichen Schulen auf den Prozeß der Rückkopplung von Theorie auf Praxis vorbereitet.

4. Das Erscheinen des Strukturplanes beendet die Phase des Experimentierens und zwingt die kirchlichen Schulen zur Neuorientierung. In den Grundsätzen bejahen wir seine Zielvorstellungen. Wir empfehlen, daß zur Erreichung größerer Effizienz und besserer Koordinierung in verschiedenen Regionen Evangelische Schulwerke eingerichtet werden.

5. Dadurch, daß der Strukturplan das kognitive Lernen einseitig betont und organisatorisch zu großen Schulsystemen führt, besteht die Gefahr, daß wesentliche Bereiche des Menschen vernachlässigt werden. Es ist zu erwarten, daß auf längere Zeit außerordentliche Härtefälle auftreten. In dieser Situation erweitern sich die Aufgaben unserer Internate. Sie werden zu ihrer Bewältigung neue Wege beschreiten müssen. Dabei wird eine Koppelung der Internate mit einer eigenen Schule unabdingbar sein. Die christlich bestimmte Humanorientierung ihres Tuns muß sich bedrohten jungen Menschen, die eine Welt bloßen Funktionierens bewußt oder unbewußt ablehnen, verstärkt zuwenden. Nur dadurch können solche Schüler so gefördert werden, wie es der Strukturplan fordert.

6. Gegenüber dem Erziehungs- und Bildungsoptimismus des Strukturplanes wird der »eschatologische Vorbehalt« einzubringen sein. Darum muß die Kirche bei der Entwicklung der Curricula mitsprechen und eigene Vorstellungen entwickeln. Die kirchlichen Schulen sind bereit, bei der notwendigen spezifischen Füllung der Curricula mitzuwirken. Denn in den kirchlichen Schulen kann aufgrund der wissenschaftlichen Struktur ihres Unterrichts das Evangelium »als die einzige Wahrheit, die tiefer reicht als die Wissenschaft, auf der das Atomzeitalter beruht« (von Weizsäcker) mitten in der Gesellschaft Gestalt gewinnen.

7. Der Strukturplan umfaßt das gesamte Bildungswesen. Es besteht die Ge-

fahr, daß bei der zentralen Festlegung der Curricula ideologische Vorentscheidungen zum Tragen kommen und Schule, Lehrer und Schüler einseitig fixiert werden. Hier können Schulen in freier Trägerschaft den notwendigen Raum der Freiheit wahren. Wir können zwar auch als einzelne unsere Beiträge zur Didaktik liefern, aber die Kirche wird im Blick auf die Entwicklungen, wie sie der Strukturplan bringt, nur sachkundig mitsprechen können, wenn sie auf allen Stufen der Bildungsgesellschaft mit eigenen Schulen präsent ist.

8. Angesichts des Auftrages, den kirchliche Schulen bis heute wahrnehmen, können wir Lehrer an kirchlichen Schulen uns besonders eine Kirche der Reformation ohne eigene Schulen nicht vorstellen. Wir halten einen Rückzug der Kirchen aus der Bildungsgesellschaft für indiskutabel. Es ist vielmehr erforderlich, daß Synoden und Ämter die Freiheit der kirchlichen Schulen und Internate sichern, ihnen bei der Bewältigung der neuen Situation helfen und damit diese Arbeit zu ihrer eigenen Sache machen.

ANMERKUNGEN

(Bibliographische Angaben, die in den Anmerkungen fehlen, finden sich im Literaturverzeichnis)

Zur Einführung

1 K. Steinbuch, Falsch programmiert. Über das Versagen unserer Gesellschaft in der Gegenwart und vor der Zukunft und was eigentlich geschehen müßte, Stuttgart 1968, 56.

2 D. Bonhoeffer, Widerstand und Ergebung, Taschenbuchausgabe, München [6]1970, 132.

Zu I.

1 F. Blättner, Die vier Aufgaben der Schule, in: H. Röhrs, 160.

2 Siehe O. Dibelius, Ein Christ ist immer im Dienst, Stuttgart 1961, 74: »Mit der Monarchie fiel die Ortsschulinspektion dahin, die schon längst, wenigstens auf evangelischer Seite, eine Form ohne Inhalt geworden war.«

3 G. Burghart, in: Söhngen, 39–41.

4 Abgedruckt bei Kupisch, 160 f.

5 O. Dibelius, Das Jahrhundert der Kirche, Berlin 1927, 191.

6 Die Richtigkeit dieses Eindruckes bestätigt eine Durchsicht der jeweils recht ausführlichen Kapitel »Kirche und Schule« in den Kirchlichen Jahrbüchern 1920 (G. Kropatscheck), 1922—1929 (D. Bachmann) und 1931 (Th. Knolle).

7 Dazu: K. Hunsche, Der Kampf um die Christliche Schule 1933 bis 1945, in: Kirchliches Jahrbuch 1949. Besonders wichtige Dokumente: Beschluß der 4. Bekenntnissynode der Deutschen Evangelischen Kirche in Oeynhausen im Februar 1936 zur Schulfrage; und: Erklärung der Vorläufigen Kirchenleitung der DEK an den Führer und Reichskanzler vom Frühjahr 1936; beide abgedruckt in: Kirchliches Jahrbuch 1933—1944, 119 ff. und 130 ff. Weitere Quellen und Literaturhinweise bei W. Niemöller, 314 ff.

8 Ludwig Müller — Karl Fezer, Ziele der Glaubensbewegung »Deutsche Christen«, 1933, abgedruckt bei Kupisch, 256 ff.

9 Eine Übersicht über die einschlägigen Quellen vermitteln die in Anmerkung 7 angeführten Werke, vor allem das Sachregister des Kirchlichen Jahrbuches 1933—1944 s. v. »Schule«.

10 Kirchliches Jahrbuch 1949, 519 ff.; teilweise abgedruckt bei Begemann, 437 ff.

11 So der Herausgeber der Kirchlichen Jahrbücher J. Beckmann, in: Die Kirche vor den Fragen der Zeit, Kirchliches Jahrbuch 1949, 1.

12 Siehe Osterloh, 396 ff. Eine Übersicht über die einschlägigen Verfassungsartikel gibt A. v. Campenhausen, Erziehungsauftrag, 146. Dort auch weitere Literaturhinweise.

13 Abgedruckt in: Kirchliche Jahrbücher 1949 und 1950, teilweise auch bei Begemann, 440 f., und Niemeier-Uhsadel, 58 ff.

14 Aus dem Beschluß der evangelischen Kirchenführer zur Schulfrage, Treysa, 27.—31. August 1945.

15 Ebenda. Zu den Differenzen zwischen dem Reichsbruderrat der Bekennenden Kirche und den in Treysa versammelten Kirchenführern in dieser Frage siehe Osterloh, 378.

16 Siehe eine pointierte Formulierung von O. Hammelsbeck: »Gäbe es keine katholische Bekenntnisschule, brauchte es auch keine evangelische zu geben.« (Volksschule in evangelischer Verantwortung, Bochum 1961, 148). Weitere Belege bei Begemann, 435 ff.

17 Siehe Anmerkung 14.

18 H. Kittel, Vom Religionsunterricht zur Evangelischen Unterweisung, 2Hannover 1949, 10.

19 a. O., 29.

20 Quellen dazu in den Kirchlichen Jahrbüchern 1950 ff., zum Teil auch bei Niemeier-Uhsadel, 69 ff. Im übrigen fällt beim ersten Blick auf, einen wie geringen Raum Schulfragen in den Äußerungen der westdeutschen Gliedkirchen einnahmen, während sie bei den Kirchen im Gebiet der DDR ununterbrochen diskutiert werden mußten. Dies bestätigt auch Niemeiers Darstellung im Kirchlichen Jahrbuch 1955.

21 Rundschreiben der Kirchenkanzlei der EKD vom 30. 4. 1958 an die Leitungen der Gliedkirchen.

22 Siehe die Dokumentation in: Kirchliches Jahrbuch 1958. Dazu: A. Flitner, Die Kirche vor den Aufgaben der Erziehung, Heidelberg 1958. Die »Worte« (zur Schulfrage; für den Erziehungsdienst der Kirche...; an die evangelischen Eltern; an die evangelische Jugend) und »Beschlüsse« (betr. Sorgen und Nöte christlicher Eltern und Kinder in den Gliedkirchen der Deutschen Demokratischen Republik; betr. Neuordnung der Konfirmationsfrage) liegen auch als Sonderdruck des Amtsblattes der EKD vor.

23 Siehe: H. Bohnenkamp — W. Dirks — D. Knab (Hrsg.), Empfehlungen und Gutachten des Deutschen Ausschusses für das Erziehungs- und Bildungswesen 1953—1965, Stuttgart 1966.

24 Begemann, 33.

25 »Der Ausschuß... ging aus von dem Schulwort der Synode von 1958. Er erkennt an, daß dieses Wort in der damaligen Situation eine große Bedeutung gehabt hat. Zugleich stellt er aber fest, daß das Wort aufs ganze gesehen in der Öffentlichkeit, sogar in der kirchlichen Öffentlichkeit, ziemlich unbeachtet geblieben ist. Hier machte sich der Ausschuß allgemeine Gedanken über Wirkung und Wirkungslosigkeit kirchlicher Worte.«
So Kirchenpräsident Professor D. Sucker als Berichterstatter des von ihm

geleiteten Ausschusses »Kulturpolitik« der EKD-Synode (West) 1967 (Kirchliches Jahrbuch 1967, 146).

26 Zur Auseinandersetzung mit dem Schulwort bzw. der in ihm vertretenen »Schuldoktrin« siehe Kirchliche Jahrbücher 1960, 110 ff.; 1961, 98 ff.; 1962, 119 ff.; 1963, 110 ff.; 1966, 176 ff.; 1967, 145 ff.; 1968, 94 ff. und Begemann, 36 ff. — Siehe auch Th. Strohm, 28.

27 Siehe Kirchliches Jahrbuch 1967, 145—151.

28 a. O., 148.

29 Der Beschluß, »eine umfassende Bestandsaufnahme über alle Studiengänge, Ausbildungsstätten, Lehrmittel und Lehrpläne, die von der Kirche selbst getragen oder verantwortlich mitgestaltet werden, in die Wege zu leiten« und »daraus eine Gesamtkonzeption zu entwickeln ...«, der inzwischen zu einem entsprechenden Auftrag an das Comenius-Institut geführt hat, hat vorerst lediglich interne Bedeutung. (Siehe: Kirchliches Jahrbuch 1968, 95, und: I. Röbbelen, Kirchliche Bildungs- und Ausbildungsaktivitäten, in: Wissenschaft und Praxis in Kirche und Gesellschaft, 1/1970).

30 Dazu siehe unten 104 f.

Zu II.

1 F. Pöggeler, Auf dem Wege zur Gemeinschaftsschule?, in: Katholischer Frauenbote 4/1965, zitiert in: Materialdienst des Konfessionskundlichen Instituts Bensheim, Jahrgang 17/1966, 54.

2 Die vom Ersten Vatikanischen Konzil formulierte Lehre (»fides et ratio inter se dissidere numquam possunt, sed opem quoque sibi mutuam ferunt...«, siehe Denzinger, Enchiridion Symbolorum 1799) wird in der grundlegenden Erziehungsenzyklika von Pius XI. (s. u.) wörtlich zitiert und auf die Pädagogik angewandt (Absätze 56 ff.).

3 K. Erlinghagen, Artikel »Kirche und Schule«, in: Pädagogisches Lexikon, ed. Horney — Ruppert — Schultze, Gütersloh 1970.

4 Canones 1372—1383. Hierzu und zum folgenden siehe besonders das wichtige Kapitel »Die Römisch-katholische Schuldoktrin« bei A. v. Campenhausen, Erziehungsauftrag, 115 ff.

5 Leicht zugänglich in der kritischen Ausgabe (lateinisch—deutsch) von R. Peil, Die christliche Erziehung der Jugend. Die Enzyklika »Divini illius magistri« von Pius XI, [2]Freiburg 1963. Dazu die wichtige Auslegung von K. Erlinghagen, Grundfragen katholischer Erziehung. Die prinzipiellen Erziehungslehren der Enzyklika ..., Freiburg 1963. — Die wichtigsten Abschnitte der Enzyklika sind im Anhang als Dokument Nr. 2 abgedruckt.

6 Der Text dieser verhältnismäßig knappen und allgemeinen Erklärung, die im übrigen auch von offizieller katholischer Seite als nicht völlig gelungen beurteilt wird (s. Rahner — Vorgrimmler, 331), ist leicht zugänglich in: Rahner - Vorgrimmler, Kleines Konzils-Kompendium, [6]Freiburg 1969, Herder Bücherei 270—273. Dazu allgemein: E. Schlink, Nach dem Konzil,

München—Hamburg 1966 (Siebenstern-Taschenbuch), bes. 48 ff. und 136 ff.; ferner besonders: Die römisch-katholische Kirche nach dem II. Vatikanum, Studienhefte des Pädagogischen Instituts der Evangelischen Kirche von Westfalen, Nr. 1, 1969, 17 ff.; H. Venetz (Literaturverzeichnis) und: E. Hübner, Gravissimum educationis. Die Konzilserklärung über die christliche Erziehung, in: Materialdienst des Konfessionskundlichen Instituts Bensheim, Jahrgang 19/1968, 93 ff.

7 So R. Peil im Untertitel seiner Ausgabe, s. o. Anm. 5.

8 H. Kittel, Katholische Schulpolitik, 14.

9 Enzyklika, Absatz 8 (nach der von Peil eingeführten, im Originaltext nicht vorhandenen Durchnumerierung der insgesamt 102 Absätze).

10 Absätze 11 und 12.

11 Absatz 14.

12 Absätze 15, 16.

13 Absätze 17, 20.

14 Absätze 21, 22, 24.

15 Absatz 26.

16 Absätze 28 bis 37.

17 Absätze 38 bis 53, wörtlich Absatz 45.

18 Absätze 59, 64, 68, 71 bis 74.

19 Absätze 77 bis 89.

20 CIC 1374, Enzyklika Absätze 79 und 80.

21 Absatz 81.

22 Absatz 84.

23 Absatz 85. — Die noch folgenden Absätze der Enzyklika entfalten diesen Gedanken weiter. Damit wird der Kreis, der von den grundsätzlichen Feststellungen über Glauben und Vernunft ausging, geschlossen.

24 Aus einer Erklärung der auf dem Zweiten Vatikanum versammelten deutschen Bischöfe vom 15. 11. 1963, zitiert bei Kittel, Kath. Schulpolitik, 29. — Die Gründung einer katholischen Universität ist eine Standardforderung vieler Katholikentage seit deren Beginn 1848. (Siehe W. Sucker, Der Deutsche Katholizismus, 265 ff.). Besonderes Gewicht erhielt sie nach 1945, vor allem auf dem Katholikentag in Stuttgart 1964 durch eine Rede des Aachener Bischofs Pohlschneider. (Dazu: Materialdienst des Konfessionskundlichen Instituts Bensheim, Jahrgang 15/1964, 94 ff.).

25 Aus einer Erklärung der fünf katholischen Bischöfe des Landes Nordrhein-Westfalen im Verlauf der Auseinandersetzungen um die Simultanisierung der Hauptschule im Frühjahr 1967. (Flugblatt). Dort heißt es ferner: »Die katholische Schule ist keine Institution, bei der der Glaube an die Stelle des Wissens träte. Wir wissen um die relative Eigengesetzlichkeit der weltlichen Sachbereiche. Nach katholischem Verständnis sind Sachgerechtigkeit und intellektuelle Redlichkeit selbstverständliche Voraussetzungen jeden Weltverständnisses. Glauben und Wissen sind keine Gegensätze. Sie können es nicht sein; denn die Gesetze der Welt und die Offenbarung fließen aus der gleichen Quelle. Sie sind beide von Gott.«

26 Hierzu sei hingewiesen auf die außerordentlich kritische Auseinanderset-

zung Kittels (a. O., 6 ff., bes. 13) und A. v. Campenhausens (Erziehungsauftrag, 126—128) mit Erlinghagen, der bei aller Aufgeschlossenheit, mit der er eine Neuinterpretation des katholischen Erziehungsdenkens versucht, gerade an diesem Punkt nicht weiterkommen konnte. Auch für sein Denken gilt: »Es geht der katholischen Kirche nicht so sehr um die Welt als Welt als um den überzeitlichen Heilsordo und weltverflochtene Lebensordnungen innerhalb der Kirche. Für die Schule bedeutet das, daß es nicht unmittelbar um die Aufgabe geht, die Kinder in die Welt einzuführen, sondern sie im kirchlichen Zusammenhang zu erhalten.« (A. v. Campenhausen, a. O., 128). — Dies bestätigt z. B. A. Heuser, Die katholische Schule, Bochum o. J. (1961).

27 Für den Fortschritt — Gegen Bekenntnisschule?, Herausgegeben vom Erzbischöflichen Generalvikariat Paderborn 1967, 4.

28 Erziehungsenzyklika, Absatz 80.

29 An eben diesem Punkt setzt auch in katholischen Kreisen die Kritik an, siehe Hirschauer, 36 f.

30 Grundgesetz, Artikel 6, 2: »Pflege und Erziehung der Kinder sind das natürliche Recht der Eltern und die zuvörderst ihnen obliegende Pflicht.«

31 Zu dem außerordentlich schwierigen rechtlich-politischen Problem, wie weit dies legitim ist, besonders wenn die katholische Kirche die Grundgesetzbestimmungen im Bereich des Schulrechts aktivieren will, siehe I. Röbbelen, 20 ff. und A. v. Campenhausen, Erziehungsauftrag, 118 ff.

32 Erziehungsenzyklika Absätze 27 bis 37, besonders Absatz 35.

33 Erziehungsenzyklika, Absätze 30 bis 33 und 71 bis 74. Zahlreiche weitere Belege in den Anmerkungen bei A. v. Campenhausen, a. O.

34 Der Katholik Hirschauer protestiert beispielsweise: »Tatsächlich werden die katholischen Eltern unter so starkem Gewissensdruck auf die Konfessionsschule verpflichtet, daß, nicht für sie zu sein, fast schon bedeutet, nicht mehr katholisch zu sein.« (38) — Von allgemeiner Bedeutung sind die diesbezüglichen stillschweigenden Korrekturen in den Grundsätzen und Empfehlungen des Kulturbeirates des Zentralkomitees der deutschen Katholiken (Literaturverzeichnis): Die Eltern haben »die Pflicht ..., gemäß ihrer religiösen Überzeugung im Rahmen der jeweiligen Möglichkeiten die richtige Schule für ihr Kind zu wählen. ... Die Aufgabe der Eltern, alles zu tun, um ihren Kindern die bestmögliche Erziehung und Bildung zuteil werden zu lassen, kann in unserer komplizierten Welt nicht von ihnen allein erfüllt werden; sie bedürfen dazu der Hilfe des Staates und — als gläubige Eltern — der Kirche.« (20 f.) — Auf ein ähnliches Ergebnis läuft die offiziöse katholische Analyse von Venetz (Literaturverzeichnis) hinaus. — Denselben Sinn hat es, wenn Erlinghagen dem Elternrecht das Recht des Kindes auf angemessene Erziehung und volle Entfaltung seiner Persönlichkeit gegenüberstellt. Dazu siehe Kittel, Katholische Schulpolitik, 30.

35 Näheres dazu unten 32 ff.

36 Grundsätzlich dazu: H. Staudinger, Schule und pluralistische Gesellschaft, in dem gleichnamigen Band des Deutschen Instituts für Bildung und Wissen, Frankfurt 1961. — Die katholischen Bischöfe des Landes Nordrhein-

Westfalen fordern in dem oben (Anmerkung 25) erwähnten Flugblatt: »Darum ist es in einer pluralen Gesellschaft, die verschiedene Wertvorstellungen kennt, redlich, Schulen zur Wahl zu stellen, die in ihrer Wertvorstellung eindeutig sind. Nur so können Eltern ihrer Verpflichtung nachkommen, die Erziehung ihrer Kinder auch in der Schule zu bestimmen.«

37 Aus der oben (Anmerkung 27) herangezogenen Kampfschrift des Paderborner Generalvikariats, 13.

38 Weitere Einzelheiten dazu bei Kittel, Katholische Schulpolitik, 21 ff.

39 Kittel (a. O.) faßt seine Einwände so zusammen: Das Prinzip der »Versäulung« gibt »zwar jeder der drei Weltanschauungsgruppen das Gleiche ..., aber etwas Katholisches. Es zwingt auch die nichtkatholischen Gruppen, sich ›katholisch‹ zu verstehen und zu verhalten.« – Eine grundsätzliche Kritik aus katholischer Feder: W. Dirks, Eine Schule für alle. Die Politik der falschen Alternativen, in: Frankfurter Hefte 10/1967, 705 ff., bes. 708.

40 Hirschauer, 33.

41 Siehe Erlinghagen, Katholisches Bildungsdefizit; und G. Hild, Katholische Kulturpolitik und katholisches Bildungsdefizit, in: Materialdienst des Konfessionskundlichen Instituts Bensheim, Jahrgang 21/1970, 45.

42 Von evangelischer Seite setzen sich sowohl Kittel, Katholische Schulpolitik, 6 ff. und 14 ff., als auch A. v. Campenhausen, Erziehungsauftrag, 116 und 121 ff., ausführlich mit Erlinghagen auseinander.

43 So Erlinghagen im Prinzip schon in seiner Auslegung der Erziehungsenzyklika (s. o., Anmerkung 5), 77 ff. Noch deutlicher wird er in einem Aufsatz »Evolutionäre Bildungspolitik« in der katholischen Deutschen Tagespost vom 27./28. 12. 1963 über katholische Lehrerbildung und katholische Schule: »Es genügt freilich nicht, daß beide nur juristisch gesichert und organisatorisch durchgeführt werden. Soll der Geist in ihnen lebendig sein, so müssen alle an ihnen Beteiligten ein Ja dazu gesagt haben. ... Ist eine katholische Pädagogische Hochschule als solche bekannt und als ganze attraktiv, so können nichtkatholische Studenten und Dozenten in einer dem Geist nicht gefährlichen Zahl nur willkommen sein. ... (Dasselbe) gilt auch von der katholischen Schule. Das Wesentliche ist, daß sie aus katholischem Geist lebt, nicht, daß ausschließlich Katholiken in ihr sind.« — Aufschlußreich für die innerkatholischen Auseinandersetzungen über diese Interpretation der Grundsätze katholischer Schulpolitik ist übrigens ein Artikel mit dem gleichen Titel in der Deutschen Tagespost vom 17./18. 1. 1964, mit dem J. Burscheid Erlinghagen antwortet.

44 Siehe Literaturverzeichnis.

45 a. O., 8.

46 a. O., 25.

47 a. O., 26 f.

48 So Erlinghagen, Artikel »Kirche und Schule«, in: Pädagogisches Lexikon (s. o., Anmerkung 3).

49 Einen guten Überblick über diese Aktivitäten vermittelt laufend die vierzehntäglich erscheinende »Schulkorrespondenz«, die vom Bund Katholi-

scher Erzieher, der Katholischen Elternschaft Deutschlands und der Bischöflichen Zentrale für die katholischen freien (privaten) Schulen in Verbindung mit der Bischöflichen Hauptstelle für Schule und Erziehung in Köln, jetzt im 18. Jahrgang, herausgegeben wird. — Das Ziel beschreibt Nastainczyk so: »Die deutschen Katholiken müssen in Zukunft ... in ganz anderem Maß als bislang selbst für Schulen und andere Bildungsstätten Verantwortung übernehmen. ... Das katholische Deutschland müßte alsbald ein möglichst engmaschiges Netz verschiedenartig organisierter, in jeder Beziehung attraktiver Modellschulen errichten.« (271) — Siehe ferner: H.-R. Laurien, Wozu Freie Schule heute?, in: Stimmen der Zeit 8/1970, 73 ff.

Zu III.

1 Erschienen im Hirschgraben-Verlag Frankfurt als Heft 5 der Reihe. Obwohl dem Institut einige evangelische Mitglieder angehören, weswegen es sich gerne das Attribut »überkonfessionell« beilegt, sind seine Stellungnahmen und Veröffentlichungen überwiegend von den Interessen einer konservativ-katholischen Bildungspolitik bestimmt. Im einzelnen siehe dazu die ausführliche Analyse der Arbeiten des Instituts durch K. E. Nipkow, Christliche Bildungstheorie.

2 a. O., 4 f.

3 G. Picht, Die deutsche Bildungskatastrophe, später als Buch: Olten und Freiburg 1964.

4 Abgedruckt u. a. in: Kulturpolitik der Länder 1963—1964, herausgegeben von der Ständigen Konferenz der Kultusminister der Länder in der Bundesrepublik Deutschland, Bonn 1965, 44 ff.

5 Es dürfte kein Zufall sein, daß der erste Teil (»Die evangelische Schule als Schule unter dem Evangelium«) dem zweiten (»Die katholische Schule«) nicht nur in wesentlichen Punkten widerspricht, sondern insgesamt auch viel mehr im Grundsätzlichen bleibt. Die »evangelische Schule« hat nur »als ein immer neu zu gewinnender Zielbegriff und als bleibende Aufgabe zu gelten« (23), beschränkt sich aber keineswegs auf die konkrete Ausformung in einer evangelischen Bekenntnisschule, ja, fordert diese nicht einmal. Hingegen ist »eine den dargelegten Prinzipien entsprechende katholische Schule gerade in unserer modernen Welt für katholische Kinder grundsätzlich die beste Lösung« (45).

6 Siehe A. Berg, Simultanität als konstruktives Prinzip der allgemeinbildenden Schulen. Zum 150jährigen Bestehen der Simultanschule in Hessen-Nassau, Frankfurt 1966 (Material- und Nachrichtendienst der Gewerkschaft Erziehung und Wissenschaft Nummer 122). — Der Herzog von Nassau ließ sich bei seinem Edikt von der Staatsraison leiten: »Hier drängte das ungeordnete Konglomerat von 39 Territorialsplittern mit einer ungewöhnlich starken konfessionellen Mischung zu durchgreifenden Maßnahmen.« Es galt, alles zu tun, um den Frieden zwischen den Konfessionen zu sichern.

Damit wird aber zugleich auch die Grenze deutlich: »Nur an Evangelische und Katholiken ist gedacht. Der Frieden zwischen ihnen ist Problem und Aufgabe der Schule. Atheisten, Indifferente, Neutrale spielen keine Rolle. Juden sind als Schüler geduldet, als Lehrer ausgeschlossen.« (K. Müller, Das Ringen um die für alle gemeinsame Schule. Vortrag beim Festabend der Evangelischen Kirche in Hessen und Nassau zur 150-Jahrfeier der Nassauischen Union am 18. 9. 1967 in Wiesbaden, Hektographiertes Manuskript.)

7 Siehe W. Sucker, Der deutsche Katholizismus, 290 ff.

8 So H. Mosapp, in: Artikel »Konfessionsschule« in RGG², 1929. Dort auch weitere Literaturhinweise.

9 Weimarer Verfassung, Artikel 146, 2: »Innerhalb der Gemeinden sind ... auf Antrag von Erziehungsberechtigten Volksschulen ihres Bekenntnisses oder ihrer Weltanschauung einzurichten, soweit hierdurch ein geordneter Schulbetrieb ... nicht beeinträchtigt wird.«

10 Dazu siehe oben 23.

11 Siehe oben 11 ff., vor allem das in den Anmerkungen angeführte Quellenmaterial.

12 Zur ersten Orientierung siehe den Artikel »Reichsschulgesetz« (F. Delekat) in RGG². Ausführlich: Chr. Führ, Zur Schulpolitik der Weimarer Republik, Weinheim 1970.

13 Artikel 23. Quellen und weitere Literaturhinweise bei W. Sucker, Über Konkordate. Materialien und Anmerkungen, in: Materialdienst des Konfessionskundlichen Instituts Bensheim, 6. Jahrgang 1955, 17 ff. — Gesamtausgabe: L. Schöppe (Hrsg.), Konkordate seit 1800, Frankfurt 1964.

14 Im einzelnen war das Bild natürlich bunter, siehe A. v. Campenhausen, Erziehungsauftrag, 169—172, wo alle einschlägigen rechtlichen Bestimmungen zusammengestellt sind. Zum Stand von 1965 bringt der »Spiegel« in Nr. 20/1965 eine Graphik. Danach besuchten in Schleswig-Holstein, Hamburg, Bremen, Berlin und Hessen alle Volksschüler Gemeinschaftsschulen, im Saarland alle Konfessionsschulen, in Niedersachsen 22 % der Volksschüler Konfessionsschulen, in Nordrhein-Westfalen 84 %, in Rheinland-Pfalz 67 %, in Baden-Württemberg 15 % und in Bayern 94 % ebenfalls Konfessionsschulen, die übrigen Gemeinschaftsschulen. Die Verhältnisse in Niedersachsen und Baden-Württemberg waren dadurch zusätzlich kompliziert, daß abweichend von den übrigen Landesteilen im Bezirk Oldenburg (100 %) und in Südwürttemberg-Hohenzollern (fast 85 %) aufgrund der spezifischen Nachkriegsgeschichte dieser Gebiete die konfessionelle Gliederung der Volksschule vorherrschte.

15 Siehe A. v. Campenhausen, Erziehungsauftrag, 194 ff.

16 E. Osterloh, 374 und 382.

17 Siehe Osterloh, 396 ff., bes. 405 f.

18 Nach Artikel 55 der Vorläufigen Niedersächsischen Verfassung von 1951 gilt in Oldenburg grundsätzlich weiter die Konfessionsschulregelung der Verfassung des Freistaates Oldenburg von 1919. (Im einzelnen zur Rechtslage: A. v. Campenhausen, Erziehungsauftrag 170, f.). In der Praxis hat

das neue niedersächsische Schulgesetz aber auch hier zu einer Auflockerung und Angleichung an die übrigen Landesteile geführt.

19 § 2 des Gesetzes über das öffentliche Schulwesen in Niedersachsen vom 14. 9. 1954, Nieders. GVBl 379.

20 a. O., § 9.

21 Hierzu und zum folgenden: Die niedersächsische Schule vor und nach dem Konkordat, herausgegeben von der Niedersächsischen Landeszentrale für Politische Bildung, Hannover 1965. Darin besonders: K. Müller, Zur Kritik an Konkordat und Schulgesetznovelle, 6 ff.

22 Siehe »Spiegel« 20/65, 57: »Höhepunkt war, zwischen der ersten und der zweiten Lesung des Schulgesetzes, eine Demonstration in Hannover, zu der 50 000 Katholiken in 14 Sonderzügen und 500 Bussen anreisten und der Pius XII. ein Grußtelegramm schickte. In einem Schweigemarsch zogen die Demonstranten zum Kultusministerium. Sie zeigten Transparente mit den Köpfen Kopfs und Hitlers und Aufschriften wie ›1936 Hitlers Verderben – 1954 seid Ihr die Erben?‹ oder ›Kopf und Voigt, laßt's euch sagen: Elternrecht – sonst geht's euch an den Kragen!‹
In einem Brief an den Ministerpräsidenten Kopf verwies der Hildesheimer Bischof Machens auf den ›erschütternden Aufschrei der Volksseele‹. Ernst Kuntscher, katholisches MdB, zog einen zeitgeschichtlichen Vergleich: ›Tschechen und Polen haben uns Heimat und Eigentum genommen. Aber was jetzt sich die Sozialdemokratie in Niedersachsen leistet, das übertrifft fast noch die Greuel der Austreibung.‹«
Der Bischof von Hildesheim sprach von einem »Kulturkampf, der den Katholiken aufgezwungen wurde.« (42)

23 K. Müller, a. O. 11.

24 Siehe: Kampf und das Konkordat in Niedersachsen, Material- und Nachrichtendienst der Gewerkschaft Erziehung und Wissenschaft Nummer 118, Bühl-Baden o. J. (1966).

25 Siehe Anmerkung 4.

26 Einige leicht zugängliche Darstellungen:
H. Becker, Schulpolitik 1966, in: Protestantische Texte 1966, 187 ff.; derselbe, Zur Situation der Schulpolitik in Bayern, in: Theologia Practica 3/1968, 219 ff.; Titelgeschichte »Konfessionsschulen« in: »Spiegel« 20/1967; »Der evangelische Beitrag zum bildungs- und schulpolitischen Gespräch und Geschehen«, in: Kirchliches Jahrbuch 1967, 148 ff.; »Die Schule zwischen Pluralismus, Konfessionalismus und Ökumenismus«, in: Materialdienst des Konfessionskundlichen Instituts Bensheim, 17. Jahrgang/1966, 53 ff.; »Vor einem neuen Kulturkampf?«, ebenda, 18. Jahrgang 1967, 29 ff. – Zur rechtlichen Seite: »Schulrechtsstreit in Baden-Württemberg« und »Schulrechtsstreit in Bayern«, in: Recht der Jugend 5/1967, 127 ff.

27 Dazu der Materialdienst des Konfessionskundlichen Instituts 1967 (s. o.): »Diese Interpretation findet im Wortlaut der Noten, soweit sie bekannt sind, keinen Anhalt. Höchst fragwürdig allerdings bleibt, daß der Nuntius die Bundesregierung nötigt ...« (32). — Siehe auch: »Zwergschulen sind keine Glaubenssache« von Jens Hoffmann, in: Christ und Welt 16/1967.

28 Aus einem Artikel »Es geht um einen neuen Brückenschlag« des Aachener Bischofs Pohlschneider, des Vorsitzenden der katholischen Bischofskommission für Erziehung und Schule, in der »Welt« vom 20. 3. 1967.

29 »Für den Fortschritt — Gegen Bekenntnisschule?«, herausgegeben vom Erzbischöflichen Generalvikariat Paderborn, 1967. — Aufschlußreich ist die weitere Diskussion um diese Schrift: »Für den Fortschritt mit der Gemeinschaftsschule«, herausgegeben von der Gewerkschaft Erziehung und Wissenschaft, Düsseldorf 1967, und die Antwort des Generalvikariats »Für den Fortschritt — gegen jeden Dirigismus«, Paderborn 1967.

30 Siehe oben 31. Ferner: H. Halbfas, Die Christen und die »Schule für alle«, in: H. Kaufmann, Streit um die Christlichkeit, 69 ff.,
und: W. Dirks, Eine Schule für alle, in: Frankfurter Hefte 10/1967, 705 ff.

31 Siehe vor allem die in den Kirchlichen Jahrbüchern 1963 (119), 1966 (176) und 1967 (149) abgedruckten Voten. Eine Ausnahme bildet lediglich die Evangelisch-Lutherische Kirche in Bayern. Wegen der konfessionellen Zusammensetzung der bayerischen Bevölkerung (ca. 72 % Katholiken, ca. 24 % Evangelische) hätten Gemeinschaftsschulen weithin doch den Charakter katholischer Schulen behalten. So förderte die Kirche schließlich einen von der Landesregierung angestrebten Kompromiß, nach dem alle Schulen künftig »christliche Schulen« sein sollen, in denen »nach gemeinsamen Grundsätzen christlicher Bekenntnisse« unterrichtet und erzogen wird. Wo es aber weiterhin aufgrund von Elternentscheidungen Konfessionsschulen gibt, sollen »Bekenntnisklassen« und »Minderheitenlehrer« die Rechte konfessioneller Minoritäten sichern. (Im einzelnen dazu H. Becker, s. o. Anmerkung 26.)

32 Zu den Einzelheiten der teilweise komplizierten Regelungen siehe die Gesetz- und Verordnungsblätter der Länder.

33 Siehe oben 24 f.

34 Siehe Gesetz- und Verordnungsblatt des Landes Rheinland-Pfalz 1970, 232. Nach dem Gesetz werden den Privatschulen praktisch 100 % der Personalkosten, dazu ein Anteil für die Altersversorgung der Lehrkräfte, ferner ein großer Teil der Sachkosten und Baukostenzuschüsse erstattet.

35 Dazu siehe Nastainczyk, der die heutigen innerkatholischen Bedenken gegen eine (öffentliche) katholische Konfessionsschule darstellt und ein umfassendes Engagement der deutschen Katholiken im Privatschulwesen fordert (besonders 271, siehe auch oben 31, Anmerkung 49).

36 Siehe unten 123 ff.

37 Zur Rechtslage siehe A. v. Campenhausen, Erziehungsauftrag, 194 ff. Aus katholischer Sicht: H. Brauburger, Christliche Erziehung in der pluralen Gesellschaft. Rechtliche und politische Aspekte der Situation in der Bundesrepublik, in: Schulkorrespondenz (s. o. 31, Anmerkung 49) Nr. 11/12/1970, 1 ff. Ausführlich: H. Kaufmann (Hrsg.), Streit um die Christlichkeit, darin besonders zur rechtspolitischen, kultur- und gesellschaftspolitischen, theologischen und pädagogischen Problematik: K. E. Nipkow, Die »christliche« Schule, 13 ff. Grundsätzlich weiterführend: M. Stallmann, Die Christlichkeit der »christlichen Schule«.

38 Siehe oben 11 ff.

39 Nipkow, a. O. 13.

40 In einer gemeinsamen Erklärung der drei evangelischen Landeskirchen und der katholischen Bistümer Nordrhein-Westfalens zur Novellierung der Schulgesetze vom 7. 2. 1968 wird die christliche Prägung der Schule folgendermaßen konkretisiert: »In Gemeinschaftsschulen werden Kinder verschiedener Religionszugehörigkeit auf der Grundlage christlichen Kulturerbes und auch in Offenheit für christliche Glaubensüberzeugungen unterrichtet und erzogen«. (Vorschlag für einen Gesetzesparagraphen.) Und: »Für die Gemeinschaftsschule sollte insbesondere folgendes sichergestellt werden: a) Religionsunterricht und Schulgottesdienst bleiben gewährleistet und werden getrennt nach Konfessionen gehalten. b) Der Schulgottesdienst findet während der Unterrichtszeit statt. c) Der Besuch von Rüstzeiten bzw. Exerzitien oder Einkehrtagen und religiösen Freizeiten wird ermöglicht. d) Die Freiheit zum Schulgebet bleibt gewährleistet. e) Die Lehrerplanstellen sollen nach dem Verhältnis der konfessionellen Zusammensetzung der Schulpflichtigen besetzt werden. f) Schulbücher und Lehrpläne sollen auf den Bildungsauftrag dieser Schule gebührend Rücksicht nehmen.« (Abgedruckt in der Zentralausgabe des Evangelischen Pressedienstes -epd- vom 8. 2. 1968.)

Entsprechend aufschlußreich sind die von Kardinal Döpfner und Landesbischof Dietzfelbinger am 9. 11. 1967 unterzeichneten »Leitsätze für den Unterricht und die Erziehung nach gemeinsamen Grundsätzen der christlichen Bekenntnisse«, abgedruckt in: Kirchliches Jahrbuch 1967, 155 f. Dazu Nipkow, a. O., 16 f.

Angesichts solcher Erklärungen kann man eigentlich nur beklommen auf Stallmanns nüchterne Feststellung hinweisen: »Die Kirche befindet sich der Gesellschaft gegenüber in einer zwiespältigen Lage. Einerseits ist ihre rechtliche Situation so umfassend gesichert wie noch kaum zu einer Zeit. Ihr Öffentlichkeitsauftrag und ihre rechtliche Eigenständigkeit waren noch nie so ausdrücklich im staatlichen Kirchenrecht verankert wie heute. Zugleich aber ist dieselbe Kirche über den Inhalt ihres Auftrages der Öffentlichkeit gegenüber noch selten so sehr im unklaren gewesen wie heute. Ihre faktische Ausstrahlungskraft reicht nicht aus, um auf den Menschen der Gegenwart den Einfluß auszuüben, der ihr von Rechts wegen eingeräumt oder zugestanden worden ist.« (a. O., 24)

Zu IV.

1 Dies gilt für die öffentliche Schule. Den Sonderinteressen einzelner Gruppen können dagegen Privatschulen dienen. Wieweit sie vom Staat finanziert werden sollen, ist sehr umstritten. In den Bundesländern gibt es die verschiedensten gesetzlichen Regelungen, die günstigste derzeit in Rheinland-Pfalz. Im einzelnen dazu: H. Heckel — P. Seipp, Schulrechtskunde, Neuwied/Berlin 1965, 126 ff. und A. v. Campenhausen, Erziehungsauf-

trag, 55 ff. Bei beiden ist alle weitere einschlägige Literatur angeführt. Zur politischen Seite neuerdings: S. Gerbaulet, Privatschulen — wozu?, Leitartikel in der Frankfurter Allgemeinen Zeitung vom 2. 9. 1970, wo die volle finanzielle Gleichstellung der öffentlichen und privaten Schulen gefordert wird. Siehe auch oben 42 f und unten 123 ff.

2 Die wichtigsten Titel sind übersichtlich zusammengestellt von I. Röbbelen, Artikel »Konfession und Erziehung« I, in: Pädagogisches Lexikon, ed. H.-H. Groothoff und M. Stallmann, Stuttgart 1961. — Zum Verhältnis von Theologie und Pädagogik bei diesen Autoren: G. Otto, Verkündigung und Erziehung.

3 Statt vieler Belege einige Sätze aus Hammelsbecks klassischer »Evangelischen Lehre von der Erziehung« (München [2]1958): »Der evangelische Lehrer lebt in seinem Verantwortungskreis von den Gaben des Wortes Gottes, die mit Kirche, Unterweisung und Glauben zum Ausdruck gebracht sind. Er lebt davon in Schule, Erziehung und Kultur als seinem beruflichen Bereich. ... Dieses Zeugnis ist der evangelische Lehrer der Schule von heute dem Staat und der Kollegenschaft im weitesten Sinne schuldig. ... In seinem erzieherischen Amt kann er nichts ernster nehmen als den Menschen als Mitmenschen, als das Kind, das ihm anvertraut ist. Er sieht und würdigt es immer als Gabe Gottes, aus Gottes Eigentum. Darum aber auch wird ihm der Mensch und auch das Kind nicht zum Götzen, Pädagogik und Reformpädagogik nicht zur Religion ... Der evangelische Lehrer sondert sich, wenn er wirklich das Evangelium als Gebot und Verheißung Gottes und nicht als eine Weltanschauung nimmt, von sich aus nicht von anderen Lehrern ab. Er hält sich zur Gemeinde und lebt in ihr. Aber das bestimmt ihn nicht zur Abkehr von denen, die nicht zur Gemeinde gehören, und bestimmt ihn auch nicht dazu, sich für etwas Besseres zu halten ...« (159 f.).

4 Niemeier — Uhsadel, 29 f., 39, 42, 52.

5 M. Stallmann, Christentum und Schule, und G. Otto, Schule — Religionsunterricht – Kirche.

6 Stallmann, a. O., 28 und 33.

7 K. Onnasch, Opium der Schüler oder Wahlfach der Avantgarde. Religionsunterricht und Schulreform, Wuppertal 1970, 15.

8 Siehe Hammelsbeck, a. O., 60 ff. Eine Übersicht und Kritik der gängigen christlich-pädagogischen Auslegungen bietet G. Otto, Verkündigung und Erziehung, besonders 10 ff. — Ferner: O. Weber, Das biblisch-theologische Menschenbild und seine Bedeutung für die Erziehung, in: Der Mensch in Theologie und Pädagogik, Heidelberg 1957.

9 Zentral: J. Moltmann, Theologie der Hoffnung, München [7] 1968; T. Rendtorff — H. E. Tödt, Theologie der Revolution, Frankfurt 1968; G. Beetz (Hrsg.), Im Lichte der Reformation. Jahrbuch des Evangelischen Bundes XII/1969, Göttingen 1969 (zum Thema »Reformation und Revolution«); W.-D. Marsch, Zukunft, Stuttgart—Berlin 1969.

10 Dazu: G. Picht, Mut zur Utopie. Die großen Zukunftsaufgaben, München 1969.

11 Siehe Anmerkung 4.

12 Diese pointierte Formulierung von E. Lange zitiert W. Jetter, Was wird aus der Kirche?, Stuttgart–Berlin 1968, 221. Jetters Buch enthält auch für die Neuorientierung der Kirche gegenüber der Schule eine Fülle guter Denkanstöße, insbesondere etwa die Abschnitte über »Kontinuität und Beweglichkeit« (57 ff.), »Binnenorientiertes oder weltbezogenes Denken?« (63 ff.) und »Weltlicher Sachverstand und welthaltige Glaubenssprache« (71 ff.).

13 Siehe oben 10 ff.

14 Dazu: E. Mülhaupt, Reformatoren als Erzieher, Neukirchen 1956.

15 Hauptsächlich: »An die Bürgermeister und Ratsherren aller Städte in deutschen Landen, daß sie christliche Schulen aufrichten und halten sollen« aus dem Frühjahr 1524 (WA 15) und »Eine Predigt, daß man Kinder zur Schule halten solle« aus dem Jahre 1530 (WA 30^2). — Zum folgenden besonders: K. Petzold, Die Grundlagen der Erziehungslehre; Th. v. Sicard, Luther und die Schule, Gütersloh 1947; O. Scheel, Luther und die Schule seiner Zeit, in: Luther-Jahrbuch 1925; H.-B. Kaufmann, Grundlagen der Erziehung bei Luther, in: Mitteilungen der Luther-Gesellschaft 1954/2.

16 Mit der »Zwei-Reiche-Lehre« löst Luther bewußt die mittelalterliche »Zwei-Schwerter-Theorie« ab. Da katholisches Erziehungsdenken bis heute an dieser Theorie orientiert ist (siehe oben 22 ff.), ist eine Verständigung zwischen den Konfessionen gerade auf diesem Gebiet so schwer. — Zur »Zwei-Reiche-Lehre«: H. Diem, Luthers Lehre von den zwei Reichen, München 1938; H.-D. Wendland, Thesen zur Zwei-Reiche-Lehre und ihrer Bedeutung für die Zukunft, in: derselbe, Sozialethik im Umbruch der Gesellschaft, Göttingen 1969, 39 ff. Einige Texte zur Kritik der »Zwei-Reiche-Lehre« von verschiedenen Autoren sind zusammengestellt bei H. Zahrnt, Gespräch über Gott, München 1968, 345 ff.

17 Diese Frage hat, soweit ich sehe, zuerst G. Martin im Blick auf die kirchliche Mitverantwortung für den schulischen Religionsunterricht durchdacht: Ort und Aufgabe evangelischen Religionsunterrichts, Der Evangelische Erzieher 1/1969, und: Wie ist der Ort evangelischen Religionsunterrichts an öffentlichen Schulen »theologisch legitim« zu bestimmen? Antwort an G. Bohne, Der Evangelische Erzieher 11/1969.

18 Nach einer Formulierung von C. W. Williams, Gemeinde für andere, Stuttgart 1965, 89: »Die Kirche muß der Welt erlauben, ihr die Tagesordnung vorzuschreiben, wenn sie wirklich der Mission Gottes in der heutigen Welt dienen will.«

19 P. Tillich, Systematische Theologie I, Stuttgart 1955, 9.

Zu V.

1 P. Bertaux, Mutation der Menschheit, Frankfurt 1963.

2 R. Jungk, Die Zukunft hat schon begonnen, Stuttgart 1952, 72 (Taschenbuch: Hamburg 1963, 38).

3 K. Steinbuch, Falsch Programmiert, 119.

4 Zu dieser Problematik einführend: A. Jores, Alles Machbare wird einmal gemacht. Soll der Mensch in den Weltraum fahren und Herzen übertragen — oder gibt es Wichtigeres?, in: Evangelische Kommentare 11/1968, 633 ff., und H. Thielicke, Der Arzt als Richter, Tübingen 1968.

5 Siehe v. Hentig, Systemzwang und Selbstbestimmung.

6 Siehe Steinbuch, a. O., 98 ff. Dazu auch derselbe, Die informierte Gesellschaft, Stuttgart 1969.

7 G. Orwell, 1984. Ein utopischer Roman, Zürich 1950.

8 a. O., 139 f.

9 Wesentliche Anstöße in dieser Richtung hat C. F. von Weizsäcker wiederholt gegeben, z. B.: »Eine allgemeinverbindliche Ethik des Lebens inmitten der Technik muß entwickelt werden. Man kann von den Menschen nicht verlangen, sich in der technischen Welt sinnvoll zu verhalten, wenn sie nicht Normen dieses Verhaltens haben, die den tatsächlichen Verhältnissen angepaßt sind, Normen, die zwar vielleicht streng, aber für den gutwilligen Durchschnittsmenschen erfüllbar sind.« (Friede und Wahrheit, abgedruckt bei Lorenz, 67).

10 Grundlegend: S. B. Robinsohn, Bildungsreform.

11 Steinbuch, a. O., 18, 20 ff., 55 f.

12 a. O., 56 f. – Die »Neigung der Gesellschaft, ... von (den Kirchen) zu erwarten, daß sie als letztes moralisches Regulativ den Gesellschaftsprozeß dort hemmen und lenken, wo die immanenten Steuerungen versagen« stellt ausführlicher in größeren Zusammenhängen dar: H. Maier, Kirche — Staat — Gesellschaft. Historisch-politische Bemerkungen zu ihrem Verhältnis, in: J. Krautscheidt, H. Marré, Essener Gespräche zum Thema Staat und Kirche, Bd. 1, Münster 1969, 31 ff.: »Dabei geht es nicht immer ohne Schizophrenie ab: die Kirchen sollen nicht Einfluß nehmen dürfen, aber bösen Entwicklungen doch nach Kräften wehren; sie sollen ›heiße Eisen‹ anfassen, während ihre cura ordinaria im Alltag meist als lästige Störung empfunden wird. Gleichwohl: auch in diesem Bereich zeigt sich, vorläufig noch diffus und unklar, eine neue Beziehung von Kirche und Gesellschaft an.« (33 f.).

13 Kein Geringerer als Karl Barth hat dies bei einer Rückschau auf sein eigenes Lebenswerk empfunden: »Gibt es nicht auch ein erstaunliches Mißverhältnis zwischen dem, was jeweils in der Theologie wichtig ist, diskutiert und mehr oder weniger siegreich auf den Plan geführt wird und den Irrungen und Wirrungen, dem Meer von Leid und Jammer der sie umgebenden übrigen Welt und Menschheit? ... Ist im Schatten der großen Not der Welt ... nicht alle Theologie dadurch ausgezeichnet, daß sie so viel Zeit, so gar keine Eile zu haben scheint, daß sie der Erlösung in der Wiederkunft Jesu Christi, auch wenn sie sie nicht geradezu leugnet, scheinbar anderweitig beschäftigt, so merkwürdig gemächlich entgegensieht ...?« (Einführung in die evangelische Theologie, Zürich 1962, als Taschenbuch: München 1968, 111 f.).

14 Tagebucheintrag vom 3. 8. 44 (Widerstand und Ergebung, Taschenbuchausgabe München [6]1970, 189 f.).

15 Der Spiegel 43/69 vom 20. 10. 1969.

16 Tillichs wichtigste Schriften dazu sind zusammengefaßt in: Der Protestantismus als Kritik und Gestaltung, Gesammelte Werke VII, Stuttgart 1962 bzw. (als Siebenstern-Taschenbuch) München—Hamburg 1966.

17 Alle Zitate aus: Die protestantische Verkündigung und der Mensch der Gegenwart (1928), Taschenbuchausgabe (s. o.) 79 f., 88, 90.

18 Vor allem: Die Tragödie des Humanismus, Heidelberg ²1954; Arbeit und Bildung, Heidelberg 1954; Realer Humanismus, Heidelberg 1955.

19 Die Tragödie des Humanismus, 206.

20 a. O., 193 f.

21 a. O., 350.

22 Dieser letzte Satz aus Luthers Feder, hingekritzelt auf einen Zettel am 15. Februar 1546, ist heute in seinem Briefcorpus enthalten. (Hier zitiert nach H. Bornkamm, Luthers geistige Welt, Gütersloh ²1953, 337. Dort auch die genaue Fundstelle).

23 Dieses Wort, das u. a. über einem der deutschen Pavillons auf der Weltausstellung in Brüssel 1958 stand, wird seit alters Luther zugeschrieben, ist aber in seinem Werk bisher nicht nachgewiesen.

24 Aus: Erziehung nach Auschwitz (Rundfunkvortrag), abgedruckt in: Stichworte. Kritische Modelle 2, Frankfurt 1969, 85.

25 Auf die zentrale, fast »metaphysische« Bedeutung, die das Phänomen Auschwitz für Adornos Denken hat, weist hin: G. Rohrmoser, Humanität in der Industriegesellschaft, Göttingen 1970, 13 f.: »Die Konzentrationslager im 20. Jahrhundert sind der Ort, an dem das die Geschichte überhaupt und im Ganzen bestimmende Prinzip manifest geworden ist«, das Prinzip nämlich der »negativen Dialektik«: Der Mensch als Subjekt, »das über die Bedingungen verfügt, sich die Geschichte rational zu unterwerfen und zu kontrollieren, ist zum Objekt der falsch organisierten Gesellschaft deformiert worden.« (Siehe eines der Hauptwerke Adornos: Negative Dialektik, Frankfurt ²1967)

26 a. O., 87. — Weiter unten: »Die einzig wahrhafte Kraft gegen das Prinzip von Auschwitz wäre Autonomie ...; die Kraft zur Reflexion, zur Selbstbestimmung, zum Nicht-Mitmachen.« (a. O., 90)

27 a. O., 92.

28 a. O., 97 f.

29 »Es war einer der großen .... Impulse des Christentums, die alles durchdringende Kälte zu tilgen. Aber dieser Versuch scheiterte; wohl darum, weil er nicht an die gesellschaftliche Ordnung rührte, welche die Kälte produziert und reproduziert.« (a. O., 99)

30 Abgedruckt in der Frankfurter Allgemeinen Zeitung vom 28. 11. 1970.

31 Dazu H. v. Hentig, Erziehung zum Frieden, in: Frieden. Vorlesungen auf dem 13. Deutschen Evangelischen Kirchentag 1967, ed. F. Lorenz, Stuttgart ²1968.

32 Siehe H. v. Hentig, a. O., 29, und A. Mitscherlich, Die Idee des Friedens und die menschliche Aggressivität, Frankfurt 1970.

33 T. Brocher formuliert pointiert: »Zweitausend Jahre mißverstandenen und

erfolglosen Christentums stellen ... einen begrenzten Versuch dar, den Aggressionstrieb zu bewältigen.« (in: H.-J. Schultz (Hrsg.), Politik für Nichtpolitiker, Stuttgart 1969, Bd. 1, 38). — Noch schärfer, wohl zu scharf, H. Schmidt, Frieden, Stuttgart 1969, 21: »Das Stichwort ›Frieden‹ taucht in den Registern der Schultheologie kaum auf. Die Frage des Friedens liegt abseits ihrer herkömmlichen Fragestellungen.«

34 a. O., siehe Anmerkung 33. Schmidt unterscheidet: Das mythische Friedensbewußtsein — Der politische Friedensgedanke der Griechen — Das politische Programm der »Pax Romana« und Schalom — die unwiderrufliche Provokation. Die Kirche hat in der Vergangenheit dort ihren Auftrag verfehlt, wo sie statt für »den einen, offenen und unumkehrbaren Schalomprozeß« einzutreten eine »irdische Friedensordnung und ein überirdisches Friedensziel« anstrebte, »so daß sich für das Leben des Menschen eine doppelte Ortsbestimmung ergab.« Damit wurde »die Kirche nicht zum Kernfeld und Träger der Einberufung zum Frieden als des neuen Auftrages ... der persönlichen und gesellschaftlichen Lebensverwirklichung, sondern zu einer höchst widerspruchsvollen Verbindung von Institution und Ereignis.« (a. O., 163 f.).

35 Zum Beipsiel: Denkschriften und Studien des Rates der Evangelischen Kirche in Deutschland oder ihrer Kammern zur Friedensfrage (1962), zur Lage der Vertriebenen (1965), zur Mitbestimmung, zu den Friedensaufgaben der Deutschen (1968). Texte leicht greifbar jeweils in den Kirchlichen Jahrbüchern und: K.-A. Odin, Die Denkschriften der EKD, Texte und Kommentar, Neukirchen 1966. Ferner G. Picht — H. E. Tödt (Hrsg.), Studien zur Friedensforschung (Arbeitsergebnisse des Friedensforschungsprojektes der Evangelischen Studiengemeinschaft Heidelberg), Stuttgart 1969 ff., und: M. Barkat (Hrsg.), Alternativen zum Konflikt — auf der Suche nach Frieden. Studien des Ökumenischen Rates der Kirchen Nr. 8, Genf—Frankfurt 1970. W. Danielsmeyer (Hrsg.), Der Friedensdienst der Christen. Beiträge zu einer Ethik des Friedens, Gütersloh 1970.

36 Einige allgemeinverständliche und leicht zugängliche Darstellungen: R. Jungk, Die Zukunft hat schon begonnen, s. o. Anmerkung 2; F. Baade, Der Wettlauf zum Jahre 2000. Paradies oder Selbstvernichtung. Oldenburg 1960; K. Steinbuch, Falsch programmiert. Über das Versagen unserer Gesellschaft in der Gegenwart und vor der Zukunft und was eigentlich geschehen müßte, Stuttgart 1968; derselbe, Programm 2000, Stuttgart 1969; G. Picht, Mut zur Utopie. Die großen Zukunftsaufgaben, München 1969.

37 a. O., 15 und 144.

38 In: Die Zeit vom 7. 6. 1968.

39 Am 16. 5. 1971 ist in der Bundesrepublik eine Rechtsverordnung in Kraft getreten, mit der das DDT verboten wird.

40 »Der einzelne Politiker, die Regierungen der Länder, ihre Diplomaten und Parlamentarier verhandeln freundlich und sachlich miteinander; aber sie demonstrieren dabei gleichzeitig ihr aggressives Potential, mit dem sie sich gegenseitig bedrohen. Das hat sehr viel Ähnlichkeit mit dem Aggressionsverhalten unserer Urvorfahren, die sich gegenseitig mit erhobenen Keulen

und Steinen laut schreiend gegenüberstanden in der Hoffnung, dieses Geschrei werde den einen oder den anderen zur Umkehr bewegen.« (T. Brocher, s. v. Aggressionstrieb, in: H.-J. Schultz, Politik für Nichtpolitiker, Bd. I, Stuttgart 1969).

41 Dazu besonders: G. Picht, a. O., 71 ff.

42 G. Picht, a. O., 14.

43 Aus: Les temps modernes, zitiert bei Picht, a. O., 14.

44 1. Auflage München 1964. Zum folgenden besonders: W.-D. Marsch, Zukunft, Suttgart 1969. Zum speziellen Aspekt einer »politischen Theologie« außerordentlich informativ: J. Krautscheidt, H. Marré (Hrsg.), Essener Gespräche zum Thema Staat und Kirche, Bd. 4, Münster 1970. Darin vor allem die Beiträge von H. Maier, Theologie der Revolution und politische Theologie, 62 ff., und K. Lehmann, Die politische Theologie: Theologische Legitimation und gegenwärtige Aporie, 90 ff. Ferner: T. Rendtorff — H. E. Tödt, Theologie der Revolution. Analysen und Materialien, Frankfurt 1968 (Ed. Suhrkamp 258).

45 Moltmann, a. O., 304.

46 Zitiert im Spiegel 1—2/1970 vom 5. 1. 1970, 35.

Zu VI.

1 So der Untertitel von »Falsch programmiert«.

2 a. O., 15.

3 G. Picht, Die deutsche Bildungskatastrophe, 83.

4 Am wichtigsten ist die Grundgesetzänderung vom 12. 5. 1969 (Artikel 75, Einfügung von Artikel 91 b), mit der die Bildungsplanung zur Gemeinschaftsaufgabe von Bund und Ländern erklärt wird. — Als Beispiel für die Tendenzen der Schulgesetzgebung der Länder kann die Entwicklung in Hessen dienen, siehe: H.-M. Schreiber, Die neuen hessischen Schulgesetze und ihre bildungspolitische Bedeutung, in: Die Höhere Schule 10/1969, 243 ff.

5 Rahmenplan zur Umgestaltung und Vereinheitlichung des allgemeinbildenden öffentlichen Schulwesens. Gutachten des Deutschen Ausschusses für das Erziehungs- und Bildungswesen vom 14. 2. 1959. Ferner: Deutscher Ausschuß für das Erziehungs- und Bildungswesen, Zur Diskussion des Rahmenplans, Kritik und Antwort, vom 2. 7. 1960. Beide Texte heute leicht greifbar in: H. Bohnenkamp — W. Dirks — D. Knab, Empfehlungen und Gutachten des Deutschen Ausschusses für das Erziehungs- und Bildungswesen 1953—1965, Gesamtausgabe, Stuttgart 1966.

6 Was im einzelnen hätte geschehen sollen, hat wiederum G. Picht in dem 1963 erschienenen Aufsatz, »Die Krise der Kulturpolitik und die Aufgaben der Kirche« aufgezeigt. Seine Forderungen sind heute so aktuell wie damals.

7 Hierzu vor allem: Deutscher Bildungsrat, Strukturplan für das Bildungswesen, Kapitel VI Finanzen, 290 ff., mit den vorausgegangenen einschlägigen Gutachten und Empfehlungen, verzeichnet a. O. 290, Anmerkung 63.

8 Dokumentation der Ständigen Konferenz der Kultusminister Nr. 6, Stuttgart 1963. Die wichtigsten Ergebnisse übersichtlich zusammengestellt in: Ständige Konferenz der Kultusminister, Kulturpolitik der Länder 1963 und 1964, Bonn 1965, 53 ff.

9 Frankfurter Allgemeine Zeitung vom 15. 3. 1963.

10 Der Bildungsbericht '70 der Bundesregierung legt nach den Schätzungen des Wissenschaftsrates einen laufenden Bedarf für die Hochschulen von 26—36 Milliarden für 1980 zugrunde (a. O., 144).

11 Strukturplan, 316.

12 Bildungsbericht '70, 145.

13 Der aufgrund eines Verwaltungsabkommens vom 25. 6. 1970 zwischen Bund und Ländern gebildeten Kommission gehören sieben Vertreter der Bundesregierung und je ein Vertreter der Landesregierungen an. Die Arbeitsergebnisse der Kommission gehen als Empfehlungen an die Regierungen.

14 Strukturplan, 315 f.

15 Der Schulentwicklungsplan »Hessen '80« der Landesregierung (Wiesbaden [2]1970) rechnet für 1971 mit einem Gesamtbedarf von etwa 40 000 Lehrern. 1970 waren in Hessen etwa 32 000 Lehrer beschäftigt. Für 1971 kann mit etwa 3000 Kandidaten gerechnet werden. Gäbe es also tatsächlich so viele Kandidaten, wie eigentlich nötig wären, müßte das Land seinen Bankrott erklären. (Siehe dazu: Frankfurter Allgemeine Zeitung, Lokalteil, vom 12. 1. 1971: »Tauziehen um Planstellen.«)

16 Dazu: »Bankrott der Bildungspolitik. Die Katastrophe nimmt ihren Lauf«, in: Christ und Welt vom 19. 5. 1967.

17 a. O., 76.

18 Eine detaillierte Tabelle enthält der Bildungsbericht, 78.

19 Bildungsbericht, 27. Die Abnahme der Klassenfrequenzen in der Volksschule entsteht im wesentlichen durch die verstärkten Übergänge von Hauptschulen in andere weiterführende Schulen.

20 Zu den »Mittel-« und »Zielwerten«: Bedarfsfeststellung 1961 bis 1970, Dokumentation der Ständigen Konferenz der Kultusminister Nr. 6, 5 (s. o., Anmerkung 8).

21 Die wichtigsten Variablen sind zum Beispiel: Klassenfrequenzen, Wochenstundenzahl der Schüler, Pflichtstundenzahl der Lehrer, Diensturlaub für Weiterbildung, Annahme vorzeitiger Abgänge durch Tod und Pensionierung, prozentualer Anteil der Frauen in der Lehrerschaft, Einstellung von pädagogischen Hilfskräften, Studiendauer, Einsatz technischer Unterichtshilfen usw.

22 Frankfurter Allgemeine Zeitung vom 25. 7. 1970.

23 Beispielsweise war es nach den Ergebnissen einer amerikanischen Untersuchung möglich, die Schülerzahl pro Lehrer allein durch den Einsatz von pädagogischen Hilfskräften um ungefähr 35 % zu erhöhen, ohne daß die Qualität des Unterrichts litt. (P. Posch, Der Lehrermangel, Weinheim 1967, 116).

24 Kapitel IV, Lehrerbildung, 215 ff.

25 a. O., 221.

26 Trotz eines auf der 139. Plenarsitzung am 8./9. 10. 1970 gefaßten Grundsatzbeschlusses über die Neuordnung der Ausbildung nach Schulstufen und nicht mehr nach Schularten (»Stufenlehrer«) konnte sich die Ständige Konferenz der Kultusminister auf der folgenden Plenarsitzung am 13. 12. 1970 nicht über eine Rahmenvereinbarung der konkreten Einzelfragen, insbesondere der besoldungsmäßigen Einstufung der Lehrer, einigen. Demnach bleibt die Lehrerbildung in den Bundesländern vorerst uneinheitlich. (Pressemitteilungen der KMK, mitgeteilt in der Frankfurter Allgemeinen Zeitung vom 10. 10. und 15. 12. 1970.)

27 a. O., 25.

28 Im einzelnen dazu: I. Richter, Die Schule auf dem Boden des Grundgesetzes, in: Neue Sammlung 5/1969, 387 ff.

29 Daß die Einübung sozialer Tugenden, wie sie in englischen und amerikanischen Schulen geschieht, »bei uns ... zu dem grauen und dünnen Begriff ›Schulleben‹ zusammengeschrumpft ist, ist ein nationales Verhängnis geworden, auf das wir den unglaublichen Mangel an öffentlichem Verantwortungsbewußtsein gerade bei den führenden Menschen mit zurückführen müssen.« So F. Blättner, Das Gymnasium, Heidelberg 1960, 309.

30 Zur Einführung: M. Liebel — F. Wellendorf, Schülerselbstbefreiung. Voraussetzungen und Chancen der Schülerrebellion, Frankfurt 1969 (Edition Suhrkamp 336), und: R. Schostack, Unlust, Aufsässigkeit, Haschisch. Schulalltag 1970, in: Frankfurter Allgemeine Zeitung vom 25. 4. 1970.

31 Dazu: Strukturplan, 37, und: H. v. Hentig, Systemzwang, 75 ff.

32 J. Rudolph, in: Christ und Welt vom 13. 3. 1970.

33 W. Hennis, Die deutsche Unruhe. Studien zur Hochschulpolitik, Hamburg 1969, 61 und 46. — Hennis' Argumente sollten besonders beachtet werden angesichts von Vorschlägen, auch die Schulen zu Körperschaften des öffentlichen Rechts zu machen, wie es mehrfach R.-P. Callies vertreten hat (z. B.: Kirche und Schule in der Demokratie, in: Zeitschrift für evangelisches Kirchenrecht, Bd. 14, Heft 1/2, Oktober 1968, 58 ff.; Schule als Veranstaltung der Gesellschaft, in: Evangelische Kommentare 7/1969, 378 ff). Dazu auch H. Stephany, Schule als Körperschaft, in: Die Höhere Schule 3/1971, 65 ff.

34 Aus einer Stellungnahme des Deutschen Philologenverbandes »Schule und Demokratie«, abgedruckt in: Die Höhere Schule 1/1971, 2.

35 a. O., 257 ff.

36 Zur ersten Einführung: J. Thomas — J. Majault, Schulen Europas.

37 s. o., Anmerkung 5.

38 G. Picht, Die Krise der Kulturpolitik, 456.

39 Zum Sommersemester 1970 bestand beispielsweise ein numerus clausus an 239 wissenschaftlichen Ausbildungsstätten in 40 Fächern, darunter in allen Heilberufen, bei einer Anzahl technischer Disziplinen und in einigen für die Lehrerausbildung besonders wichtigen sprachlichen und naturwissenschaftlichen Fächern.

40 Daß im Sommersemester 1970 tatsächlich etwa 293 000 deutsche und 21 500 ausländische Studierende an den 52 wissenschaftlichen Hochschulen

des Bundesgebietes immatrikuliert waren (Mitteilung des Statistischen Bundesamtes, abgedruckt in der Frankfurter Allgemeinen Zeitung vom 28. 1. 1971), besagt nicht, daß ebenso viele Studienplätze vorhanden waren. Fast alle Hochschulen waren und sind überfüllt. — Alle weiteren Zahlenangaben sind jetzt schnell greifbar im Bildungsbericht '70 der Bundesregierung. — Fener: W. Padberg, Abiturienten- und Studentenzahlen für das nächste Jahrzehnt, in: Die Höhere Schule 1/1971, 10 ff.

41 Die Bundesregierung rechnet damit, daß in absehbarer Zeit »etwa die Hälfte eines Altersjahrganges das Abitur II erwerben kann, von der wiederum etwa die Hälfte in den Gesamthochschulbereich eintritt«. (Bildungsbericht '70, 75). Diese Vorstellungen hat z. B. der baden-württembergische Kultusminister Professor Dr. Hahn in einer kritischen Analyse scharf angegriffen, siehe: W. Hahn, Potemkinsche Dörfer. Kritisches zum Bildungsbericht der Bundesregierung, abgedruckt in: Die Höhere Schule 1/1971, 16 f.

42 Zur ersten Information: Bildungsbericht '70 der Bundesregierung, 32 und 51 (Tabellen 8 und 16).

43 a. O., 30.

44 Zur Einführung: S. Robinsohn, Bildungsreform; Hessisches Lehrerfortbildungswerk (Hrsg.), Reform von Bildungsplänen, Frankfurt 1969; D. Knab, Curriculumforschung und Lehrplanreform, in: Neue Sammlung 2/1969, 169 ff.; Hessischer Kultusminister (Hrsg.), Bildungspolitische Informationen 1/1969, Wiesbaden 1969; Deutscher Bildungsrat, Strukturplan, 58 ff.; Bildungsbericht '70, 130 ff.; Zeitschrift für Pädagogik, Heft 6/1970, Thema: Unterrichtskonstruktion; Zeitschrift für Pädagogik, Heft 1/1971, Thema: Curriculumforschung und Curriculumentwicklung; L. Huber, Curriculumentwicklung und Lehrerfortbildung in der BRD, in: Neue Sammlung 2/1971, 109 ff.

45 Aus: Gutachten des Deutschen Ausschusses zur Erwachsenenbildung, a. O., 870.

46 a. O., 62.

47 S. Robinsohn, a. O., 25.

48 Strukturplan, 91.

49 Dazu einführend: W. Jetter, Was wird aus der Kirche?, Stuttgart 1968, besonders 36 ff.

50 G. Picht, Die Krise der Kulturpolitik, 467.

51 Nach einer Pressemitteilung des Bundesministers für Bildung und Wissenschaft vom 30. 7. 1970 sind für die kommenden Jahre folgende Steigerungen seines Etats vorgesehen: 1971 — 4 Mrd., 1972 — 5,7 Mrd., 1973 — 7,1 Mrd., 1974 — 9 Mrd. (Die Welt vom 31. 7. 1970).

52 Immerhin war es schon mutig, daß Minister Leussink auf der oben erwähnten Pressekonferenz erklärte, »daß man bis zum Jahre 1974 mit dem jetzigen Steuersystem auskommen werde ... Für 1974 aber seien Steuererhöhungen ins Auge zu fassen, allerdings im Zusammenhang mit der geplanten großen Steuerreform.« (Frankfurter Allgemeine Zeitung vom 31. 7. 1970). Inzwischen werden auch von anderen Politikern Steuererhöhungen, und zwar schon für 1972, nicht mehr ausgeschlossen.

53 a. O., 76.

54 Für den Schulbereich kommen hier in erster Linie in Frage das Comenius-Institut in Münster (siehe: H. Kittel, Das Comenius-Institut 1954—1968, in: H. Horn — I. Röbbelen (Hrsg.), Im Dienst für Kirche und Schule. Gedenkschrift für Arthur Bach, Heidelberg 1970, 140 ff.) und die Religionspädagogischen Institute der Gliedkirchen der EKD.

55 Eine erste Einführung in die Lage der Bildungsforschung gibt der Bildungsbericht '70 der Bundesregierung, 135 ff.

56 Vor allem die im Verlag Quelle & Meyer, Heidelberg, erscheinende Reihe »Pädagogische Forschungen«.

57 »Das ... Sonderschulwesen ist in den vergangenen Jahren mit beachtlicher Intensität ausgebaut und besser als zuvor mit Lehrern versorgt worden. ... Der Ausbau war jedoch von Land zu Land — und innerhalb der einzelnen Länder oft von Bezirk zu Bezirk — sehr verschieden. Besonders unzureichend mit Sonderschulen versorgt sind viele ländliche Gebiete.« (Bildungsbericht '70, 45).

58 »Bereits im Herbst vergangenen Jahres (1969) meldete das Kölner Ausländerzentralregister 363 529 Ausländer unter 16 Jahren, und wieviel es seitdem geworden sind, weiß niemand so recht.« (Der Spiegel, 43/70 vom 19. 10. 70, 71 f.). Eine Reihe weiterer Zahlenangaben bringt W. Jung, Kein Platz für Gastarbeiterkinder, in: Elternblatt 2/1971, darunter: »Eine halbe Million Ausländerkinder leben in der Bundesrepublik. Aber nur etwa 91 000 von ihnen besuchten im Schuljahr 1968/69 deutsche Schulen.«

59 Zur ersten Information: Schulische Integration von Kindern ausländischer Arbeitnehmer tut not. Stellungnahme der Arbeitsgemeinschaft..., in: Weltweite Hilfe — Kirche, Diakonie, Gesellschaft, Herausgegeben vom Diakonischen Werk in Hessen und Nassau, Heft 6/1970, 41 ff. Weiteres Material in: R. Leudesdorf — H. Zilleßen (Hrsg.), Gastarbeiter = Mitbürger, ad hoc Bd. 4, Gelnhausen 1971; H. R. Koch, Gastarbeiterkinder in deutschen Schulen, Königswinter 1971.

60 Strukturplan '70, Dazu: H.-H. Groothoff, Das Normenproblem in Erziehung, Schule und Gesellschaft, in: H.-B. Kaufmann (Hrsg.), Streit um die Christlichkeit, 37 ff.

Zu VII.

1 Eines der acht Themen des Wettbewerbes, das von 113 der insgesamt 1063 Einsender gewählt wurde, lautete: »Ist es heute noch gerechtfertigt, an der öffentlichen Schule Religionsunterricht zu erteilen?« — Siehe O. Basse, Nichts Neues im Religionsunterricht? Ein Aufsatzwettbewerb und seine Ergebnisse, in: epd 156/69 vom 17. 9. 1969; und: W.-D. Zöllner, Fromme Sprüche unerwünscht, in: Frankfurter Rundschau vom 24. 6. 1969.

2 Vergleiche u. a. die seit Dezember 1968 mehr oder minder regelmäßig im Evangelischen Erzieher abgedruckten »Documenta«. Ferner: E. Witzsche,

Kritischer Religionsunterricht in der dialogischen Schule, Frankfurt 1970, 55 ff.

3 Grundgesetz Artikel 7, 3: »Der Religionsunterricht ist in den öffentlichen Schulen ... ordentliches Lehrfach. Unbeschadet des staatlichen Aufsichtsrechtes wird der Religionsunterricht in Übereinstimmung mit den Grundsätzen der Religionsgemeinschaften erteilt. Kein Lehrer darf gegen seinen Willen verpflichtet werden, Religionsunterricht zu erteilen.« — Alle übrigen Verfassungsbestimmungen sind verzeichnet bei A. v. Campenhausen, Erziehungsauftrag, 142 ff. Dazu ferner: G. Ringshausen, Konfessioneller Religionsunterricht — ordentliches Lehrfach der Schule. Bemerkungen zur grundgesetzlichen Regelung, in: Der Evangelische Erzieher 1/1971, 22 ff., und: F. Rickers, Religionsunterricht »in Übereinstimmung mit den Grundsätzen der Religionsgemeinschaften« (Art. 7 III 2 GG)?, a. O., 37 ff.

4 Hierzu und zum folgenden ausführlicher vom Verfasser: Der Religionsunterricht in der Krise der Schule, in: Der Evangelische Erzieher 3/1969, 85 ff.; Religionsunterricht im Umbruch des Bildungswesens, in: Deutsches Pfarrerblatt 15 – 16/1960, 478 ff.; Religionsunterricht als gemeinsame Aufgabe für Schule und Kirche, in: Die Höhere Schule 11/1970, 274 ff.; Dienst der Kirche an der Schule. Evangelische Kirche und Religionsunterricht an öffentlichen Schulen, in: Wissenschaft und Praxis in Kirche und Gesellschaft 10/1970, 437 ff.

5 H. Schultze, der die Religionslehrpläne aller Bundesländer nach dem Stand von 1968 analysiert hat, kommt zu dem Schluß: »Die Problematik der Volkskirche ... scheinen die Richtlinien nicht zur Kenntnis zu nehmen. ... Fast alle Richtlinien neigen im Umgang mit der Bibel zu einem didaktischen Materialismus. ... Wie unterschiedlich die Richtlinien auch gestaltet sind, weit überwiegend sind in der Konkurrenz pädagogischer und theologischer Tendenzen die pädagogischen unterlegen. Was sich auch in anderen Schulfächern beobachten läßt, scheint im Religionsunterricht zur Hochkultur getrieben zu sein: Die Pläne sind richtig, schön, vollständig. Sie sind fachwissenschaftlich anspruchsvoll ... und sie sind ... modern. ... Aber die Frage, was versteht ein Normalschüler am besten? Was prägt sich ihm gut ein? Was hält den Fragen, die das Leben später an ihn heranträgt, stand? Diese Fragen spielen in den Richtlinien für den Religionsunterricht eine verschwindend geringe Rolle. Wohl deshalb stehen die ethischen Themen so isoliert. Wohl deshalb unterscheidet sich die Formulierung dogmatischer Inhalte für den Religionsunterricht kaum von den Formulierungen in wissenschaftlichen Lehrbüchern.« (Religion im Unterricht. Analyse und Kritik der Pläne für den Religionsunterricht in der heutigen Schule, Weinheim 1970, 94, 97, 100). Das der Analyse zugrunde liegende Material hat Schultze übersichtlich zusammengestellt in: H. Schultze, Richtlinien für den evangelischen Religionsunterricht, Weinheim 1970.

6 Siehe: K. Dessecker, G. Martin, K. Meyer zu Uptrup, Religionspädagogische Projektforschung, Stuttgart–München 1970; Materialien und Entwürfe zum problemorientierten (thematischen) Religionsunterricht, herausgegeben vom Religionspädagogischen Institut Loccum (fortlaufend); In-

formationen zum Religionsunterricht, herausgegeben vom Pädagogisch-Theologischen Institut Kassel (fortlaufend).

7 In Bayern, Rheinland-Pfalz und im Saarland ist eine Abmeldung vom Religionsunterricht mit der Vollendung des 18., in den übrigen Ländern mit der des 14. Lebensjahres möglich, und zwar ohne die Zustimmung der Eltern des Schülers. Diese Regelungen sind durch Erlasse gesichert, die ihrerseits Interpretationen der einschlägigen Bestimmungen des »Reichgesetzes über religiöse Kindererziehung« von 1921 darstellen. Zwar wird die Gültigkeit derartiger Interpretationen im Blick auf das Grundgesetz und einzelne Länderverfassungen vielfach und mit guten Argumenten bestritten, doch ist bis heute ernsthaft noch nichts unternommen worden, um diese Regelung zu ändern. Siehe: A. v. Campenhausen, Erziehungsauftrag, 143 Anmerkung 5 (einschlägige Literaturhinweise); und: I. Röbbelen, Elternrecht, 44 f.

8 Einige detaillierte Angaben bringt S. M. Daecke, Religionsunterricht von morgen, in: Evangelische Kommentare 4/1970, 192.

9 A. v. Campenhausen, Erziehungsauftrag, 110.

10 Im einzelnen sind die Dinge in den Bundesländern unterschiedlich geregelt, was durch die je verschiedenen rechtlichen Bestimmungen der Verfassungen, Staatskirchenverträge und Konkordate bedingt ist. Generell lassen sich unterscheiden ein Modell, nach dem der Staat als Veranstalter der Schule die Verantwortung auch für den Religionsunterricht übernimmt, sich dabei aber über die »Grundsätze«, d. h. praktisch über alle wichtigen Fragen mit den Kirchen abstimmt, und eins, nach dem er diesen Unterricht »im Auftrag« der Kirchen erteilt. Dies letztere trifft zu für Baden-Württemberg, Rheinland-Pfalz und das Saarland, das erste für die übrigen Länder. Eine Ausnahme bilden die Stadtstaaten Bremen und Berlin, in denen es gemäß Artikel 141 des Grundgesetzes einen kirchlich gebundenen Religionsunterricht als ordentliches Lehrfach der öffentlichen Schule nicht gibt. Für die Praxis müssen sich daraus jedoch nicht unbedingt Unterschiede ergeben, etwa in dem Sinne, daß der nach dem ersten Modell erteilte Religionsunterricht automatisch »schulgemäßer« wäre.

11 Vor allem: M. Stallmann, Christentum und Schule, Stuttgart 1958; H. Stock, Studien zur Auslegung der synoptischen Evangelien im Unterricht, Gütersloh 1959 (41967); G. Otto, Schule — Religionsunterricht — Kirche, Göttingen 1961 (31968).

12 Deutscher Bildungsrat, Empfehlungen der Bildungskommission: Einrichtung von Schulversuchen mit Gesamtschulen, Bonn 1969, 54 und 70.

13 Strukturplan, 154 und 171.

14 H. v. Hentig, Systemzwang und Selbstbestimmung, Stuttgart 21969, 102. Siehe auch: ders., Allgemeine Lernziele der Gesamtschule, in: Deutscher Bildungsrat, Gutachten und Studien der Bildungskommission Nr. 12, Lernziele der Gesamtschule, Stuttgart 1970, 35 ff.

15 H. Roth, Pädagogische Anthropologie, Bd. I, Hannover 1966, besonders 140 ff.

16 Th. Wilhelm, Theorie der Schule, Stuttgart 21969, 329 ff.

17 Abgedruckt in: Zum Beispiel, Zeitschrift für die Praxis des christlichen Unterrichts in Schule und Kirche, Sonderheft »Schule ohne Religionsunterricht?«, 4. Jahrgang 1969, 23.

18 Zur Einführung: S. Vierzig, Religion und Emanzipation, und: K. G. Fischer, Emanzipation als Lernziel der Schule von morgen, in: Pädagogisch-Theologisches Institut Kassel, Informationen zum Religionsunterricht 3 + 4/1970, 4 ff.; D. Stoodt, Religion stabilisiert und emanzipiert. Für ein neues Verständnis des Religionsunterrichts, in: Evangelische Kommentare 12/1970, 707 ff.

19 Siehe oben, 56 ff.

20 G. Picht, Grundprobleme der Schulreform, in: Neue Sammlung 2/1962, 223.

21 In diesen Zusammenhang gehört Th. Wilhelms (in Anlehnung an Brezinka formulierte) Erkenntnis, daß die großen deutschen pädagogischen Entwürfe alle »unter dem Eindruck der Hauslehrersituation entstanden« sind, d. h. sich auf das beschränken, »was dem Zugriff des Privatlehrers im vornehmen Hause des 18. und 19. Jahrhunderts allein offenstand: das Lehren und Lernen durch Unterricht.« Die Frage der Sozialisation des Schülers mußte so zurücktreten.

22 G. Picht, a. O., 224.

23 a. O., 29 — Siehe oben, 82 ff.

24 Grundgesetz Artikel 4. Sturkturplan, a. O.

15 Zur Einführung in die staatsrechtliche Problematik: M. Heckel, Die Kirchen unter dem Grundgesetz, in: Veröffentlichungen der Vereinigung der Deutschen Staatsrechtslehrer, Heft 26, Berlin 1968; und: U. Scheuner, Wandlungen im Staatskirchenrecht in der Bundesrepublik Deutschland, in: Schriften der Evangelischen Akademie in Hessen und Nassau, Heft 77, Frankfurt 1968.

26 H.-J. Heydorn vor der Kirchensynode der Evangelischen Kirche in Hessen und Nassau am 25. 3. 1969 (Protokoll, 179).

27 Soweit Stoodt diese Aufgabe im Blick hat, wenn er einen »therapeutischen Religionsunterricht« propagiert, ist ihm zuzustimmen, nicht jedoch in der Ausschließlichkeit dieser Zielsetzung. Siehe: D. Stoodt, Die Praxis der Interaktion im Religionsunterricht, in: Der Evangelische Erzieher, 1/1971, 1 ff. Dazu grundsätzlich kritisch im selben Heft: K. Dienst, Religionsunterricht — Interaktion — Gesellschaft. Zur Theorie der »Symbolischen Interaktion«, 10 ff.

28 Stellvertretend für viele andere seien hier auf evangelischer Seite nur die Namen Martin Stallmann, Hans Stock und Gert Otto genannt, deren Ansätze neuerdings mit bestimmten Abwandlungen auch etwa von Karl-Ernst Nipkow, Horst Gloy und Hans-Bernhard Kaufmann weiter entwickelt worden sind. Die wichtigsten Quellentexte sind heute leicht greifbar in: H. Gloy (Hrsg.), Evangelischer Religionsunterricht in einer säkularisierten Gesellschaft, Paedagogica Band 4, Göttingen 1969. Dazu sehr kritisch: H. Kittel, Zur Zeitgeschichte des Evangelischen Religionsunterrichts, in: Zeitschrift für Pädagogik 15/1969, 741 ff. Kittels jüngster eigener Versuch,

zu beweisen, daß er selbst schon immer die kirchliche Bindung des Religionsunterrichts abgelehnt habe (H. Kittel, Freiheit zur Sache. Eine Streitschrift zum Religionsunterricht, Göttingen 1970), kann allerdings nicht überzeugen.

29 J. Kahl, Das Elend des Christentums oder Plädoyer für eine Humanität ohne Gott, Hamburg 1968, 128 (rororo-aktuell).

30 Zur Kritik an Kahl: J.-M. Lohse (Hrsg.), Menschlich sein — mit oder ohne Gott, Stuttgart 1969, hier besonders 116 f.

31 O. Basse, Religionsunterricht noch sinnvoll?, in: Evangelische Kommentare 1/69, 18 ff.

32 Der vollständige Text ist im Anhang als Dokument Nr. 3 abgedruckt.

33 Einiges Material dazu ist abgedruckt in: Zum Beispiel, Sonderheft Schule ohne Religionsunterricht?, 4. Jahrgang 1969, Dokumente Nr. 19 ff. — Ein dezidiertes, bisher, soweit ich sehe, noch nicht veröffentlichtes Schülervotum ist im Anhang als Dokument Nr. 4 abgedruckt. Weiteres Material und einschlägige Literaturhinweise bei: R. Stiegler, Ansätze zur Empirie im Bereich der Religionspädagogik, in: Der Evangelische Erzieher 3/1971, 85 ff.

34 G. Otto, Das Ende konfessionellen Religionsunterrichts?, in: K. Wegenast (Hrsg.), Theologie und Unterricht, Gütersloh 1969; derselbe, Artikel »Religionsunterricht«, in: G. Otto (Hrsg.), Praktisch-Theologisches Handbuch, Hamburg 1970, 419 ff.; F. Rickers, in: Der Evangelische Erzieher 1/1971 (s. o. Anmerkung 3); H. Halbfas, Religionsunterricht als »ordentliches Lehrfach«, in: Neue Deutsche Schule 1968, 21 ff.; derselbe, Die Christen und die »Schule für alle«, in: H.-B. Kaufmann (Hrsg.), Streit um die Christlichkeit; H. Werner, Religionsunterricht heute — ökumenischer Unterricht, in: Der Evangelische Erzieher 5/1970, 177 ff.

35 G. Otto, Das Ende, 123.

36 G. Otto, a. O., 126: »Die Realität, auf die die Schule in der Bundesrepublik bezogen ist, ist — sieht man auf die großen Kirchen — durch Bikonfessionalität, nicht durch Monokonfessionalität gekennzeichnet. ... Konfessioneller Religionsunterricht ist durch bikonfessionellen ... abzulösen. Bikonfessioneller Religionsunterricht ist weder ›überkonfessionell‹ noch ›unkonfessionell‹ ... (Er) reflektiert vielmehr das Faktum konfessioneller Prägungen und Bindungen. Er leitet zu Verständnis und Beurteilung an — wogegen überkonfessioneller Religionsunterricht sie umgeht und unkonfessioneller sie überspielt.«

37 F. Rickers, a. O., 52.

38 Otto fragt selbst: »... Warum läßt sich der Inhalt dieser Formel ... eigentlich stets nur auf je eine Kirche in je einem Fach konfessionellen Religionsunterrichts beziehen? Was steht dagegen, den Inhalt dieser Formel in einem Unterrichtsfach auf zwei Konfessionen zu beziehen? Der Text des Grundgesetzes doch wohl nicht.«

39 H.-J. Roth, der Initiator des »Rüsselsheimer Modells«, hat dieses beschrieben: Der Religionsunterricht auf der Oberstufe des Gymnasiums — ein Vorschlag zu einer neuen Struktur, in: Theologia Practica IV/1969, 261 ff.

40 Zu den teilweise komplizierten rechtlichen Regelungen der einzelnen Länder siehe: E. Witzsche, a. O., 36 ff. Ein obligatorischer Ersatzunterricht in den »allgemein anerkannten Grundsätzen des natürlichen Sittengesetzes« wird vorgeschrieben von der Verfassung des Landes Rheinland-Pfalz (Artikel 35), bis jetzt aber praktisch kaum irgendwo durchgeführt. Eine ähnliche Regelung sehen vor die Verfassungen Bayerns (Artikel 137) und des Saarlandes (Artikel 29).

41 Auf einem ganz andern Blatt steht die Frage, ob und von welchem Alter an der Schüler selbst das Recht haben soll, sich vom Religionsunterricht abzumelden, oder ob seine Eltern dies zu bestimmen haben. (s. o., Anmerkung 7). Auch hier wird es aber nicht mehr so einfach gehen, wie es sich z. B. Chr. Hartlich noch 1965 vorstellte, siehe: Religionsmündig mit 14 — ein öffentlicher Unfug; und: Zur Rechtsstellung des Religionsunterrichts, in: Der Evangelische Erzieher 1/1965 und 9/1965, 1 ff. und 273 ff.

42 Siehe epd — Zentralausgaben vom 30. 1. 71 und 3. 2. 71. Dies ist die konsequente Fortentwicklung des 1969 in Schleswig-Holstein für die Gymnasien entwickelten »Unterrichts in Religion und Philosophie« (siehe: K. Goßmann, Religionsunterricht als ordentliches Lehrfach am Gymnasium. Entstehung und Zielsetzung der neuen Lehrplanrichtlinien in Schleswig-Holstein, in: Evangelische Unterweisung 11/1969, 254 ff.; W. Behrendt, Theologisches Erdbeben in Schleswig-Holstein, in: Der Evangelische Erzieher 5/1970, 169 ff.).

43 Zur Rechtslage und Praxis im einzelnen: A. v. Campenhausen, Erziehungsauftrag, 150 f. und 160 ff.

44 A. v. Campenhausen, a. O., 160 f.

45 Einen Katalog aller Einwände bringt G. Otto, Schule — Religionsunterricht — Kirche, 55 ff.

46 So J. Redhart, Heute noch Vokation und Bevollmächtigung?, in: Der Evangelische Erzieher 3/1969, 101 ff.

47 CIC 1328: Nemini ministerium praedicationis licet exercere, nisi a legitimo superiore missionem receperit, facultate peculiariter data, vel officio collato, cui ex sacris canonibus praedicandi munus inhaeret. — Im einzelnen siehe A. v. Campenhausen, a. O., 150.

48 Arbeitspapier des Amtes für Katholische Religionspädagogik in Frankfurt vom 14. 3. 1969: »Grundsätzliches zur derzeitigen Situation des Religionsunterrichts.«

49 A. v. Campenhausen, a. O., 161.

50 Einzelheiten bei A. v. Campenhausen, a. O., 162.

Zu VIII.

1 K. Müller, Kulturpolitik und freie Schule, abgedruckt in: Neue Sammlung 1/1969, 41 ff.

2 Zur Terminologie: Die herkömmliche Bezeichnung »Privatschule« läßt nicht erkennen, daß in der Regel auch die von nichtstaatlichen oder nicht-

kommunalen Trägern unterhaltenen Schulen durchaus eine »öffentliche« Aufgabe erfüllen. »So erscheint eine Namensänderung angezeigt. Seit 1945 wird im Privatschulbereich die Bezeichnung ›Freie Schule‹ verwendet, ohne daß dieser Titel offiziell geworden wäre. Zu denken wäre auch an die Bezeichnung ›autonome Schule‹. Sie umginge die von der öffentlichen Schule als peinlich empfundene Kontraposition zur ›unfreien Schule‹. (J. P. Vogel, Begründungen Freier Schulen, in: Protokolldienst Nr. 16/1970 der Evangelischen Akademie Bad Boll, Die Zukunft privater evangelischer Schulen, 33).

3 a. O., 51, 55.

4 A. Schorb, Hat die Privatschule Zukunft, in dem o. a. Protokolldienst Nr. 16/1970 der Evangelischen Akademie Bad Boll, 4. — Ähnlich H. Heckel in einem Vortrag am 10. 3. 1966 in Gießen (Manuskript): »In ihrer Mehrzahl sind die Privatschulen leider keine Herausforderer der öffentlichen Schulen, sondern eher deren Nachahmer. Vielfach nutzen sie ihre Freiheitsmöglichkeiten nicht, wahren ihr eigenes Gesicht nicht und verhalten sich allzu konformistisch gegenüber den Schulaufsichtsbehörden. Im Grunde genommen hat man manchmal das Gefühl, daß die Privatschulen ... am liebsten öffentliche Schulen wären, daß sie ihre Freiheitsmöglichkeiten gar nicht wünschen und sich am liebsten unter Verzicht auf alle schöpferische Leistung den Staatsschulen anglichen.«

5 A. Schorb, a. O., 6.

6 a. O., 7.

7 a. O., 8, 11; ausführlicher dazu: Arbeitsgemeinschaft Freier Schulen (Hrsg.), Freie Schule. Gesellschaftliche Funktion des Freien Schulwesens in der Bundesrepublik Deutschland, Stuttgart 1971; besonders Kapitel »Freie Schule und Strukturplan«, 35 ff.

8 D. v. Heymann weist mit Recht darauf hin, daß man mit der schulpolitischen nur »eine der möglichen Wirkungen evangelischer Schulen ... im Blick hat. Andere Blickrichtungen müssen ergänzt werden.« (145). — Übrigens geht es hier und im folgenden nur um die allgemeinbildenden freien Schulen. Bei den Fach- und Sonderschulen sieht manches anders aus.

9 So Kirchenpräsident Hild in seinem Bericht »Die Lage der Kirche am Anfang der siebziger Jahre« vor der Synode der Evangelischen Kirche in Hessen und Nassau am 9. 3. 1970 bei einem Rückblick auf die Entwicklung nach 1945: »Man könnte von einem Weg zur totalen Volkskirche sprechen, weil man der Kirche in nahezu allen Lebensbereichen eine Rolle zumutete und sie auch bereit war, die Rolle zu spielen. ... Es ist uns allen deutlich, daß (diese) Phase der Akkumulation zu Ende geht. Wir können keine neuen Räume mehr besetzen, weil uns die Kräfte fehlen; wir können auch nicht alles weiterführen, was wir zur Zeit tun. ... Deshalb möchte ich die jetzt anhebende ... Phase unter den Leitbegriff der Konzentration stellen.« (Sonderdruck aus dem Synodalprotokoll, 20).

10 Die greifbaren Zahlenangaben sind nicht einheitlich. D. v. Heymann rechnet mit 47 Gymnasien (124 f.). W. Engelmann, der frühere langjährige Vorsitzende der Arbeitsgemeinschaft Evangelischer Schulbünde, gibt an: »In der Arbeitsgemeinschaft ... sind heute ... zusammengeschlossen die

Träger von 91 allgemeinbildenden Internatsschulen an 48 Orten, von 15 Schulen ohne Internate, sowie von 45 Internaten, deren Insassen (sic!) örtliche kommunale Schulen besuchen.« (Korrespondenzblatt evangelischer Schulen und Heime 2/1967). Detaillierte Angaben macht E. Dietzfelbinger im Jahrbuch 1964 der Inneren Mission und des Hilfswerks der EKiD. Er kommt auf insgesamt 11 Volks-, 17 Real- und 7 Fachschulen, dazu 8 Pro- und Aufbaugymnasien, 56 Gymnasien und 115 Heime, die natürlich zum größten Teil mit evangelischen Schulen verbunden sind. W. Reichel rechnet neuerdings mit folgenden Zahlen: 50 Gymnasien, 8 Aufbaugymnasien, 22 Volks-, Grund- und Realschulen, 3 Progymnasien, 3 Kollegs, 6 Fachschulen mit insgesamt etwa 30 000 Schülern (Korrespondenzblatt 6/1971, 23). Die unterschiedlichen Angaben erklären sich daraus, daß es keine einheitliche Statistik der evangelischen Schulen gibt. Bald werden einzelne Schulzweige als selbständige Einrichtungen gezählt, bald mehrere Abteilungen als eine Schuleinheit zusammengefaßt. Verhältnismäßig überschaubar sind die 47 bzw. 50 Gymnasien, die auch unbestritten die Wortführer in den Evangelischen Schulbünden sind. Soweit es in den Schulbünden eine Grundsatzdiskussion gibt, wird sie fast ausschließlich von den Gymnasien geführt. Alles folgende gilt darum wesentlich für die evangelischen Gymnasien, auf die sich auch D. v. Heymanns Untersuchung beschränkt.

11 Korrespondenzblatt evangelischer Schulen und Heime 6/1971, Sondernummer: »Vom Selbstverständis Evangelischer Schulen«. (Zum Teil wieder abgedruckt in: »Freie Schule«, 88 ff., s. o. Anmerkung 7.) Die darin enthaltene Resolution des Evangelischen Schulbundes in Nordwestdeutschland und Berlin vom 30. 10. 1970 ist im Anhang als Dokument Nr. 5 abgedruckt.

12 Aus der o. a. Resolution, a. O., 4.

13 Aus: H. Bauer (u. a.), Die Evangelischen Schulen in freier Trägerschaft, a. O., 6.

14 H. Bauer, a. O., 8.

15 Aus der o. a. Resolution, a. O., 5.

16 H. Bauer, a. O., 9.

17 H. Bauer, a. O., 11 f.

18 Th. Goetz, Ausschuß der Schulen der Evangelischen Kirche im Rheinland: Warum kirchliche Schulen?, in: Korrespondenzblatt, a. O., 12 f.

19 Aus der o. a. Resolution, a. O., 4 f.

20 Einige, allerdings unvollständige Zahlenangaben finden sich bei D. v. Heymann, 139 f. Auch hier wieder macht sich das Fehlen einer zuverlässigen Statistik des kirchlichen Schulwesens empfindlich bemerkbar.

21 H. Bauer, a. O., 11 f.

22 Siehe Protokolldienst der Evangelischen Akademie Bad Boll Nr. 16/1970, 47 ff.

23 Ausführlich dazu: H.-M. Schreiber, Die Schulen der Evangelischen Kirche in Hessen und Nassau. Ein Beitrag zur Situation evangelischer Privatschulen, in: Theologia Practica, 4/1970, 287 ff.

24 O. Basse, Die Chance der freien Schule in der Schulreform, in: Korrespondenzblatt evangelischer Schulen und Heime, 6/1971, 34.

25 Dies gilt u. a. ausdrücklich für die Schulen der Evangelischen Kirche in Hessen und Nassau (siehe: H.-M. Schreiber, a. O., 290) und für die der Evangelischen Kirche von Westfalen (siehe: K.-H. Potthast, Aus der Arbeit unserer kirchlichen Schulen in Westfalen, in: Korrespondenzblatt 6/1971, 25 f.). Weitere Literaturnachweise finden sich bei D. v. Heymann, 46 ff., und im Korrespondenzblatt 6/1971, 35 ff.

26 D. v. Heymann, 23 ff.

27 a. O., 45 f.

28 Aus der o. a. Resolution, a. O., 4.

29 Die regionalen Evangelischen Schulbünde in Nordwestdeutschland, Südwestdeutschland und Bayern arbeiten zusammen in der Arbeitsgemeinschaft Evangelischer Schulbünde. Über ihre Arbeit berichtet regelmäßig das Korrespondenzblatt evangelischer Schulen und Heime, jetzt im 11. Jahrgang.

30 Siehe Sonderhefte des Korrespondenzblattes »Norika« (1964), »Suebika« (1967), »Hanseatika« (1970).

31 D. v. Heymann, 48.

32 D. v. Heymann weist nach, daß dies kein Zufall ist, sondern daß »Ruhe und Abgeschiedenheit« seit der Erweckungsbewegung zu den konstitutiven Merkmalen evangelischer Schulen gehören. (a. O., 25 und 31 f.).

33 R. Harnisch u. a., Über eine zeitgemäße Konzeption der Evangelischen Schulen in Berlin, in: Korrespondenzblatt 6/1971, 18.

34 Siehe D. v. Heymann, 57 und 149.

35 D. v. Heymann, 57 und 177. In vielen Fällen wurde v. Heymanns Bitte, an den Schulen eine Erhebung durchführen zu dürfen, aus solcher Haltung heraus abgelehnt. (a. O., 183 ff.).

36 Siehe D. v. Heymann, 127 und 142. Auch im Korrespondenzblatt wird selten über Lehrermangel geklagt. Eine genaue Übersicht fehlt allerdings wiederum.

37 Es wäre für die Entscheidungen über das weitere Schicksal der kirchlichen Schulen unbedingt nötig, daß D. v. Heymanns Untersuchungen in diesem Punkt weitergeführt würden. Seine eindrucksvollen Null-Hypothesen (a. O., 154 ff.) müßten überprüft werden. — Einen versteckten Hinweis auf das Problem der Lehrerqualität enthält die o. a. Darstellung der Berliner evangelischen Schulen von R. Harnisch u. a., a. O., 18 und 20.

38 Wesentliche Hilfen kann dazu D. v. Heymanns Kapitel »Normative Voraussetzungen und Ziele der Evangelischen Schule« bieten (a. O., 49 ff.).

39 Literatur dazu siehe oben unter Anmerkung 25.

40 Hier ist noch einmal auf die negativen Erfahrungen zu verweisen, die D. v. Heymann gerade in diesem Punkt mit vielen kirchlichen Schulen gemacht hat (s. o. Anmerkung 35). Wenn sich die Einstellung der Schulen zu dem von ihm geforderten Prinzip der »Öffentlichkeit« ihrer Arbeit nicht ändert, werden sie keine große Zukunft mehr haben.

41 D. v. Heymann, a. O., 152 ff.

42 Eine genaue Übersicht ist zu gewinnen aus dem im Auftrag der Arbeitsgemeinschaft Evangelischer Schulbünde herausgegebenen Verzeichnis evangelischer Schulen und Heimschulen, Alumnate und Internate, 9. Auflage, Berlin 1970. (Einige Zahlenangaben finden sich oben in Anmerkung 10.)

43 So zumindest eine Tendenz in der oben mehrfach angeführten, im Anhang abgedruckten Resolution des Evangelischen Schulbundes in Nordwestdeutschland und Berlin.

44 Dazu: U. Panter, Die Krise der Schülerheime, in: Materialdienst der Kirchensynode der Evangelischen Kirche in Hessen und Nassau Nr. 15/1970, 19 ff.; Evangelischer Erziehungs-Verband e. V., Denkschrift zur Lage der Heimerziehung, in: Diakonie 70, Jahrbuch des Diakonischen Werkes, Stuttgart 1970, 159 ff.

45 U. Panter, a. O., 19.

46 Siehe oben 131 f.

47 U. Panter, a. O., 21.

48 U. Panter, a. O., 21.

49 Dazu einige Forderungen aus den Ergebnissen einer Fachtagung des Melanchthonvereins für evangelische Erziehung in Hessen und Nassau e. V. vom Dezember 1970, die unter dem 15. 12. 1970 der zuständigen Kirchenleitung vorgelegt wurden: »Ein Schülerheim soll in Gruppen von 10 bis 12 Schülern aufgegliedert sein. Jede Gruppe soll mindestens von einem Erzieher oder einer Erzieherin betreut werden, z. B. sollten in einem Schülerheim mit 60 Schülern neben dem Leiter sechs Erzieher hauptamtlich angestellt sein. ... (Dazu) sind in erster Linie Sozialpädagogen und Sozialarbeiter heranzuziehen. ... Als Honorarkräfte sind zur Mitarbeit zu gewinnen Psychologen, ... Lehrer, Theologen, Mediziner, Werk- und Gymnastiklehrer. ... Neben einem Gemeinschaftsraum für jede Gruppe, die in einer möglichst abgeschlossenen Wohneinheit untergebracht sein muß, gehören in ein Schülerheim: der Speiseraum, ein Mehrzweckraum zur Versammlung der Heimgemeinschaft, ein Gymnastik- und Sportraum, eine Bücherei, Krankenzimmer, Spiel-, Musik- und Werkräume. ... Jedem Heim muß ein Spiel- und Sportplatz zur Verfügung stehen.«

50 Vergleiche D. v. Heymann, 159: »Eines der dunkelsten Kapitel ist die Qualifikation, die Arbeitsweise, die Bezahlung und die Motivation der Heimerzieher.«

51 »Die Pädagogik hat diesen Standpunkt (d. h. den der ›pädagogischen Provinz‹) überwunden, weil sie die Erfahrung gemacht hat, wie schwer es ist, Kindern eine nichtisolierende Erziehung zu geben, wenn schon das Heim durch seinen Standort isoliert ist.« So in der o. a. Denkschrift des Evangelischen Erziehungs-Verbandes, a. O., 162.

52 a. O., 204.

53 B. Maurer, Kirche, Jugend und Erziehung. Religions- und sozialpädagogische Überlegungen im Zusammenhang mit dem 9. Schuljahr, in: Der Evangelische Erzieher 3/1970, 88, (im Anschluß an K. Mollenhauer u. a., Evangelische Jugendarbeit in Deutschland, München 1969).

54 Weitere Vorschläge dazu in der o. a. Denkschrift.

LITERATURVERZEICHNIS

(Auswahl)

M. Bartelt, Bildung ohne Privileg, in: Evangelische Kommentare 1/1970, 18 ff.

E. Begemann, Die Antworten der Evangelischen Kirche in Deutschland auf die Schulfrage, in: Der Evangelische Erzieher 11/1968, 434 ff., 1/1969, 30 ff., 3/1969, 110 ff.

Deutscher Bildungsrat, Empfehlungen der Bildungskommission: Strukturplan für das Bildungswesen, Bonn 1970.

E. Brunner, J. Rinderknecht, K. Zeller, Kirche und Schule, Zürich 1944.

Bundesminister für Bildung und Wissenschaft, Bildungsbericht '70. Bericht der Bundesregierung zur Bildungspolitik, Bonn 1970.

R.-P. Callies, Kirche und Schule in der Demokratie, in: Zeitschrift für evangelisches Kirchenrecht Band 14, Heft 1/2 1968, 58 ff.

R.-P. Callies, Schule als Veranstaltung der Gesellschaft, in: Evangelische Kommentare 7/1969, 378 ff.

A. v. Campenhausen, Erziehungsauftrag und staatliche Schulträgerschaft, Göttingen 1967.

A. v. Campenhausen, Staat, Schule, Kirche, in: Zeitschrift für evangelisches Kirchenrecht Band 14, Heft 1/2 1968, 26 ff.

H.-J. Drescher, Ideologie und christlicher Glaube, Wuppertal 1962 (»Das Gespräch« 40).

K. Erlinghagen, Vom Bildungsideal zur Lebensordnung. Das Erziehungsziel in der katholischen Pädagogik, Freiburg 1960.

K. Erlinghagen, Die Schule in der pluralistischen Gesellschaft, Freiburg 1964.

K. Erlinghagen, Katholisches Bildungsdefizit, Freiburg 1965.

Der Evangelische Erzieher, Heft 3/1967: »Kirchliche Schulen?«

K. Frör, Erziehung und Kerygma, München 1952.

Ch. Führ (Hrsg.), Zur Bildungsreform in der Bundesrepublik Deutschland, Weinheim 1969 (mit umfassender, systematisch gegliederter Bibliographie).

O. Hammelsbeck, Evangelische Lehre von der Erziehung, München ²1958.

O. Hammelsbeck, Volksschule in evangelischer Verantwortung, Bochum 1961.

O. Hammelsbeck, »Wort zur Schulfrage«. Innovation 1969, in: Der Evangelische Erzieher 11/1969, 450 ff.

M. Heckel, Die Kirchen unter dem Grundgesetz, in: Veröffentlichungen der Vereinigung der deutschen Staatsrechtslehrer Heft 26, 1969, 5 ff.

E. Helmreich, Religionsunterricht in Deutschland von den Klosterschulen bis heute, Hamburg 1966.

W. Hennis, Die deutsche Unruhe. Studien zur Hochschulpolitik, Hamburg 1969.

H. v. Hentig, Systemzwang und Selbstbestimmung, Stuttgart ²1969.

D. v. Heymann, Kirche — Schulen — Internate, Göttingen 1971.

G. Hirschauer, Zur Problematik der katholischen Bildungspolitik, in: Radius 1/1965, 33 ff.

H.-B. Kaufmann (Hrsg.), Streit um die Christlichkeit der Schule, Gütersloh 1970.

Kirchliche Jahrbücher, (Hrsg. Schneider — Sasse — Beckmann), Gütersloh 1919—1968.

H. Kittel, Vom Religionsunterricht zur Evangelischen Unterweisung, Hannover ²1949.

H. Kittel, Katholische Schulpolitik, Göttingen 1965 (Bensheimer Hefte 28).

E.-W. Kohls, Die Schule bei Martin Bucer, Heidelberg 1963.

Kulturbeirat des Zentralkomitees der deutschen Katholiken (Hrsg.), Bildung und Erziehung in katholischer Sicht, Köln 1969.

Ständige Konferenz der Kultusminister, Kulturpolitik der Länder. Berichte und Dokumente (bisher vorliegend für 1960—1968), Bonn 1961 ff.

H. Kupisch, Quellen zur Geschichte des deutschen Protestantismus 1871 bis 1945, München 1965 (Siebenstern-Taschenbuch).

F. Lorenz (Hrsg.), Frieden. Vorlesungen auf dem 13. Deutschen Evangelischen Kirchentag Hannover 1967, Stuttgart 1968.

K. Müller, Schulpolitik im Wandel. Vortrag beim 12. evangelisch-katholischen Publizistentreffen in Königstein/Taunus am 30. 4. 1967 (Manuskript).

K. Müller, Das Ringen um die für alle gemeinsame Schule. Vortrag im Kurhaus Wiesbaden am 18. 9. 1967 (Manuskript).

K. Müller, Kulturpolitik und freie Schule, in: Neue Sammlung 1/1969, 41 ff.

K. Müller, Beitrag zur Erklärung und Beschreibung der »verwalteten Schule« in Deutschland. Referat vor der Kammer für Kulturpolitik und Bildungsfragen der Evangelischen Kirche in Deutschland am 24. 4. 1969 (Manuskript).

W. Nastainczyk, Anliegen und Spielraum katholischer Schulen, in: Zeitschrift für Pädagogik 3/1968, 259 ff.

G. Niemeier, Vom Dienst der Kirche an und in der Schule 1950—1955, in: Kirchliches Jahrbuch 1955, 232 ff.

G. Niemeier — W. Uhsadel, Kirche und Schule, Heidelberg 1956.

G. Niemeier, Artikel »Schule und Kirche« in RGG ³1957.

W. Niemöller, Die evangelische Kirche im Dritten Reich, Bielefeld 1956.

K.-E. Nipkow, Christliche Bildungstheorie und Schulpolitik, Gütersloh 1969.

E. Osterloh, Schule und Kirche nach dem Zusammenbruch 1945, in: Kirchliches Jahrbuch 1950, 372 ff.

G. Otto, Verkündigung und Erziehung, Göttingen 1957.

G. Otto, Schule — Religionsunterricht — Kirche, Göttingen 1961 (³1968).

K. Petzold, Die Grundlagen der Erziehungslehre im Spätmittelalter und bei Luther, Heidelberg 1969.

G. Picht, Die Krise der Kulturpolitik und die Aufgaben der Kirche, in: Lutherische Monatshefte 2/1963, 456 f.

G. Picht, Die deutsche Bildungskatastrophe, Olten 1964.
F. Pöggeler, Katholische Erwachsenenbildung. Ein Beitrag zu ihrer Geschichte, München 1965.
I. Richter, Die Schule auf dem Boden des Grundgesetzes, in: Neue Sammlung 5/1969, 387 ff.
I. Röbbelen, Zum Problem des Elternrechts, Heidelberg 1966.
S. B. Robinsohn, Bildungsreform als Revision des Curriculum, Neuwied 1967.
H. Röhrs (Hrsg.), Theorie der Schule. Versuch einer Grundlegung, Frankfurt 1968.
M. Schmidt, Der Horizont des Bildungsproblems. Eine theologische Besinnung, in: Im Lichte der Reformation, Jahrbuch des Evangelischen Bundes 1970, Göttingen 1970, 19 ff.
H.-M. Schreiber, Überlegungen zur Bildungspolitik. Schriften der Evangelischen Akademie in Hessen und Nassau Heft 74, Frankfurt 1968.
O. Söhngen (Hrsg.), Hundert Jahre Evangelischer Oberkirchenrat der Altpreußischen Union 1850—1950, Berlin 1950.
M. Stallmann, Christentum und Schule, Stuttgart 1958.
M. Stallmann, Artikel »Schule und Kirche«, in: Evangelisches Kirchenlexikon, Göttingen 1959.
M. Stallmann, Die Christlichkeit der »christlichen Schule«, Göttingen 1968 (Bensheimer Hefte 36).
M. Stallmann, Der Protestantismus vor der Bildungsaufgabe der Gegenwart, in: Im Lichte der Reformation, Jahrbuch des Evangelischen Bundes 1970, Göttingen 1970, 48 ff.
K. Steinbuch, Falsch Programmiert, Stuttgart 1968.
M. Stock, Zur rechtlichen Bedeutung der pädagogischen Freiheit für eine demokratische Schulverfassung. Referat vor der Kammer für Kulturpolitik und Bildungsfragen der Evangelischen Kirche in Deutschland am 24. 4. 1969 (Manuskript).
M. Stock, Über die »Eigenständigkeit« der öffentlichen Schule in der Sicht heutiger protestantischer Schulpolitik, in: K. Wegenast (Hrsg.), Theologie und Unterricht, Gütersloh 1969.
Th. Strohm, Evangelische Bildungspolitik nach 1945, in: Pastoraltheologie 56/1967, 22 ff.
W. Sucker, Der deutsche Katholizismus 1945—1950. Eine Chronik, in: Kirchliche Jahrbücher 1951, 290 ff., und 1952, 236 ff.
W. Sucker, Katholisches Erziehungsdenken, in: Vorträge der Erziehungs- und Schulkonferenz der Evangelischen Kirche von Westfalen 1962, Bielefeld 1962.
J. Thomas — J. Majault, Schulen Europas. Probleme und Tendenzen, Stuttgart 1964.
P. v. Tiling, Die Kirche in der pluralistischen Gesellschaft, in: Zeitschrift für evangelisches Kirchenrecht Band 14, Heft 3/4 1969, 238 ff.
H. Venetz, Der Begriff der christlichen Erziehung. Kritische Analyse des katholischen (und evangelischen) Erziehungsverständnisses, in: Bund katholi-

scher Erzieher u. a. (Hrsg.), Schul-Korrespondenz 17/18 1969, 2 ff. (Teilabdruck).

H. Vogt, Bildung für die Zukunft. Entwicklungstendenzen im deutschen Bildungswesen in West und Ost, Göttingen 1967.

H. Walz, Protestantische Kulturpolitik, Stuttgart 1964.

Th. Wilhelm, Theorie der Schule, Stuttgart [2]1969.

SIGRID GÄNZLE

AT: Die biblischen Traditionen vom Aufenthalt in Ägypten bis zum Ende der Richterzeit

Ein Arbeitsbuch für den Biblischen Unterricht
Gemeinschaftsausgabe mit dem Patmos-Verlag, Düsseldorf
369 Seiten. Leinen. DM 28,–

In diesem Band werden theologische Einsichten ohne Einschränkungen in den Unterricht einbezogen. Ohne Scheu wird mit herkömmlichen Auslegegewohnheiten gebrochen und Probleme in intelektueller Redlichkeit behandelt. Fragen werden auf ihre didaktischen und methodischen Möglichkeiten geprüft und in Arbeitsansätzen für den Unterricht fruchtbar gemacht.

BRIGITTE HÜBNER

AT: Die biblischen Königstraditionen

Ein Arbeitsbuch für den Biblischen Unterricht
Gemeinschaftsausgabe mit dem Patmos-Verlag, Düsseldorf
352 Seiten. Leinen. DM 28,–

Wie der Band von Sigrid Gänzle einen zentralen Überlieferungskomplex wissenschaftlich und didaktisch erschließt, so leistet dies das vorliegende Werk von Brigitte Hübner für die biblischen Königstraditionen. Die allgemeinen didaktischen Überlegungen sowie die didaktische Diskussion im Rahmen der Einzeltexte basieren auch hier auf einer eingehenden Untersuchung der theologischen Problematik dieser Texte.

FURCHE-VERLAG

HORST GLOY

Die religiöse Ansprechbarkeit Jugendlicher

als didaktisches Problem, dargestellt am Beispiel des Religionsunterrichts an der Berufsschule
272 Seiten. Leinen. DM 25,–

»Diese Untersuchung ist nicht nur für den Religionspädagogen an Berufsschulen interessant und anregend; sie sollte wegen ihrer exemplarischen und grundsätzlichen Bedeutung weithin zur Kenntnis genommen werden.«

Schulverwaltungsblatt, Hannover

JOHANNES SCHREIBER

Theologische Erkenntnis und unterrichtlicher Vollzug

Dargestellt am Beispiel des Markusevangeliums
2. Auflage. 206 Seiten. Leinen. DM 22,50

»Man muß Schreiber dankbar sein für die große geleistete Arbeit und deren Ertrag, das vorliegende Werk. Keiner, der Religionsunterricht erteilt, kein Lehrer und Pfarrer wird es ohne großen Gewinn lesen.« *Schweizer reformiertes Volksblatt*

REINHARD DROSS

Religionsunterricht und Verkündigung

Systematische Begründung der katechetischen Praxis seit der dialektischen Theologie
222 Seiten. Leinen. DM 19,80

FURCHE-VERLAG